Basiswissen Schiften

Eine systematisch geordnete Sammlung
von überarbeiteten Beiträgen, erschienen in der
Fachzeitschrift

1996 bis 2002

Autoren:

Roland Schumacher
Albert Müller
Michael Riggenbach
„Schiftzirkel"

Herausgeberische Bearbeitung:

Peter Kübler

2002

Die Deutsche Bibliothek – CIP-Einheitsaufnahme

Basiswissen Schiften / Roland Schumacher ... – Karlsruhe: Bruder, 2002

ISBN 3-87104-129-7

© BRUDERVERLAG, Albert Bruder GmbH & Co. KG, 76133 Karlsruhe

Druck: Media Print, Paderborn

Alle Rechte vorbehalten.

Das Werk einschließlich aller seiner Teile ist urheberrechtlich geschützt. Jede Verwertung außerhalb der engen Grenzen des Urheberrechtes ist ohne Zustimmung des Verlages unzulässig und strafbar. Das gilt insbesondere für Vervielfältigungen, Übersetzungen, Mikroverfilmungen und die Einspeicherung und Verarbeitung in elektronischen Systemen.

Die vorliegende Broschur wurde auf umweltfreundlichem Papier aus chlorfrei gebleichtem Zellstoff gedruckt.

Vorwort

Beim Europäischen Berufswettbewerb der Zimmerer 1996 in Friedrichshafen standen drei junge Schweizer Zimmergesellen auf den Siegertreppchen. Natürlich fragte man sich damals, wie eine derartige „Übermacht" zu Stande kommen konnte. Mutmaßungen, die Schweizer Teilnehmer hätten die Aufgabe vorher gekannt (die Aufgabe kam vom Schweizer Experten) war jedoch schnell der Wind aus den Segeln genommen: Die Aufrisse der Schweizer bestachen – verglichen mit denen der anderen Teilnehmer – durch Klarheit, Übersichtlichkeit und Nachvollziehbarkeit der Schiftungen.

Was steckte dahinter? **Michael Riggenbach**, Dipl.-Zimmermeister und Dozent an der „Schweizerischen Ingenieur- und Technikerschule für die Holzwirtschaft (SISH)", hatte eine Vorgehensweise entwickelt, die er „Schiften mit System" nannte und in seinem Tätigkeitsbereich lehrte. Dieses „Schiften mit System" wurde in der Folge in deutschen Zimmererkreisen sehr schnell durch den Begriff „Flächenschiften" verdrängt und es entstand vielerorts der Eindruck, eine „neue Schiftmethode" sei geboren worden.

Dabei hatte Michael Riggenbach nichts anderes getan, als die Gesetze der Darstellenden Geometrie anzuwenden und griffige und begreifbare Vorgehensweisen und hilfreiche Symbole für den speziellen Bereich der Schiftungen anzubieten. Dieser Schritt, hin zu einem systematischen Vorgehen, dem zielgerichteten Auswählen der rationellsten Vorgehensweise und die optimale Ausnutzung des zur Verfügung stehenden Reißbodens, wird immer sein Verdienst bleiben.

Michael Riggenbach hielt mit seinem Wissen nicht hinter dem Berg. In seinen Unterrichten und in Fernlehrkursen gab er es weiter, unter anderem auch an die beiden anderen Autoren dieses Buches:

Zimmermeister **Roland Schumacher**, Ausbildungsmeister im Zimmererausbildungszentrum Biberach, seit geraumer Zeit auch „Trainer" der deutschen Teilnehmer an internationalen Berufwettbewerben der Zimmerer und **Albert Müller**, Fachlehrer an der Berufsschule in Immenstadt/Bayern.

In der Fachzeitschrift „Der Zimmermann" veröffentlichte Riggenbach 1996 einen zweiteiligen Beitrag, der – dem Zeitgeist entsprechend – Grundsätze des „flächigen Schiftens" benannt war. Im Editorial zu dem Beitrag schrieb ich damals einen Satz, zu dem ich heute noch stehe und der auch für dieses Buch gilt:

„Keine Zimmerin und kein Zimmerer wird in irgendeiner Weise gezwungen, die vorgestellte Methode anzuwenden. Bereitschaft zum Um- und Hineindenken, zu noch mehr „Denken im Raum" ist notwendig. Ist die Methode jedoch einmal verstanden, bietet sie einen fast universellen Schlüssel zur Lösung auch schwierigster Schiftaufgaben. Auch im rechnergestützten Abbund mit CAD-Programmen und den hier gegebenen vielfältigen Möglichkeiten der maßstäblichen Darstellung und Bemaßung wird die Methode ihren Weg machen".

In der jüngsten Vergangenheit wird der Begriff *Schiftmethode* unter Fachleuten vermehrt diskutiert. Insbesondere dem Einsteiger sollte nicht vermittelt werden, dass es für jede Schiftaufgabe eine bestimmte Schiftmethode gibt. Ziel der Ausbildung muss es vielmehr sein, die Wahl und die Umsetzung der für die Lösung einer Aufgabe am besten geeigneten *Vorgehensweise* zu ermöglichen und zu trainieren.

Die in diesem Buch abgedruckten überarbeiteten Beiträge und Serien aus den Jahrgängen 1996, 2000, 2001 und 2002 der Fachzeitschrift „Der Zimmermann" beginnen mit dem zweiteiligen Beitrag Michael Riggenbachs und setzen sich dann thematisch – nicht zeitlich – geordnet fort. Sie wurden, wo erforderlich, überarbeitet und ergänzt. Ausführliche Informationen über die Erscheinungsdaten der Originale und über die Autoren sind im Anhang zu finden.

Der aufmerksame Leser wird feststellen, dass Bezeichnungen, Begriffe und Symbole nicht durchgängig gleich verwendet sind. Dies liegt daran, dass es bislang keine Vereinbarung über die Verwendung von Begriffen und Symbolen bei Schiftungen gegeben hat. Der „Schiftzirkel", ein unabhängiger und offener Kreis von Fachleuten, die „das Schiften" professionell oder als Hobby (aber immer mit Idealismus) betreiben, hat sich der Sache angenommen und legt im Anhang Empfehlungen zur Vereinheitlichung vor.

Dieses Buch soll nicht als „Lehrbuch" oder als „Vorschrift" verstanden werden, sondern als Hilfe für Interessierte, ihren Weg zum und ihre Freude am „Modernen Schiften" zu finden.

Karlsruhe, im Juli 2002

Zimmermeister Peter Kübler
Redaktion „Der Zimmermann"

Inhaltsverzeichnis

Michael Riggenbach

Grundsätze zum „flächigen Schiften" 7

Albert Müller

Basiswissen
Einführung in die Flächenschiftung 17
Von räumlichen Überlegungen zum Aufriss 20
Der Anreißvorgang 25
Beispiele: Gratklauenschifter und Gratklauenwechsel 30
Beispiel: Klauenkopfband an Gratstrebe 35

Roland Schumacher

Schiftmethoden im Vergleich am Beispiel eines Grat-Klauenschifters
Das Modell 41
A   Methode mit Senkellängen 42
B   Methode mit Gratsparrenquerschnitt 43
C   Methode mit Höhenlinien 46
D   Methode mit Verschneidungslinien 48
E   Methode mit ausgeklappten Verschneidungslinien 50
F   Methode mit abgeklapptem Gratsparrenquerschnitt 53

Klauenbug über Eck – Eine „Flächenschiftung" mit Anleitung zum Modellbau 55

Mandala-Dach – Eine „ausgefallene" Dachkonstruktion über achteckigem Grundriss 63

Modellprojekt Aufriss
Einführung und Holzliste 69
Hausgrund, Profile, Dachausmittlung 70
Holzdimensionen: Pfettenlage – Grate und Kehlen – Sparren und Schifter 73
Kehlsparren bei ungleich geneigten Dachflächen 76
Hexenschnitt beim Kehlsparren mit ungleicher Neigung 81
Der verkantete schräge Giebelsparren 84
Sparrenkerve bei steigender Schwelle und Traufabschnitt bei steigender Traufe 88
Schräger Giebelsparren bei steigender Traufe 93
Firstpfette bei geneigter Firstlinie – Pfettenneigung zu Profil 2 97
Sparrenkerve bei geneigter Firstpfette 100
Gratsparren bei geneigter Firstlinie 104
Senkrecht eingebaute Gratklauenschifter und Gratklauenwechsel 108
Rechtwinklig zur Dachfläche verkantet eingebaute Gratklauenschifter und Gratklauenwechsel 112

Anhang

Schiftzirkel
Empfehlungen für Bezeichnungen in zeichnerischen Darstellungen von Schiftungen 117

Die Autoren und ihre Beiträge 123
Stichwortverzeichnis 124

Grundsätze zum „flächigen Schiften"

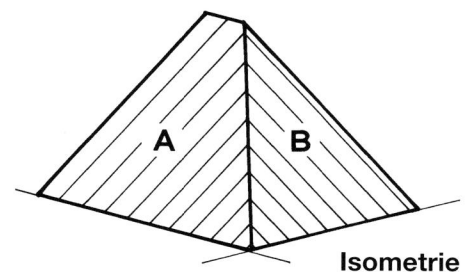

Bild 1

Grundsätzliche Überlegungen zum „flächigen Schiften" lassen sich an dem gewählten Beispiel (**Bild 1**) verdeutlichen.

Grundlagen bilden, wie gewohnt, Grundriss und Profil des auszutragenden Holzes (**Bild 2**).

In Grundriss und Profil werden die für die Austragung wichtigen Punkte markiert und eine Ausgangshöhe (± 0,00) festgelegt.

Nachfolgend wird gezeigt, wie ein normaler Schifter (rechtwinklig zur Hauptdachtraufe im Grundriss) im Zusammenhang mit der Dachfläche **A** ausgetragen werden kann.

Die untenstehende Zeichenerklärung (**Bild 3**) verdeutlicht die im Zusammenhang mit dem flächigen Schiften verwendeten Schraffuren und Symbole.

Als „*Spurlinie*" wird die Verschneidungslinie einer horizontalen und einer geneigten Ebene bezeichnet. Eine „*Spurlinie*" im Sinne dieser Definition ist deshalb immer eine horizontale Linie.

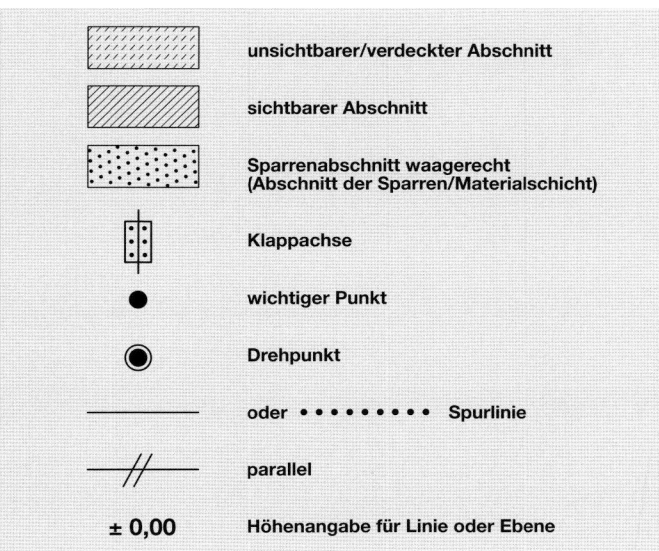

Bild 3

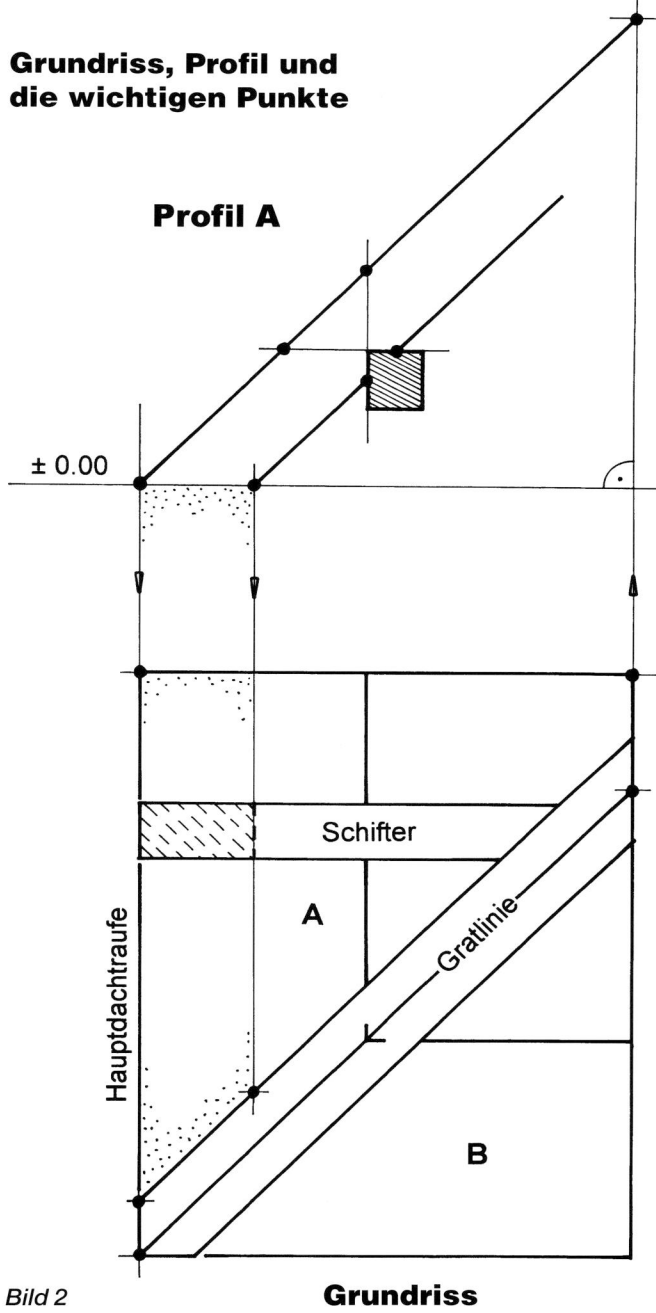

Bild 2 **Grundriss**

Spurlinien decken sich oft mit anderen Linien (wie zum Beispiel Hauptdachtraufe oder Klappachse), sie werden dann im Aufriss als »Spurlinie« angeschrieben. Stehen sie alleine, werden sie punktiert gezeichnet.

Punktierte Flächen sind horizontale Sparrenabschnitte, oder, anders ausgedrückt, waagerechte Schnitte durch die Sparren- beziehungsweise Materialschicht, an denen die Spurlinien entstehen. Hier wird deutlich, daß die Sparrenhöhe (beziehungsweise Dicke der Materialschicht, beispielsweise bei Holzwerkstoffplatten) von Anfang an eine große Rolle spielt.

Basiswissen Schiften

Michael Riggenbach: Grundsätze zum „flächigen Schiften"

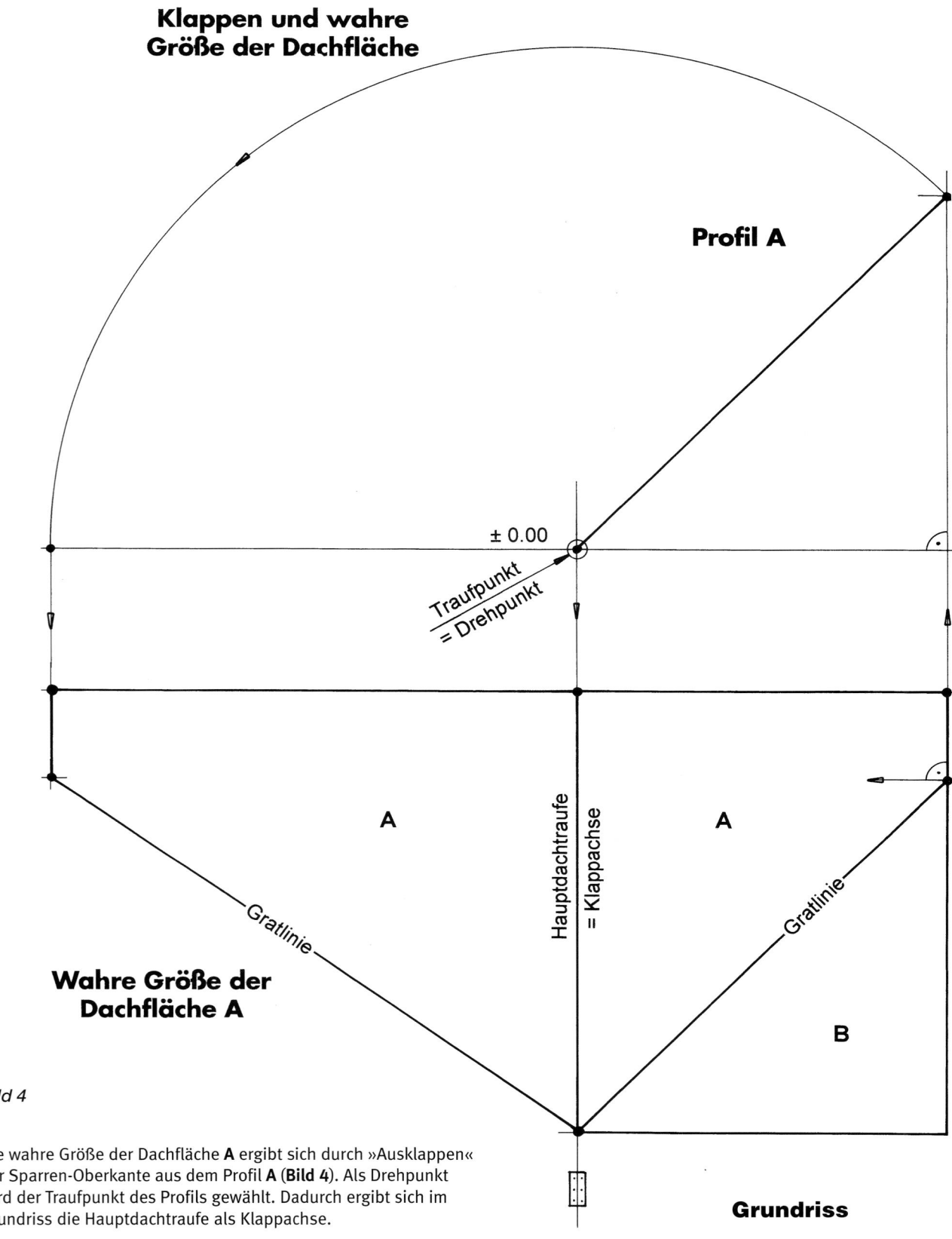

Bild 4

Die wahre Größe der Dachfläche **A** ergibt sich durch »Ausklappen« der Sparren-Oberkante aus dem Profil **A** (**Bild 4**). Als Drehpunkt wird der Traufpunkt des Profils gewählt. Dadurch ergibt sich im Grundriss die Hauptdachtraufe als Klappachse.

Ob das „Ausklappen" mittels Zirkel oder mit der Maßlatte erfolgt, ist abhängig von der Größe des Aufrisses und der Art der zur Verfügung stehenden Hilfsmittel. Wichtig ist, dass die ausgeklappte wahre Fläche in unmittelbarem Zusammenhang mit Grundriss und Profil bleibt und nicht „irgendwohin" versetzt wird.

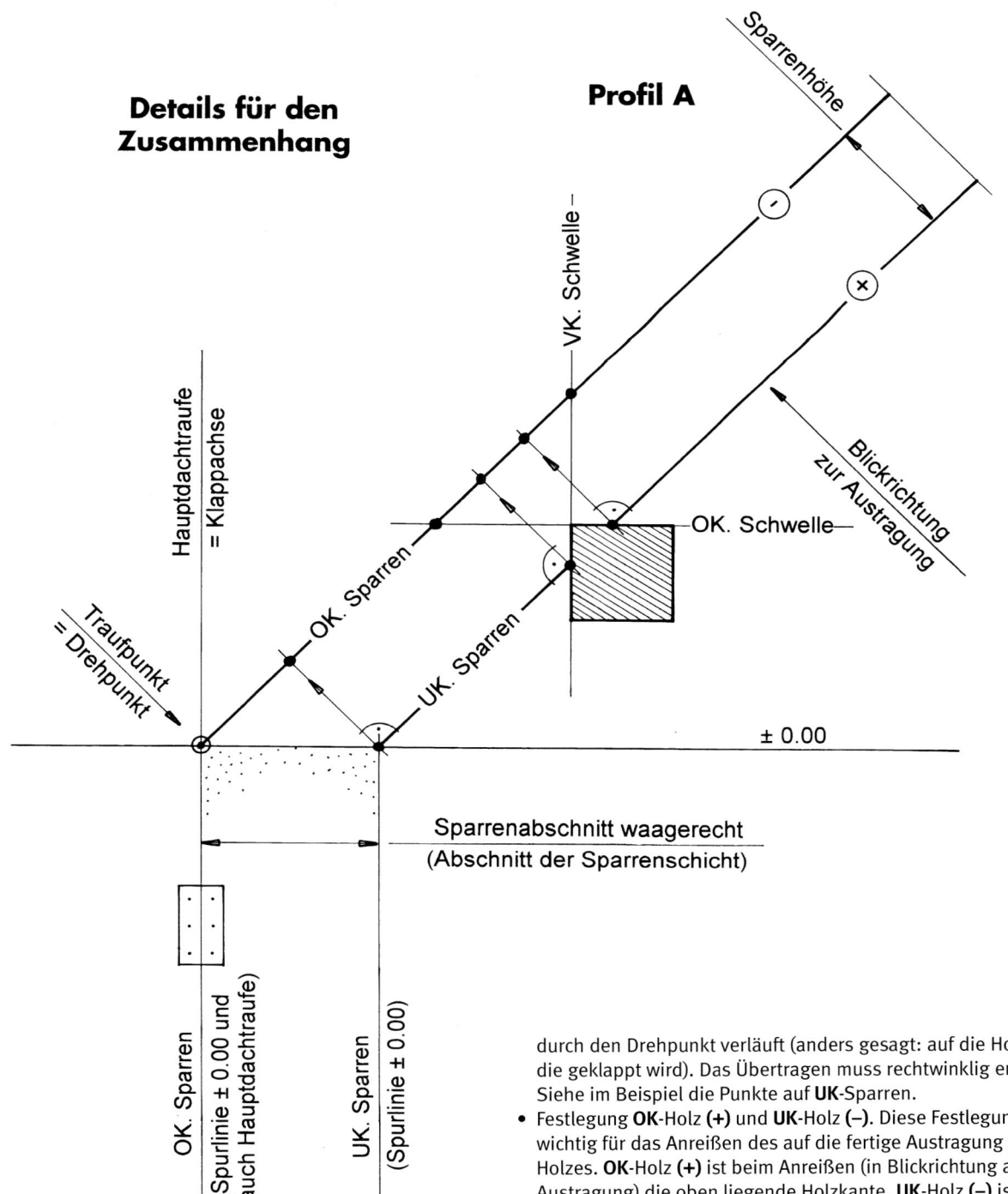

Bild 5

Die notwendigen Festlegungen

- Festlegen des Drehpunktes beziehungsweise der Klappachse (**Bild 5**).
- Markieren der wichtigen Punkte.
- Festlegen der Blickrichtung zur Austragung.
- Übertragen der wichtigen Punkte auf diejenige Holzkante, die durch den Drehpunkt verläuft (anders gesagt: auf die Holzkante, die geklappt wird). Das Übertragen muss rechtwinklig erfolgen! Siehe im Beispiel die Punkte auf **UK**-Sparren.
- Festlegung **OK**-Holz (**+**) und **UK**-Holz (**–**). Diese Festlegung ist wichtig für das Anreißen des auf die fertige Austragung gelegten Holzes. **OK**-Holz (**+**) ist beim Anreißen (in Blickrichtung auf die Austragung) die oben liegende Holzkante. **UK**-Holz (**–**) ist die Kante, die auf der Austragung aufliegt.

Die Austragung

- Übertragen der wichtigen Grundlinien in die Austragung (hier: Außenkante-Schifter und Innenkante-Schifter).
- Ausklappen der Punkte von der Holzkante, die durch den Drehpunkt verläuft, in die Austragung. Bezeichnungen für **OK**-Holz (**+**) und **UK**-Holz (**–**) anschreiben!
- Austragen der Abschnittslinien für **OK**-Holz und **UK**-Holz als Parallelen zur Bezugslinie in der wahren Fläche. Die Pfeile verdeutlichen die Vorgangsweise. Im Beispiel ist die Bezugslinie die Gratlinie.

Michael Riggenbach: Grundsätze zum „flächigen Schiften"

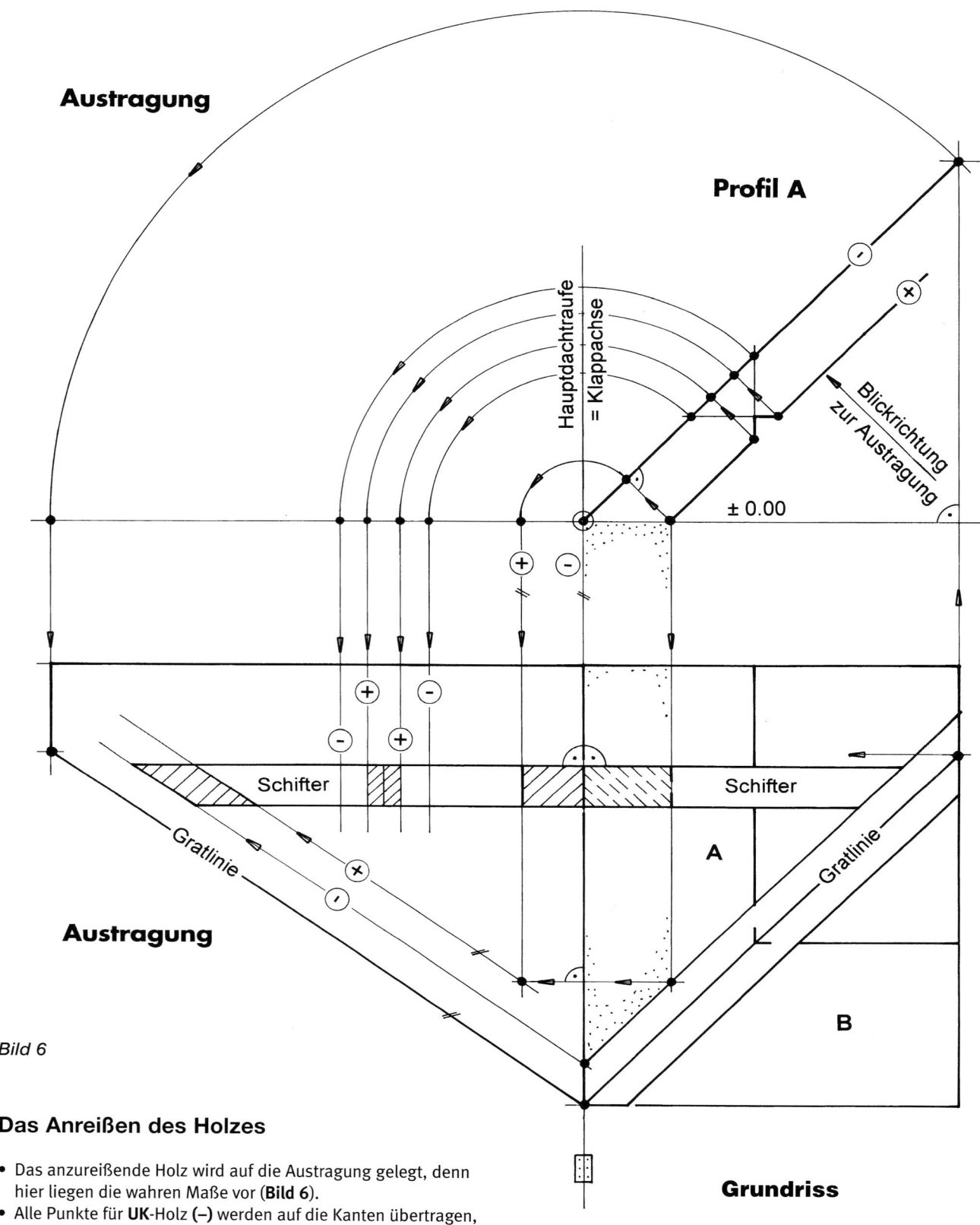

Bild 6

Das Anreißen des Holzes

- Das anzureißende Holz wird auf die Austragung gelegt, denn hier liegen die wahren Maße vor (**Bild 6**).
- Alle Punkte für **UK**-Holz (**–**) werden auf die Kanten übertragen, die auf der Austragung anliegen.
- Alle Punkte für **OK**-Holz (**+**) werden auf die oben liegenden Holzkanten übertragen.
- Die zueinander gehörigen Punkte auf **OK**-Holz und **UK**-Holz werden miteinander verbunden und die Abschnittrisse markiert. Das Holz kann ausgearbeitet werden.

Beispiel

Als Beispiel für das „flächige Schiften" soll eines der Hölzer aus der Aufgabe zum 2. Europäischen Berufswettbewerb der Zimmerer behandelt werden.

Bild 7 zeigt einen Ausschnitt aus der Aufgabenstellung. Der Klauenschifter mit der Nr. 18 (in der Folge als „Sparren" bezeichnet) soll als Demonstrationsobjekt dienen.

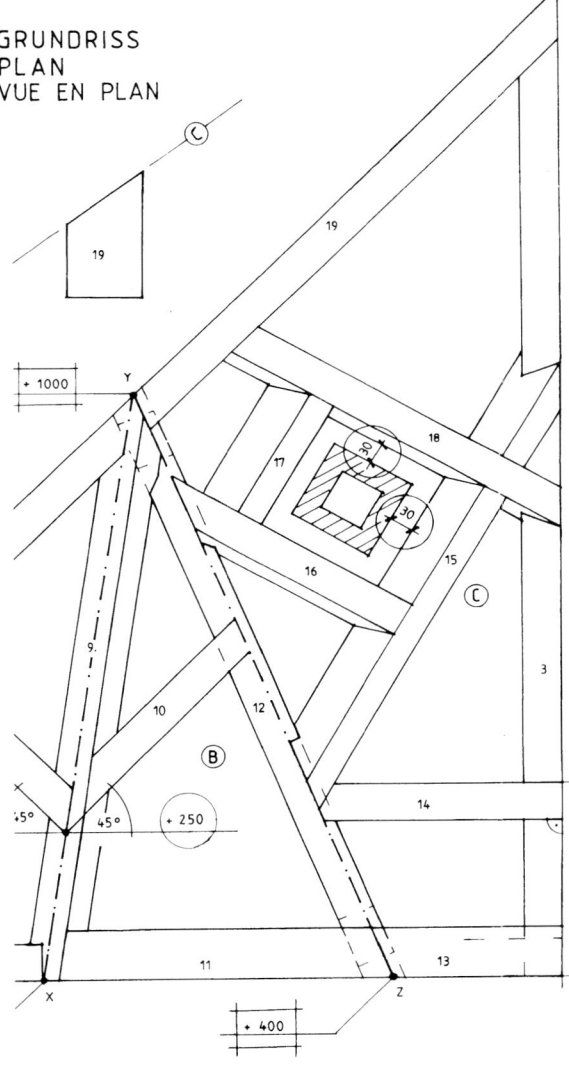

Bild 7

Grundriss, Profil C und Schrägsparrenprofil zeichnen

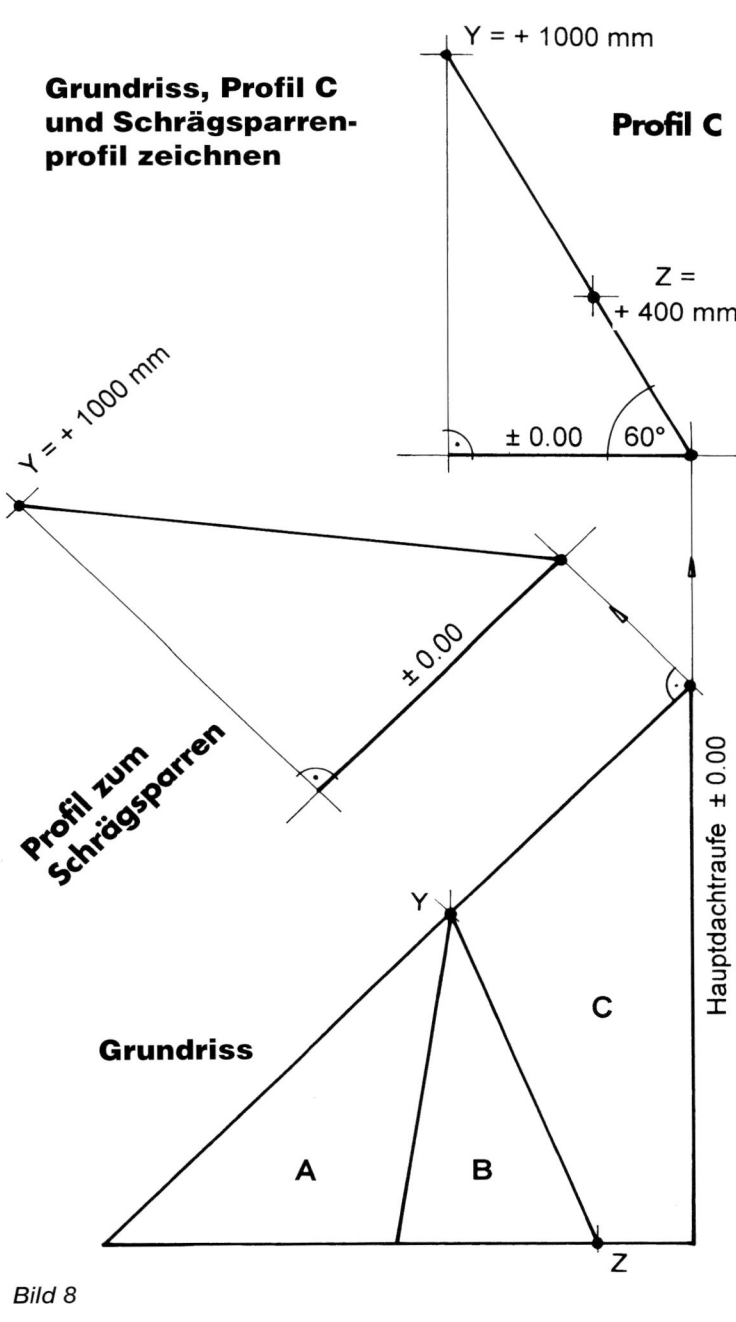

Bild 8

Es wird vorausgesetzt, dass der Grundriss, insbesondere der Dachfläche C, inklusive der Lage der Hölzer, nach den gegebenen Maßen der Aufgabenstellung auf **Seite 6** gezeichnet ist.

Die Anfallspunkte **Y** und **Z** der Dachfläche C ergeben sich aus dem Profil der Dachfläche C: Dachneigung 60°, Punkt **Z** liegt auf Höhe +400 mm, Punkt **Y** auf Höhe +1000 mm.

Das Profil zum Schrägsparren (Nr. 19) lässt sich aus Grundmaß und Höhe von Punkt **Y** festlegen.

Michael Riggenbach: Grundsätze zum „flächigen Schiften"

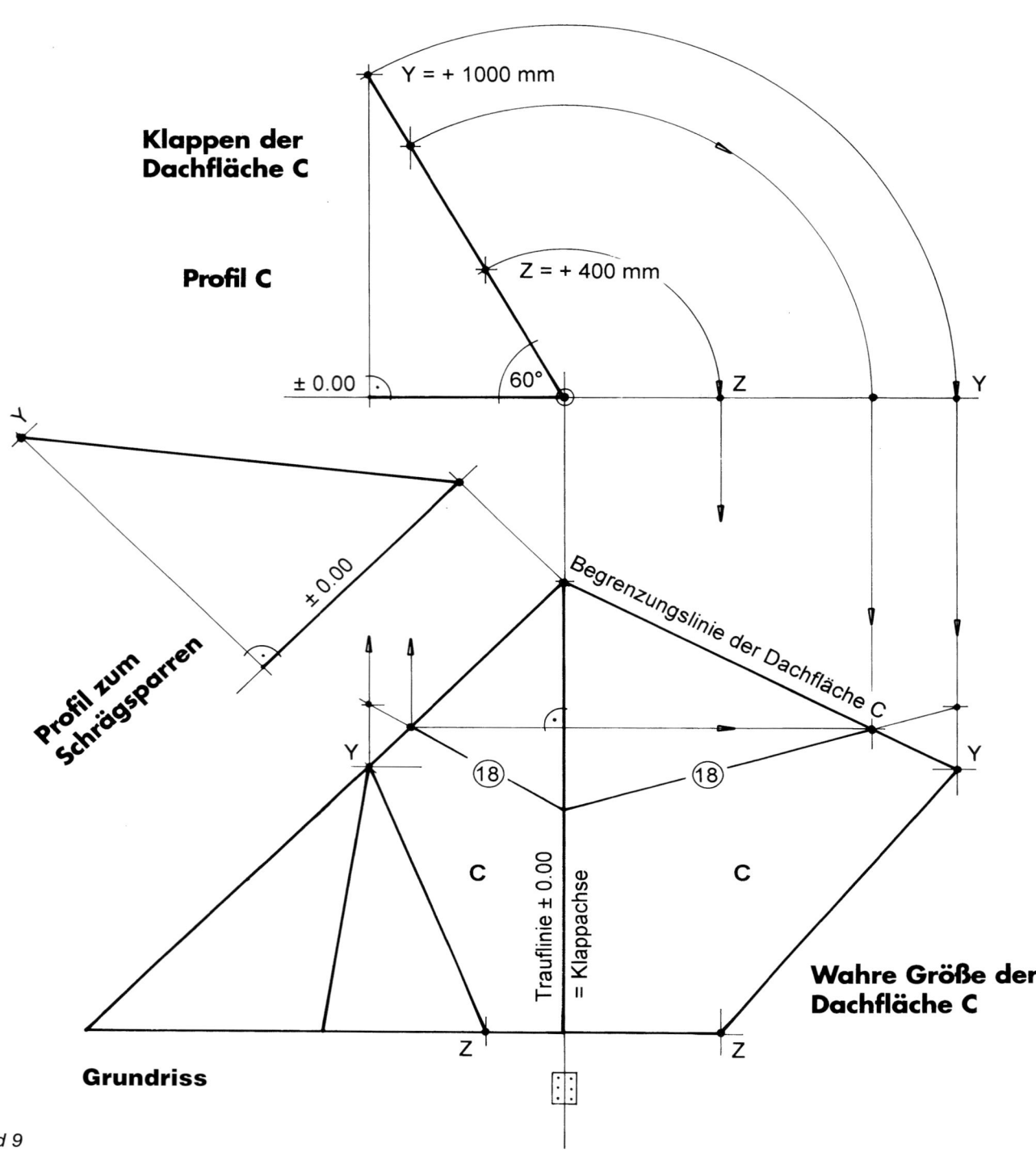

Bild 9

Nach dem Einzeichnen des Sparrens Nr. 18 in den Grundriss lässt sich die Dachfläche **C** um die Klappachse (Trauflinie, Höhe ±0,00) ausklappen, man erhält die wahre Fläche der Dachfläche **C** mit den Anfallspunkten des Sparrens Nr. 18 (**Bild 9**).

Einzeichnen der Holzstärken, der wichtigen Spurlinien und Schnittpunkte

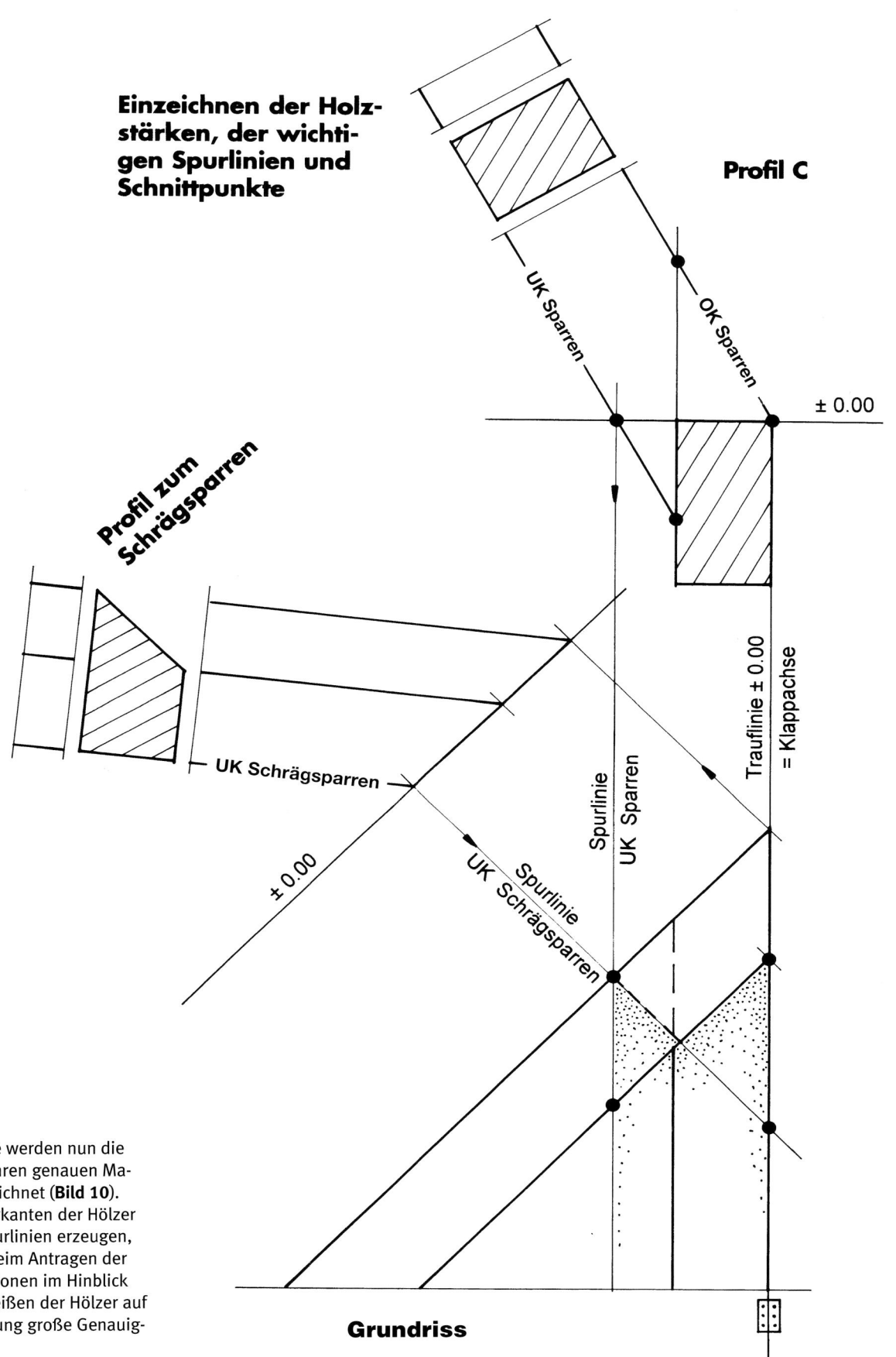

Bild 10

In die Profile werden nun die Hölzer mit ihren genauen Maßen eingezeichnet (**Bild 10**). Da die Unterkanten der Hölzer wichtige Spurlinien erzeugen, ist gerade beim Antragen der Holzdimensionen im Hinblick auf das Anreißen der Hölzer auf der Austragung große Genauigkeit gefragt.

Michael Riggenbach: Grundsätze zum „flächigen Schiften"

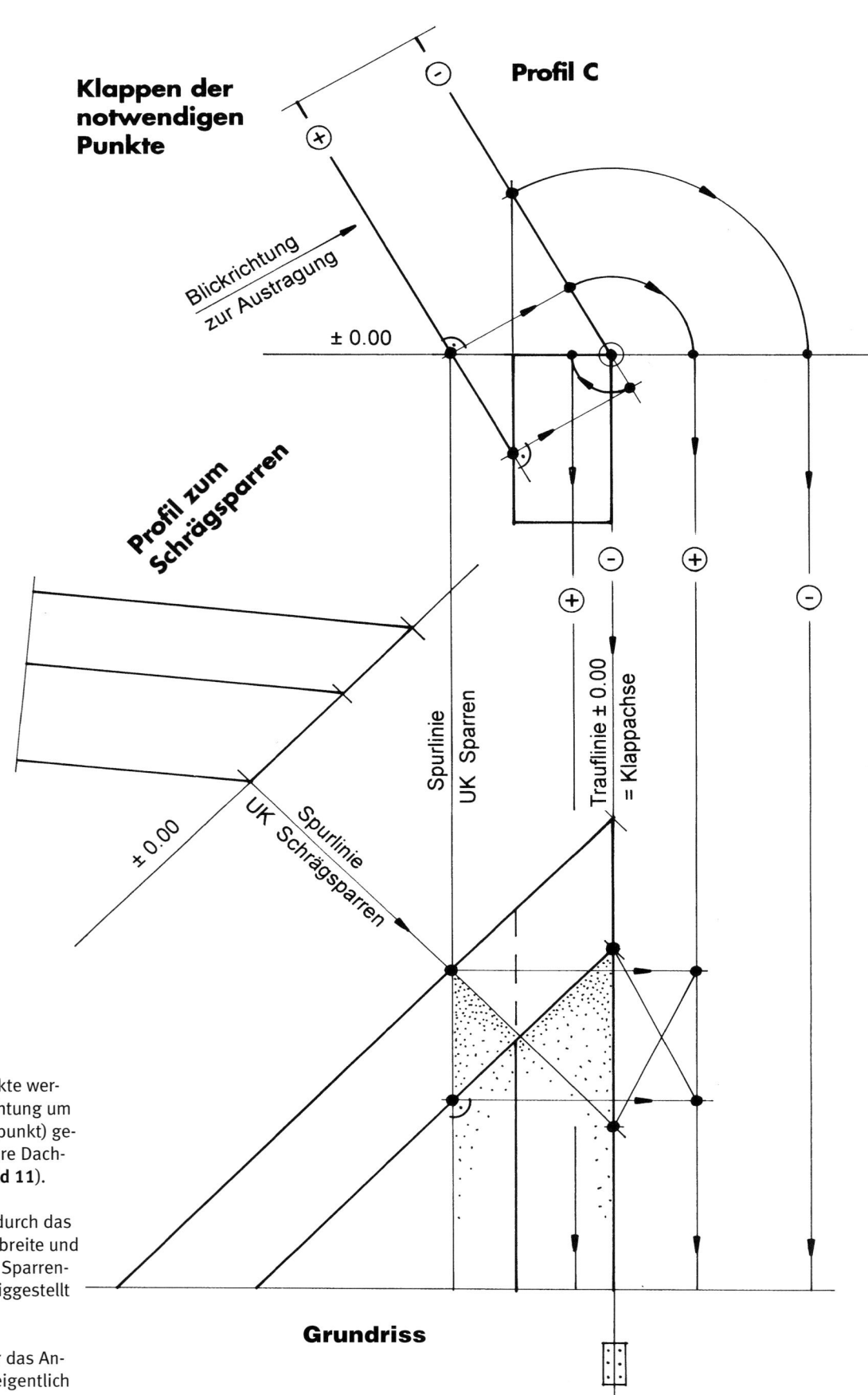

Bild 11

Die notwendigen Punkte werden jeweils in Pfeilrichtung um den Drehpunkt (Traufpunkt) geklappt und in die wahre Dachfläche übertragen (**Bild 11**).

Die Austragung wird durch das Antragen der Sparrenbreite und Zeichnen der zweiten Sparrenbegrenzungslinie fertiggestellt (**Bild 12**).

Die Umkantung ist für das Anreißen des Sparrens eigentlich nicht notwendig.

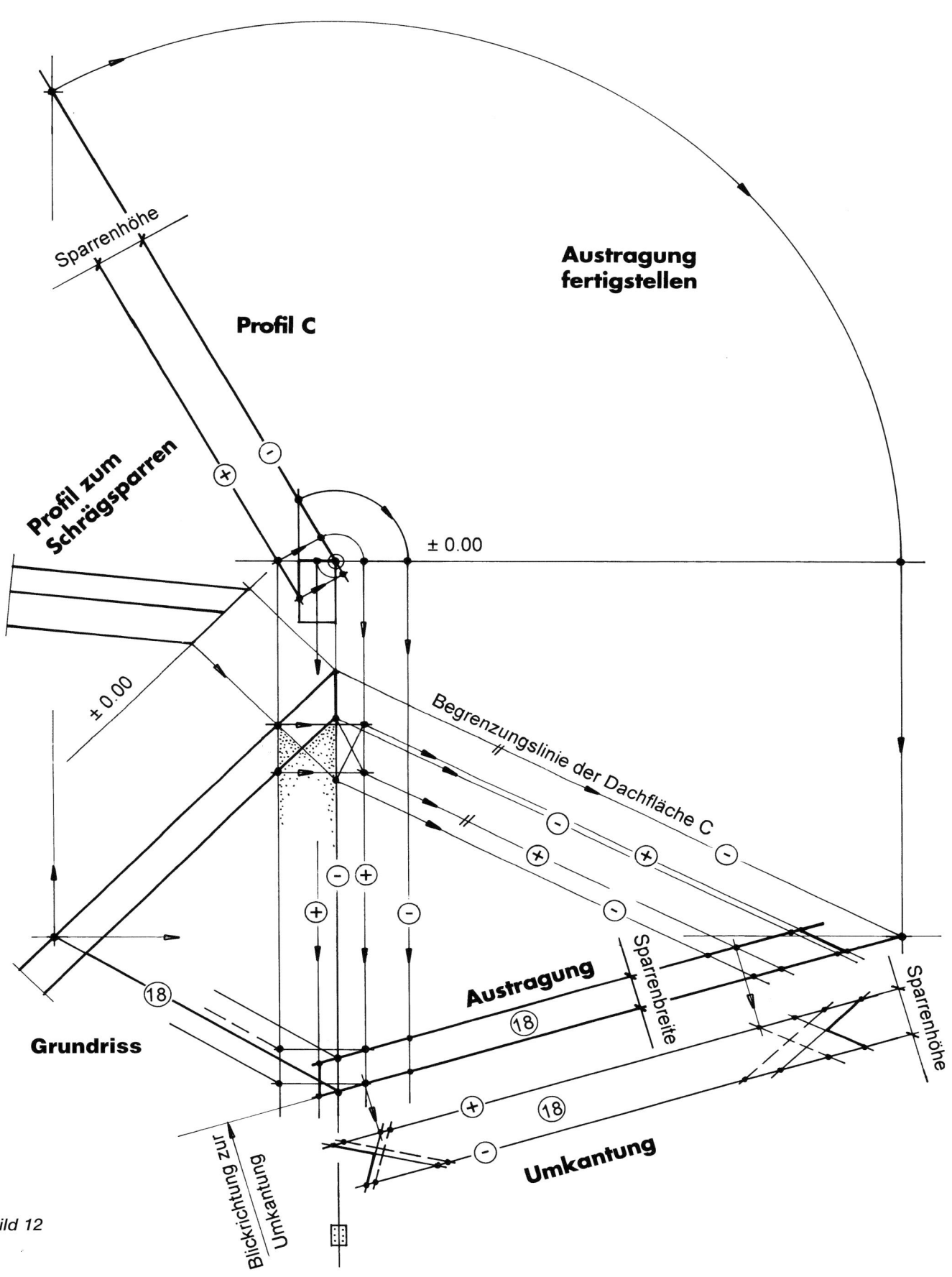
Bild 12

Basiswissen
Einführung in die Flächenschiftung

Schiften unter Zuhilfenahme einer Fläche ist keine neue Erfindung, sondern hat eine alte Tradition. Sie wird in verschiedenen europäischen Ländern wie der Schweiz und in Frankreich seit längerem mit Erfolg in der Praxis eingesetzt.

Seit dem Paukenschlag der Schweiz beim „Europäischen Berufswettkampf der Zimmerer" 1996 in Friedrichshafen, bei dem die schweizerische Mannschaft unter Verwendung dieser Methode die ersten drei Plätze belegte, ist diese Methode auch in Deutschland wieder Gegenstand der beruflichen Bildung.

Ziel der nachfolgenden Ausführungen ist es, Hilfestellung zum Erlernen dieser Methode zu geben, da mit der Flächenklappung ein Schiftinstrument vorliegt, mit dem anspruchsvolle Schiftaufgaben zügig und übersichtlich gelöst werden können.

Einsatzmöglichkeit

Die Verwendung dieser Methode ist generell möglich, wenn das zu ermittelnde Element (zum Beispiel ein Holzstab wie ein Wechsel oder ein Schifter) mit einer seiner Begrenzungsflächen in der Dachfläche oder einer speziell konstruierten Fläche liegt (**Bild 13**).

Vorteil der Flächenklappung

Ist die zu bearbeitende Flächenschicht in eine bestimmte Ebene so geklappt, dass sie dort in wahrer Größe als Anreißgrundlage zur Verfügung steht, so kann für beliebig in der Flächenschicht orientierte Elemente deren wahre Länge abgerissen werden. Gleichzeitig ergeben sich die zugehörigen Anreißwinkel.

Es lassen sich somit beispielsweise (**Bild 14**) aus der Flächenschicht „Walmsparren" Schrägsparren, Schifter, Strahlenschifter, Gratwechsel und Ähnliches ermitteln. Eine Klauenausführung ist ebenso problemlos möglich.

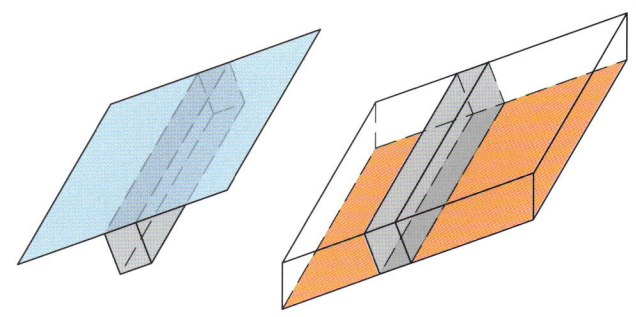

Bild 13: Flächenschiftung ist dort möglich, wo eine Oberfläche des abzubildenden Stabes in einer Dachfläche oder speziell konstruierten Fläche liegt.

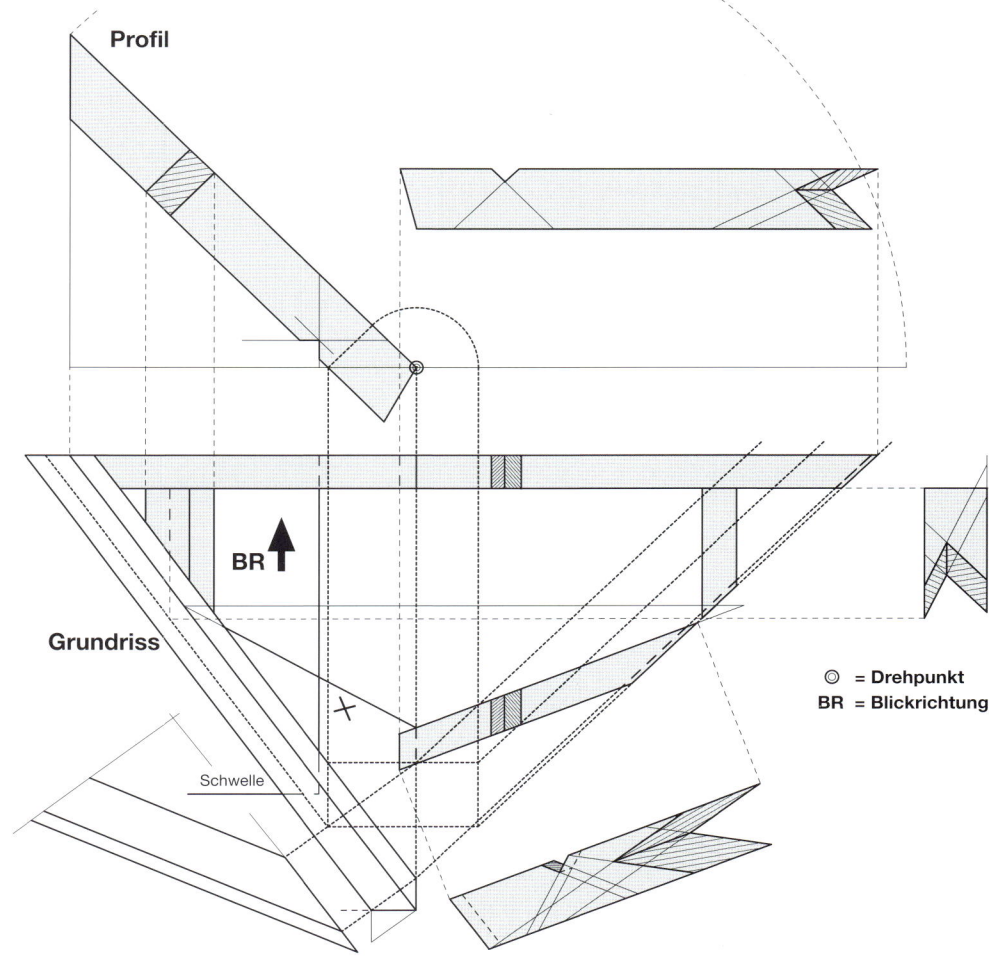

Bild 14: Nicht zur Abschreckung, sondern zur Demonstration, wie mittels weniger Linien unter Verwendung der Flächenschiftung die verschiedensten Hölzer angerissen werden können. Die Darstellung der ausgearbeiteten Hölzer ist für das Anreißen nicht erforderlich!

Albert Müller: Basiswissen

Die Übertragung der Abbundlängen der einzelnen Hölzer aus der Flächenschicht (Anreißgrundlage) ähnelt dem Anreißvorgang einer aufgelegten Fachwerkwandstrebe, die aus der Anreißgrundlage ermittelt werden soll. Auch hier ist ja die senkrechte Wand auf den waagrechten Reißboden geklappt, die Strebe wird dort aufgelegt und die erforderlichen Risse werden übertragen.

Der Anreißvorgang selbst wird in einer späteren Folge ausführlich dargestellt.

Räumliche Darstellung von Flächenschichtüberlegungen

Bild 15 zeigt ein Klappmodell mit einer geneigten Dachflächen*schicht*, deren Dicke die Sparrenhöhe h ist. Diese Schicht wird hier nach rechts um die Klappachse in die waagerechte Ebene gedreht. Als Ergebnis zeigt sich ein liegender prismatischer Körper, dessen Kanten die wahren Längen der Dachabmessungen aufweisen.

Kennzeichnet man die geneigten Flächen farblich unterschiedlich, so erkennt man, dass die Lage der Sparrenuntersicht nach der Klappung dem Betrachter näher liegt und die Fläche der Sparrenoberseite auf den Reißboden zu liegen kommt (**Bild 16**).

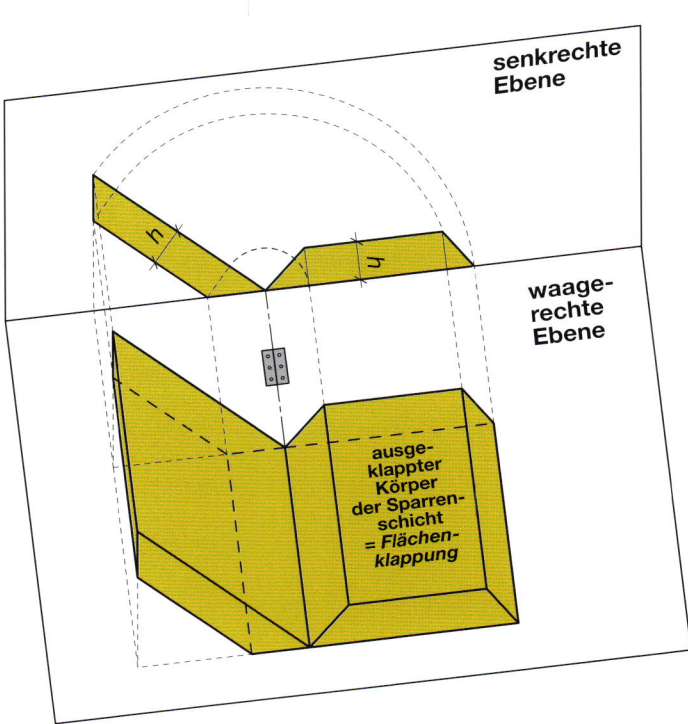

Bild 15: Eine geneigte Dachflächenschicht mit der „Dicke" h=Sparrenhöhe wird um die Klappachse in die Grundrissebene gedreht. Dort liegt sie in ihren wahren Maßen vor. Das „Scharnier"-Zeichen ist Symbol für die Klappachse.

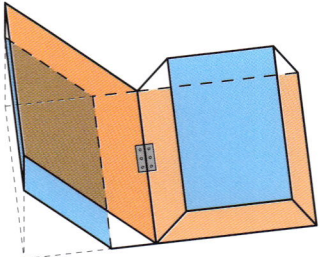

Bild 16: Kennzeichnet man die geneigten Flächen farblich unterschiedlich, so erkennt man, dass die Lage der Sparrenuntersicht nach der Klappung dem Betrachter näher liegt und die Fläche der Sparrenoberseite auf dem Reißboden zu liegen kommt.

Bild 17 zeigt in räumlicher Darstellung zwei gut geeignete Abbildungsebenen, in denen wahre Maße der geneigten Fläche (der Dachfläche) und der darin liegenden Körper (Hölzer) verfügbar sind: Die senkrecht stehende Profilebene und die waagerecht liegende Grundrissebene. Es liegt immer am „Benutzer", die Lage der für ihn am besten geeigneten Abbildungsebene zu

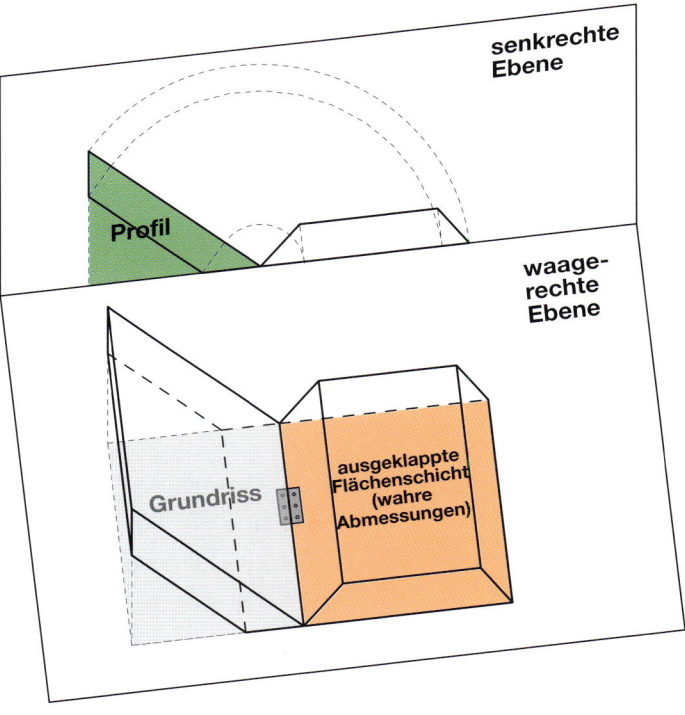

Bild 17: Für die vorliegende Darstellung sind zur Ermittlung wahrer Maße die senkrechte Ebene und die waagerechte Ebene besonders gut geeignet.

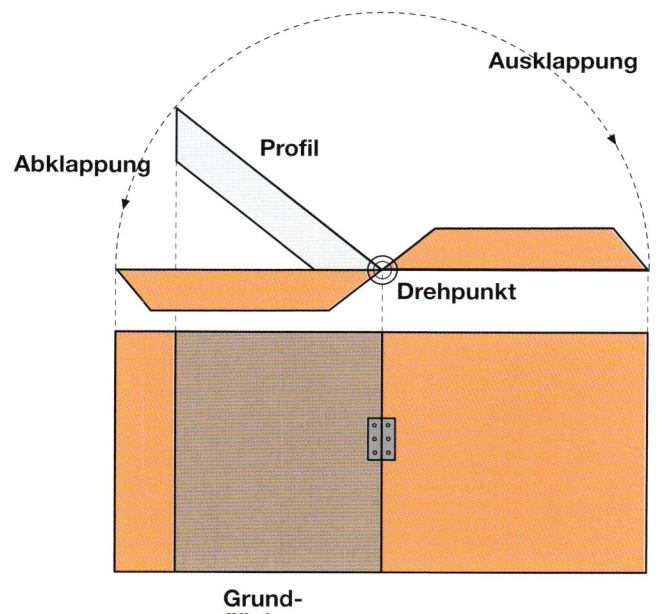

Bild 18: Die Begriffe „Ausklappung" und „Abklappung" können die Richtung der Klappung verdeutlichen.

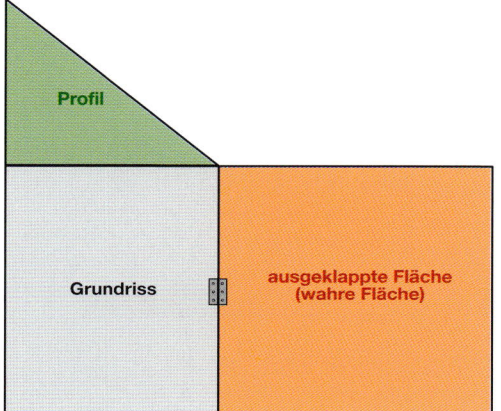

Bild 19: Nicht besonders platzsparend, aber übersichtlich: Die Dachfläche ist ausgeklappt, das Profil unmittelbar an den Grundriss angeschlossen.

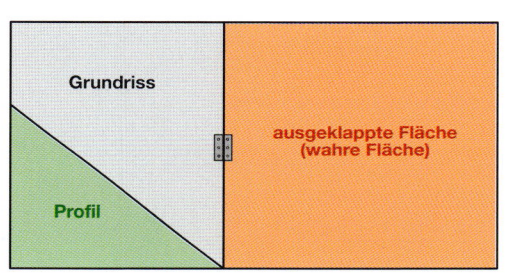

Bild 20: Schon etwas platzsparender: Die Dachfläche ist ausgeklappt, das Profil in den Grundriss gezeichnet.

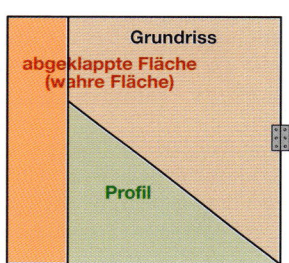

Bild 21: Sehr platzsparend aber wenig übersichtlich: Die Dachfläche ist abgeklappt und „liegt" auf Grundriss und Profil.

wählen und die Klappung entsprechend vorzunehmen. Die Erfahrung zeigt jedoch, dass man mit der Grundrissebene als „Zielebene" für die Klappung sehr oft die besten Erfolge erzielt, nicht zuletzt, weil man die anzureißenden Hölzer bequem auflegen und die Maße übertragen kann.

Das grundlegende System der Flächenklappung

In welche Richtung gedreht (geklappt) wird, ist beliebig wählbar. Genauso beliebig ist auch die Wahl der Drehachse. Theoretisch ist die Verwendung verschiedenst angeordneter Ebenen zwar möglich, sie reduzieren sich jedoch unter dem Aspekt der Praxisorientierung auf wenige.

Den Vorgang der Drehung oder Klappung kann man je nach Drehrichtung unterscheiden, indem die Begriffe „Abklappung" und „Ausklappung" eingeführt werden (**Bild 18**).

Wird die Flächenschicht in Richtung des Grundrisses abgeklappt, so wird die Grundrissebene von ihr überlagert beziehungsweise wird die Flächenschicht räumlich unter ihr angeordnet. Beim Vorgang der Ausklappung wird die Flächenschicht weg vom Grundriss in die horizontale Ebene gedreht.

Geklappte Flächen lassen sich in der Abbildungsebene sehr platzsparend „ineinander" und „aufeinander" zeichnen. Beispiele hierfür zeigen die **Bilder 19** bis **21**.

Dem Vorteil der Platzersparnis steht der Nachteil der Unübersichtlichkeit gegenüber, da eine Verwechslung bei einer Anhäufung von Linien leichter möglich wird. Eine strenge Begrenzung des für den Aufriss zur Verfügung stehenden Platzes wird es in der Praxis selten geben. Insbesondere beim Arbeiten mit dem CAD-Programm gibt es kein Platzproblem. Anders kann es in der Ausbildung, bei Prüfungen und Wettkämpfen sein. Dann lohnt sich eine genaue Überlegung, wo was noch mit hinreichender Übersichtlichkeit (und Nachvollziehbarkeit!) hingezeichnet werden kann.

Von räumlichen Überlegungen zum Aufriss

In dieser Folge geht es um die Verschneidung einer senkrechten Flächenschicht mit einer senkrechten Ebene. Als Vorüberlegung sollen am einfachen Beispiel einer senkrechten Flächenschicht allgemeine geometrische Zusammenhänge veranschaulicht werden, die dann beim späteren Vorgang der Klappung weitergeführt werden.

Es werden im Grundriss zwei zueinander parallele Ebenen gewählt, die als Abstand ein Maß (Breite oder Höhe) des zu ermittelnden Holzes – in unserem Beispiel die Breite b des Schifters – aufweisen (**Bild 22**).

Damit liegt der zu ermittelnde Schifter mit seinen Ausdehnungen in einer im Grundriss senkrecht gestellten „theoretischen" Flächenschicht. Die begrenzenden Ebenen (Projektionsebenen) der Flächenschicht sind zur Verdeutlichung farblich unterschiedlich gekennzeichnet (**Bild 23**).

Die Ausdehnung der Projektionsebenen ist, wie aus dem Grundriss ersichtlich, größer dimensioniert als die Flächenschicht, um den räumlichen Abstand der Ebenen deutlicher hervorzuheben (**Bild 23**).

Festlegungen und Bezeichnungen der Ebenen

Diese Ebenen werden nun zu ihrer Unterscheidung bezeichnet. Es empfehlen sich Namen beziehungsweise Symbole, die kurz und unverwechselbar sind und sinnvollerweise die Gegensätzlichkeit betonen. Als solche Symbole sollen hier die mathematischen Zeichen **+** (plus) und

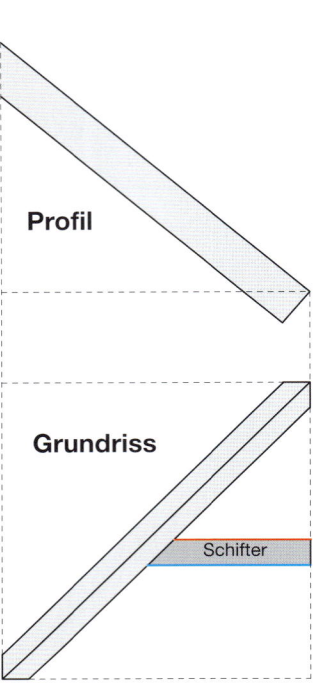
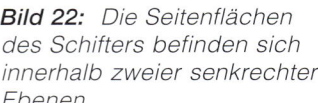

Bild 22: Die Seitenflächen des Schifters befinden sich innerhalb zweier senkrechter Ebenen.

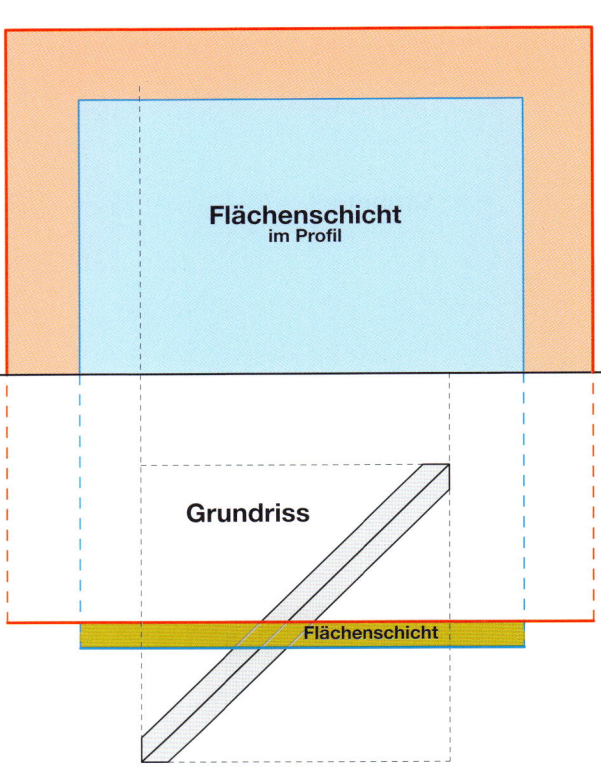

Bild 23: Darstellung der im Grundriss senkrecht stehenden, in ihrer Ausdehnung beliebigen Flächenschicht, sowie deren Ansicht in der Profilebene

– (minus) dienen. Die Verwendung dieser Symbole geht zurück auf Michael Riggenbachs „Schiften mit System".

Ebenso ist eine Festlegung der **B**lickrichtung **BR** sehr hilfreich, da hiermit sogleich über sichtbare und unsichtbare Kanten entschieden werden kann.

Die der **BR** nähere Ebene (Seite der Flächenschicht) erhält zu ihrer Kennzeichnung den Namen **(+)**, die dahinterliegende Ebene (Seite der Flächenschicht) den Namen **(–)** (**Bild 24**).

Verschneidung der Flächenschicht

Die Flächenschicht (in ihr befindet sich der Schifter) wird mit der im Grundriss senkrechten Ebene, die die Innenkante des Gratsparrens (auf der Schifterseite) beinhaltet, verschnitten.

Es ergibt sich dadurch jeweils eine Verschneidungslinie auf der **(+)**-Ebene und der **(–)**-Ebene der Flächenschicht (**Bilder 24, 25 und 26**). Diese Verschneidungslinien werden als Begrenzungslinien in der jeweiligen Projektionsebene sichtbar. Sie sind die gesuchten Anreißlinien.

Einzeichnen der Schifterlage

Mit dem Einzeichnen der Schifterlage in das Profil – unter Verwendung der Dachneigung und des Grundmaßes – ist der Aufriss beendet und das Anreißen ist möglich (**Bild 27**).

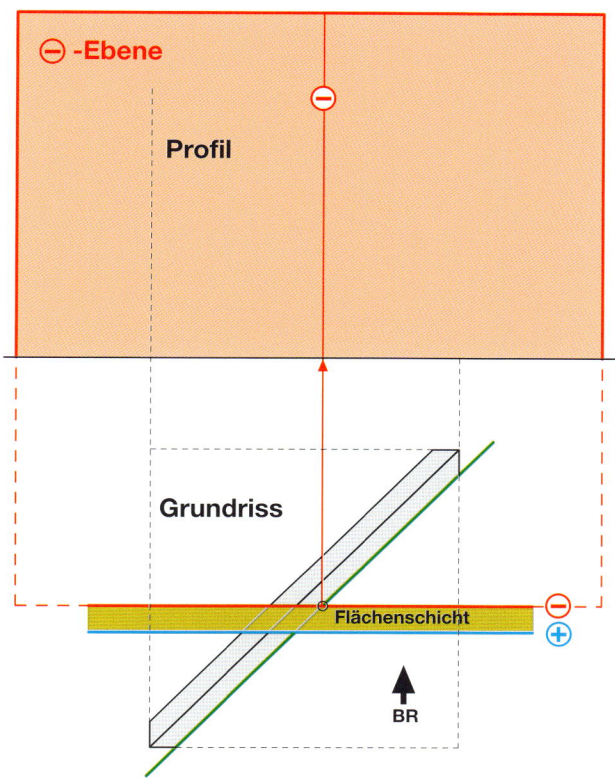

Bild 24: Darstellung der Flächenschicht im Grundriss und die Projektion der Ebenenverschneidung in die (–)-Ebene des Profils

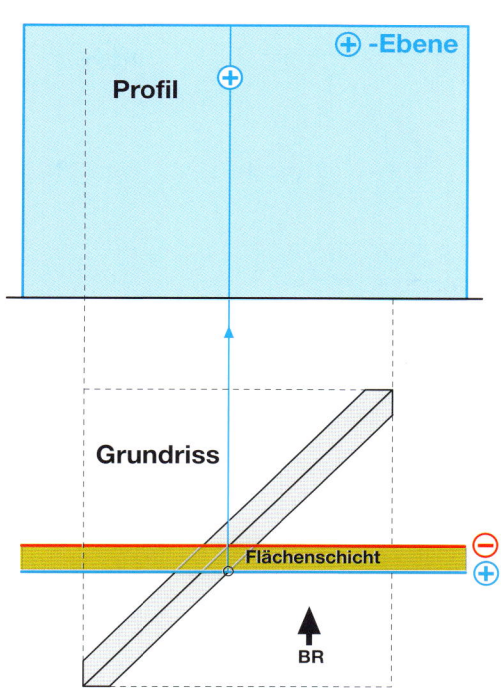

Bild 25: Darstellung der Flächenschicht im Grundriss und die Projektion der Ebenenverschneidung in die (+)-Ebene des Profils.

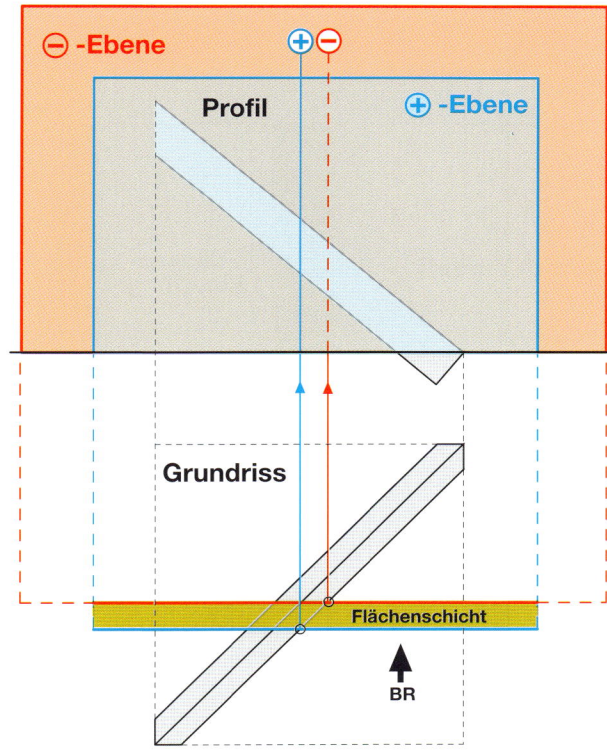

Bild 26: Darstellung der Flächenschicht im Grundriss und die Projektion der Ebenenverschneidung in die (+)-Ebene und in die (–)-Ebene des Profils sowie der Profillage.

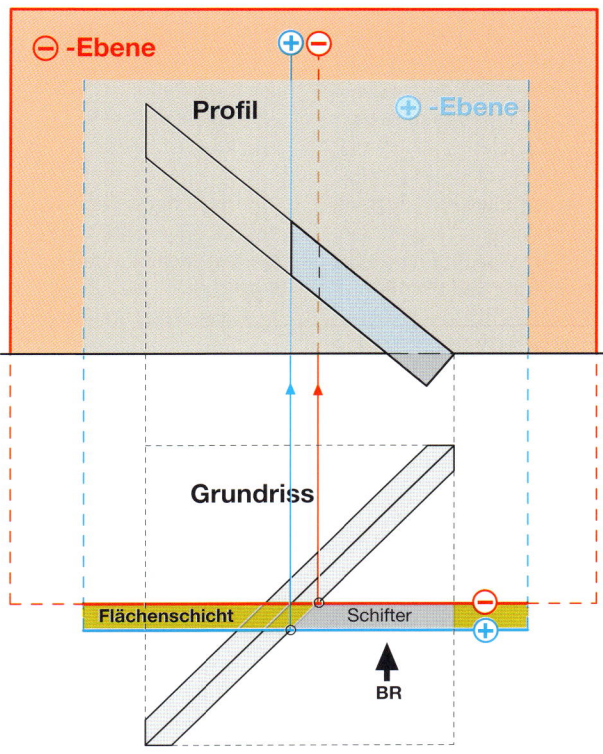

Bild 27: Darstellung des Schifters im Profil. Die (+)-Linien weisen sichtbare Kanten aus, die (–)-Linien weisen unsichtbare Kanten aus.

Basiswissen Schiften

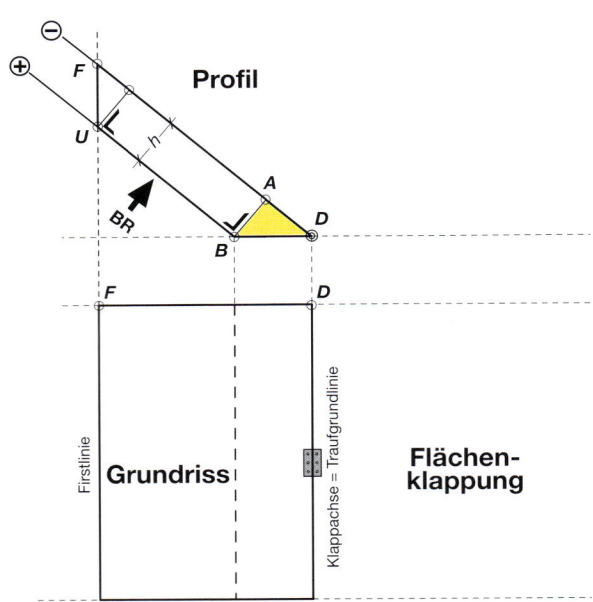

Bild 28: *Grundrissbezogene Lage eines Pultdachprofils (der Hälfte eines Satteldaches). Traufgrundlinie ist Klappachse. Die (+)- und (–)-Ebenen der Flächenschicht sind bereits eingetragen.*

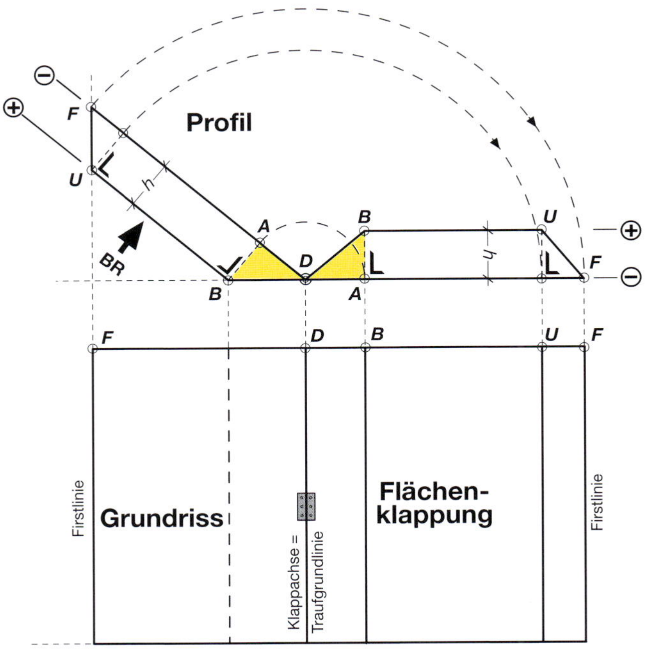

Bild 30: *Die ausgeführte Ausklappung. Die Punkte der (–)-Ebene liegen auf dem Reißboden. Die Punkte der (+)-Ebene liegen um den Abstand der Sparrenhöhe **h** darüber.*

Erkenntnisse

Es ergibt sich somit, da alle **(+)**-Linien Teil der **(+)**-Ebene sind und diese sich näher beim Betrachter befindet, dass **(+)**-Linien im Regelfall sichtbare Kanten der Schnittebene markieren. Sie (die Linien) liegen aber stets auf der Oberfläche des Holzes, die näher dem Betrachter ist.

(–)-Linien stellen sich dagegen als Verschneidungslinien dar, die auf der vom Betrachter **BR** abgewandten Seite liegen.

Der Klappvorgang bei geneigter Flächenschicht

Erklärungen und Vorüberlegungen zum Klappvorgang:

Eine Flächenschicht wird „theoretisch" in der Dachneigung über dem Grundriss errichtet. Ihre Dicke entspricht der Sparrenhöhe „*h*" (**Bild 28**).

Diese „theoretische Flächenschicht" kann auch als Dachtragkörper verstanden werden, dessen Längenausdehnungen parallel zur Traufkante verlaufen. Man könnte auch bildhaft von einem massiven Dachelement (zum Beispiel aus BS-Holz oder Brettstapeln) sprechen.

Geht man von einem Betrachter beziehungsweise von einer Blickrichtung **BR** aus, so lassen sich die begrenzenden Ebenen der Flächenschicht (des massiven Dachelements) wie in **Bild 28** dargestellt im Profil kennzeichnen.

Die Flächen des Elements auf der Dachoberseite sind mit **(–)**, auf der Dachunterseite mit **(+)** bezeichnet – weil dem Betrachter näher. Die Farbliche Kennzeichnung der jeweiligen Linien wird zur Verdeutlichung des Herkunftsortes **(+)**, **(–)** eingesetzt. Später kann auf die zusätzliche farbliche Kennzeichnung verzichtet werden.

Der Klappvorgang

Die Traufgrundlinie im Grundriss ist Klappachse. Damit ergibt

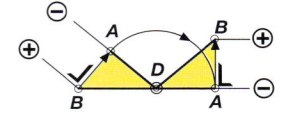

Bild 29

sich im Profil der Traufpunkt als Drehpunkt **D** (**Bild 29**).

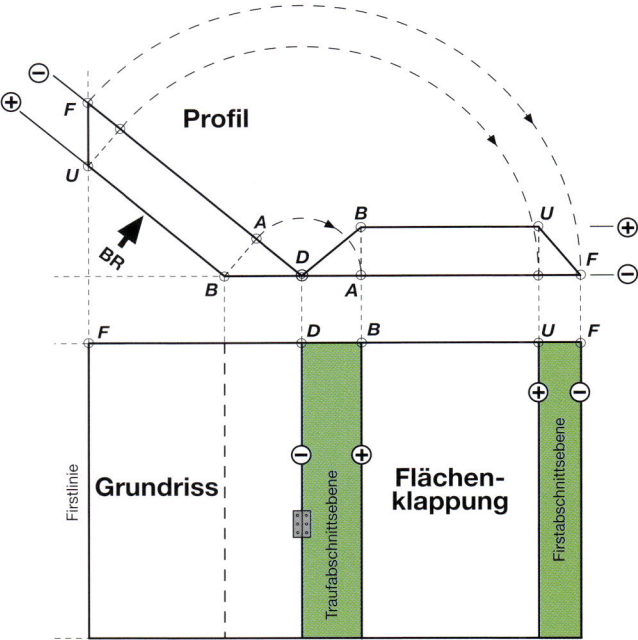

Bild 31: *Die Anordnung der Bezeichnungen auf gleicher Höhe zeigt die Zusammengehörigkeit der (+)- und (–)-Linien. Die Linienpaare verdeutlichen den Durchgang von Schnittebenen durch die Flächenschicht. Solche Schnittebenen sind beispielsweise First- und Traufabschnitt, die hier in der Flächenklappung farblich hervorgehoben sind.*

Wird nun das Dreieck am Traufpunkt im Profil nach rechts gedreht, so liegt die Strecke **D–A** in der Flächenklappung zuunterst (unter dem Begriff „Flächenklappung" ist der Zustand zu verstehen, in den die jeweilige Flächenschicht zur praktikablen Ermittlung der Anreißlinien geklappt wird oder in dem sie sich nach der Klappung befindet). Da die Strecke **D–A** Teil der **(–)**-Ebene ist, liegt somit die gesamte **(–)**-Ebene in der Flächenklappung auf der Reißgrundlage und die **(+)**-Fläche, siehe **B**, um die Sparrenhöhe *h*, zum Betrachter hin, darüber (**Bild 30**).

Erkenntnis:

Aus Punkten des Profils, die auf der (**+**)-Ebene liegen, werden durch den Klappvorgang (**+**)-Punkte in der Flächenklappung.

Gibt man den Punkten der Flächenklappung – zum Beispiel **D** und **F** – die im Grundriss ersichtlichen Längenmaße (der Traufgrundlinie, der Firstgrundlinie) mit, so erhält man damit in der Flächenklappung die gesuchten Begrenzungslinien der wahren (**–**)-Fläche.

Alternative Vorgehensweise:

Projiziert man im Profil die Punkte der (**+**)-Ebene (zum Beispiel **B**) rechtwinklig auf die (**–**)-Ebene (**A**) und dreht den so gewonnenen Abstand (Radius = Strecke **D–A** um **D**) in die Flächenklappung, so erhält man mit Hilfe der Übertragung der

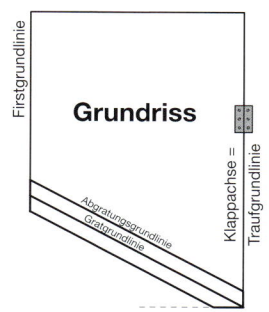

Bild 33: Grundriss eines Gratsparrens mit einer anschließenden Dachfläche

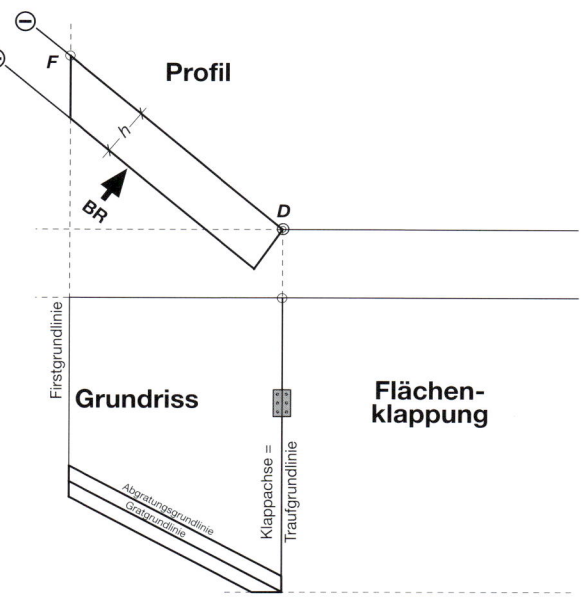

Bild 34: Das Profil wird grundrissbezogen aufgerissen, die Blickrichtung BR festgelegt und die (+)- und (–)- Ebenen bezeichnet.

Trauf- und Firstlängen die vollständige Ausdehnung der (**+**)-Fläche, die im Abstand *h* über der (**–**)-Fläche (-Ebene) liegt (**Bild 31**).

Diese Vorgehensweise liefert somit dasselbe Ergebnis und wird zukünftig ausschließlich verwendet.

Zur Erkennung und Unterscheidung der (**+**)- und (**–**)-Flächen erhalten die Flächenbegrenzungslinien, die später als Anreißlinien dienen, zu ihrer Kennzeichnung ebenso jeweils ein (**+**)- beziehungsweise ein (**–**)-Zeichen.

Wird die Anordnung der Bezeichnung, wie in **Bild 31** gezeigt, (auf gleicher Höhe) durchgeführt, so ist eine Verwechslung der Linien beim Anreißen kaum möglich, so dass auf eine farbliche Darstellung verzichtet werden kann und Zusatzzeichen kaum benötigt werden.

Die so markierten (**+**)-/(**–**)-Linienpaare sind Bestandteile der jeweiligen Schnittebene durch die gesamte Flächenschicht (zum Beispiel Firstabschnitt oder Traufabschnitt).

Zusammenfassung der Erkenntnisse

Kann für das zu ermittelnde Holz eine Flächenschicht konstruiert werden, so ist eine Flächenschiftung durchführbar.

Zur Ermittlung der Flächenschicht (Ausdehnung der (**+**)- und (**–**)-Ebene) sind die in **Bild 32** herausgehobenen Merkregeln (**M**) hilfreich. Sie dienen der Erfassung des Grundsätzlichen und sind eine Zusammenfassung der bereits beschriebenen Vorgänge „Von der räumlichen Überlegung zum Anriss".

Mit ihrer Hilfe wird im nachfolgenden Beispiel der jeweilige Vorgang beschrieben.

Beispiel: Austragen einer Flächenschicht (Flächenklappung)

Aufgabe: Ermittlung des durch den Gratsparren begrenzten Körpers der (Sparren-) Flächenschicht (**Bild 33**) unter Verwendung der Merkregeln.

Die mögliche Vorgehensweise in Einzelschritten:

1. Das Profil ist grundrissbezogen aufzureißen (**Bild 34**).
2. Festlegen der **BR** (**Bild 34**).
3. Bezeichnung der (**+**)- und (**–**)-Ebenen (**Bild 34**).
4. Ausklappen der (**–**)-Fläche (**Bild 36** auf Seite 24): Mit Radius Strecke **D–F** wird die Sparrenneigungslänge in die Flächenklappung übertragen.
6. Firstgrundlinie liegt parallel zur Traufgrundlinie. Anwendung **M1** liefert die Gratlinie in der Flächenklappung. Der rot unterlegte Bereich stellt die wahre Größe der (**–**)-Fläche dar (**Bild 35**).

Merksätze

M1 Strecken, deren wahre Abmessungen im Grundriss parallel zur Klappachse gemessen werden, sind in der Flächenklappung kongruent (deckungsgleich und damit „längentreu"). Das heißt, sie haben im Grundriss und in der Flächenklappung die gleiche Länge (beispielsweise Firstgrundmaß, Traufgrundmaß).

M2 Verschneidungspunkte der (**+**)-Ebene im Profil werden zunächst rechtwinklig auf die (**–**)-Ebene projiziert (Lage des Drehpunktes) und anschließend (beispielsweise durch Zirkelschlag) in die Flächenklappung gebracht.

M3 Liegen im Grundriss Linien zueinander parallel, so sind diese nach Übertragung in die Flächenklappung wieder zueinander parallel.

M4 (**+**)-Linien liegen in der Flächenklappung – räumlich betrachtet – um die Schichtdicke *h* (Sparrenhöhe) über der Aufrissgrundlage. Werden Konstruktionen von einer (**+**)-Linie aus gestartet, befindet man sich in der (**+**)-Ebene. Dies bedeutet bei einer Ausklappung, dass man sich auf Unterkante der Sparrenschicht befindet.

M5 Eine eindeutige Zuordnung zweier (**+**)-Linien zur Darstellung einer Ebene erhält man durch ihre Kennzeichnung auf gleicher Höhe. Zusatzzeichen sind bei Bedarf möglich.

M6 Punkte auf Klappachsen sind Fixpunkte. Das heißt, sie verändern ihre Lage auch nach einer Klappung nicht.

Bild 32: Merksätze für die Erfassung des Grundsätzlichen

Albert Müller: Basiswissen

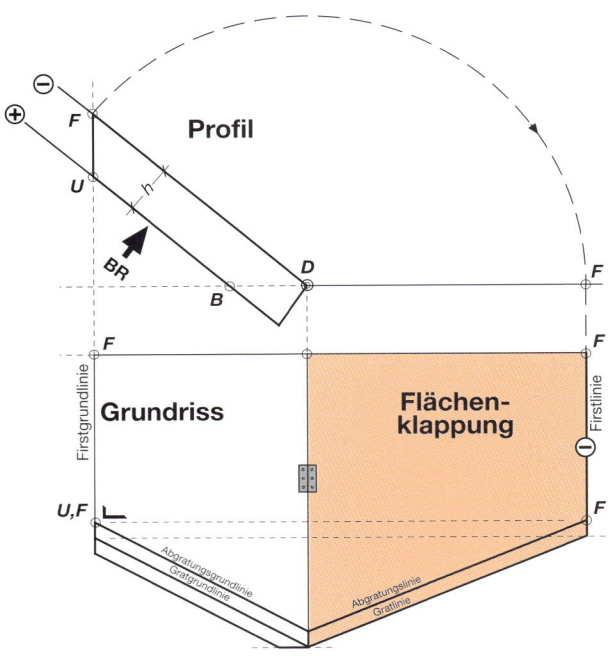

Bild 35: Die (–)-Fläche wird ausgeklappt.

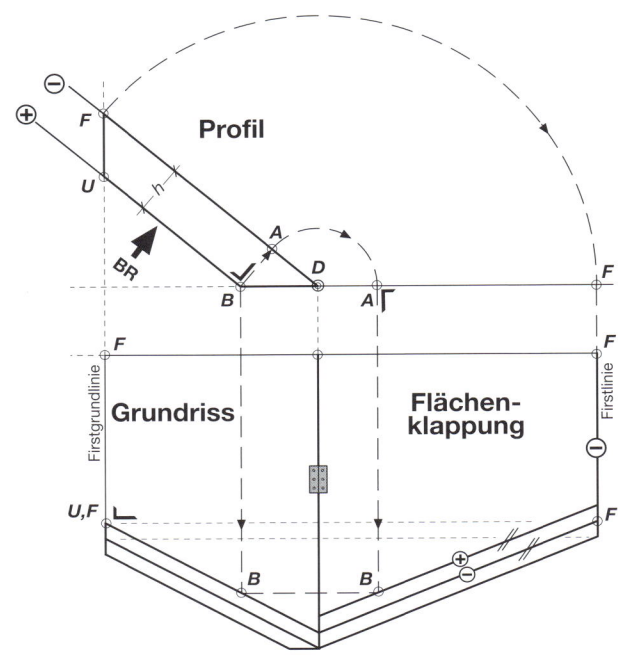

Bild 36: Ermittlung der Lage der (+)-Fläche in der Flächenklappung

7 **(–)-Fläche** muss am Gratsparren auf die reale Größe reduziert werden: Die Abgratungslinie liegt parallel zur Gratlinie (**M3**) (**Bild 35**).

8 Ermittlung der **(+)-Fläche**: Horizontale Ebene im Profil durch **D** schneidet die **(+)-Fläche** in **B** und löst im Grundriss eine Parallele zur Traufgrundlinie aus (**Bild 36**). Die Übertragung dieser Linie in die Flächenklappung unter Anwendung von **M2** und **M1** ergibt **B** in der Flächenklappung.

9 Die Parallele zur Gratlinie (**M3**) durch **B** liefert die gesuchte Anreißlinie (**Bild 36**).

10 Übertragung von **U** aus dem Profil in die Flächenklappung unter Anwendung von **M2** und **M1** ergibt **U** in der Flächenklappung (**Bild 37**).

Kontrolle (oder Alternative) zur Ermittlung von U:

Die Verbindungslinie von **U** nach **F** muss in der Flächenklappung senkrecht zur Firstlinie verlaufen (Verschneiden sich 2 senkrechte Ebenen, so ist deren Verschneidungslinie eine Senkrechte):

Hier: senkrechte Firstabschnittsebene schneidet senkrechte Gratsparrenaußenfläche.

Die blau schraffierte Fläche ist die **(+)-Fläche**.

Die dunkelgrau hervorgehobenen Flächen stellen die sichtbaren Abschnittsebenen der Sparrenschicht dar.

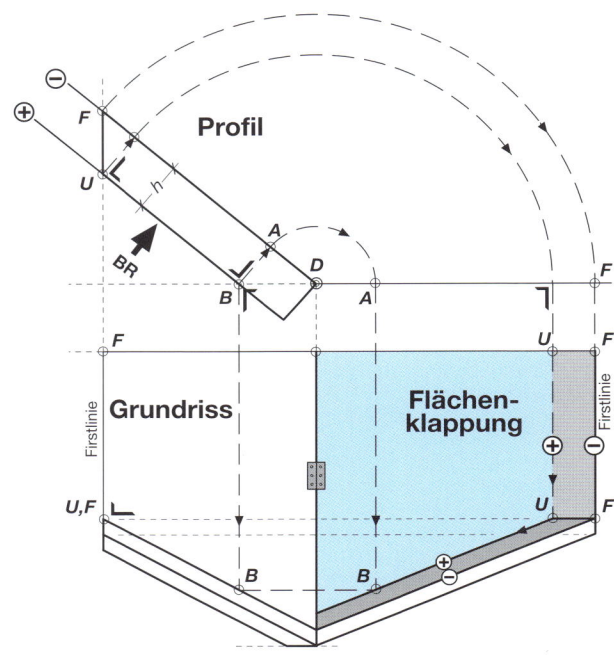

Bild 37: Ermittlung der Lage des Punktes **U** der (+)-Ebene in der Flächenklappung. Die grau unterlegten Flächen stellen die sichtbaren Abschnittsflächen dar.

Begriffe und Symbole

Ebene: Eine Ebene kann bestimmt sein durch
- zwei sich schneidende Geraden,
- drei nicht auf einer Geraden liegende Punkte,
- zwei parallele Geraden
- eine Gerade und einen nicht auf ihr liegenden Punkt.

Fläche: Durch Linien eindeutig begrenzter und geschlossener Teil einer Ebene

◎ Drehpunkt (in Richtung der Klappachse gesehen)

↗ Blickrichtung

∦ parallel

▦ „Scharnier", symbolisiert die Klappachse

⊕ (+)- Linien („Pluslinien") oder (+)-Ebenen („Plusebenen") liegen auf der Seite der Flächenschicht, die dem Betrachter zugewandt ist.

⊖ (–)- Linien („Minuslinien") oder (–)-Ebenen („Minusebenen") liegen auf der Seite der Flächenschicht, die dem Betrachter abgewandt ist.

Der Anreißvorgang

In der Folge soll der Anreißvorgang, also das Übertragen der Anreißlinien auf das Kantholz, erklärt werden.

Liegen die Abmessungen der Flächenschicht in der Flächenklappung vor, kann das Anreißen jedes beliebig in dieser Fläche angeordneten Stabes erfolgen.

Der Anreißvorgang selbst wird ähnlich durchgeführt, wie dies vom Anreißen einer auf die ausgeklappte Fachwerkwand aufgelegten Strebe bekannt ist.

Die Holzhöhe oder –breite (je nach Erfordernis) muss der Höhe (Dicke) **h** der Flächenschicht entsprechen (**Bild 38**).

Bild 38 zeigt eine ausgeklappte Flächenschicht: Die (–)-Ebene (rot), die (+)-Ebene (blau), das in der Flächenschicht befindliche Holz (grün). Über der Flächenschicht liegt das anzureißende Kantholz deckungsgleich mit dem in der Flächenschicht befindlichen. Beide Hölzer haben die gleichen Abmessungen.

Anhand einer Bilderfolge (**Bilder 38 bis 43**) wird der Anreißvorgang erklärend gezeigt.

Räumliche Betrachtung des Anreißvorganges

Ausgehend von der räumlichen Darstellung der Flächenschicht und einem eingerissenen verkanteten Schrägsparren wird der Ablauf vom Anreißen bis zum ausgearbeiteten Holz dargestellt.

Die (+)-Ebene liegt nach dem Ausklappen dem Betrachter näher.

Die Schrägsparrenfläche, die in der (+)-Ebene liegt, erhält aufgrund ihrer Übereinstimmung mit dieser Ebene ein (+)-Zeichen. Die flächenbegrenzenden Linien der (+)-Fläche sind Bestandteile dieser Ebene und sind deshalb ebenso mit einem (+)-Zeichen zu versehen (**Bild 39**).

Das heißt allgemein:

Alle beliebig in einer (+)-Ebene befindlichen Linien erhalten die Bezeichnung (+) dieser Ebene. Alle beliebig in einer (–)-Ebene befindlichen Linien erhalten die Bezeichnung (–) dieser Ebene (**Bild 39**).

Der Anreißvorgang

Das Abreißen des Schrägsparrens von der darunter liegenden Flächenschicht erfolgt mittels rechtwinkliger Projektion (dies gleicht dem Anreißvorgang einer auf eine Fachwerkwand aufgelegten Strebe).

Die Begrenzungslinien der (+)-Fläche sind so Anreißlinien und werden auf die mit (+)-markierte Fläche des Kantholzes übertragen.

Die Begrenzungslinien der (–)-Fläche werden auf die mit (–) markierte Fläche des Kantholzes übertragen.

Das Zusammenziehen des (+)-Punktes der Kantholzkante mit dem (–)-Punkt der selben Seite ergibt den Abschnittsriss auf dieser Seite (**Bild 42**).

Reduzierung der räumlichen Darstellung auf die Anreißfläche:

Wird die räumliche Lage der (+)-Linien rechtwinklig auf die (–)-Ebene projiziert, so erhält man deren gleichnamige Positionierung, wie sie sich durch die Ausklappung der Sparrenschicht in der Flächenklappung ergibt.

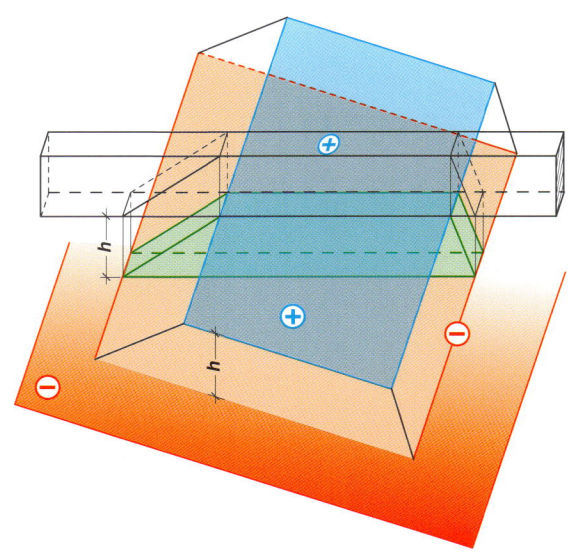

Bild 38: Die Flächenschicht ist räumlich dargestellt. Ein Kantholz ist zum Anreißen über der Flächenschicht angeordnet. Die Abmessungen b/h entsprechen dem in der Flächenschicht liegenden Holz.

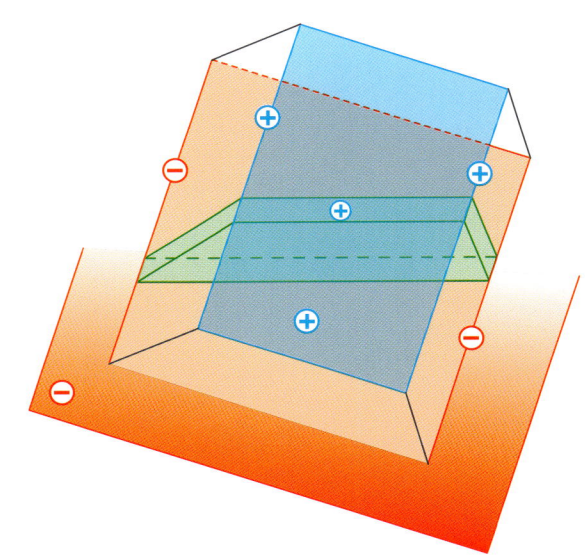

Bild 39: In die Flächenschicht ist die definierte Lage des Schrägsparrens, wie sie im Grundriss vorgegeben ist, eingezeichnet. Die flächenbegrenzenden Linien werden als Anreißlinien verwendet.

Dies ist erkenn- und nachvollziehbar, wenn zum Beispiel der (+)-Punkt **U** von **Bild 44** aus dem Profil über die Ausklappung (rechtwinklige Übertragung auf die (–)-Ebene, Drehung um **D**) bis zu seiner Lage in der Flächenklappung verfolgt wird. Werden die Verschneidungspunkte des Profils mittels Ausklappung auf die nach rechts verlängerte Horizontalebene des Profils (Drehpunkt) abgelegt, so liegen sie für die Flächenklappung bereits richtig positioniert und die Weiterführung in die Flächenklappung kann vorgenommen werden (**Bild 44**).

Albert Müller: Basiswissen

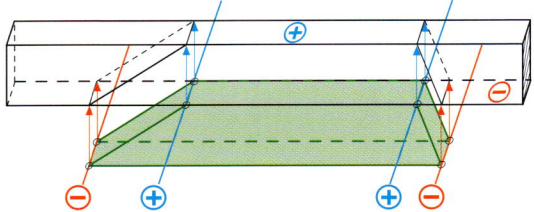

Bild 40: Durch rechtwinklige Projektion der Abschnittsebenen im Bereich des Schrägsparrens erhält man die Abschnittsrisse auf dem Kantholz.

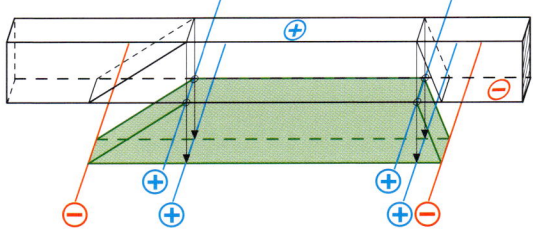

Bild 41: Die **(+)**-Linien der Flächenschicht werden rechtwinklig auf die **(–)**-Ebene projiziert, damit sie aus der Flächenklappung heraus rechtwinklig auf das Kantholz übertragen werden können.

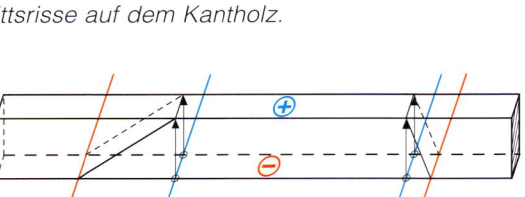

Bild 42: Das Kantholz liegt auf der Reißgrundlage und die in ihr befindlichen **(+)**-Linien werden auf die **(+)**-Fläche des Kantholzes übertragen.

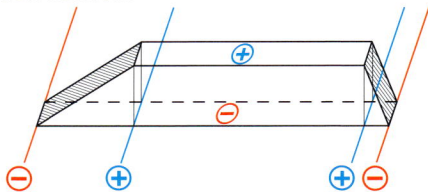

Bild 43: Der verkantete Schrägsparren liegt zur Kontrolle fertig ausgearbeitet auf der Reißgrundlage.

Einreißen der Hölzer in die Flächenklappung

Es sollen nun entsprechend der Grundrisslage ein Schrägsparren, ein Strahlenschifter und ein Wechsel in die ausgeklappte Flächenschicht einer Hauptdachfläche eines Walmdaches übertragen werden. Die Ermittlung eines Sattels (der Kerve) wird exemplarisch dargestellt. Der Maschinenwinkel für die Backenschmiege des Strahlenschifters wird ermittelt.

Bild 44 zeigt in der Flächenklappung die Kennzeichnung der Anreißlinien **(+)** und **(–)** sowie, zur besseren Orientierung, die Benennung der Linien und die Schifterbackenschmiegenfläche. Die Lage des verkanteten Schrägsparrens und des verkanteten Strahlenschifters wurde im Grundriss anhand einer in der **(–)**-Ebene liegenden Kante bestimmt.

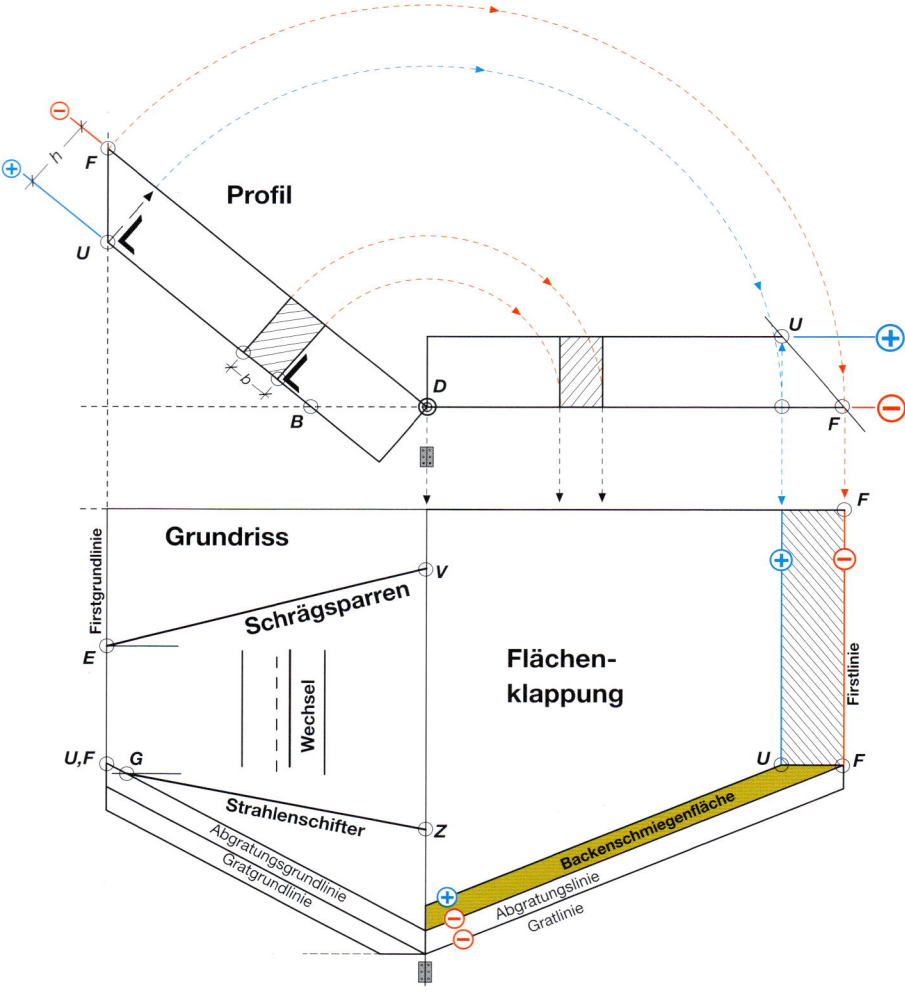

Bild 44: Kennzeichnung der Anreißlinien **(+)** und **(–)** in der Flächenklappung und Benennung der Linien sowie der Schifterbackenschmiegenfläche. Die Lage des verkanteten Schrägsparrens und des verkanteten Strahlenschifters wurde im Grundriss anhand einer **(–)**- Linie bestimmt.

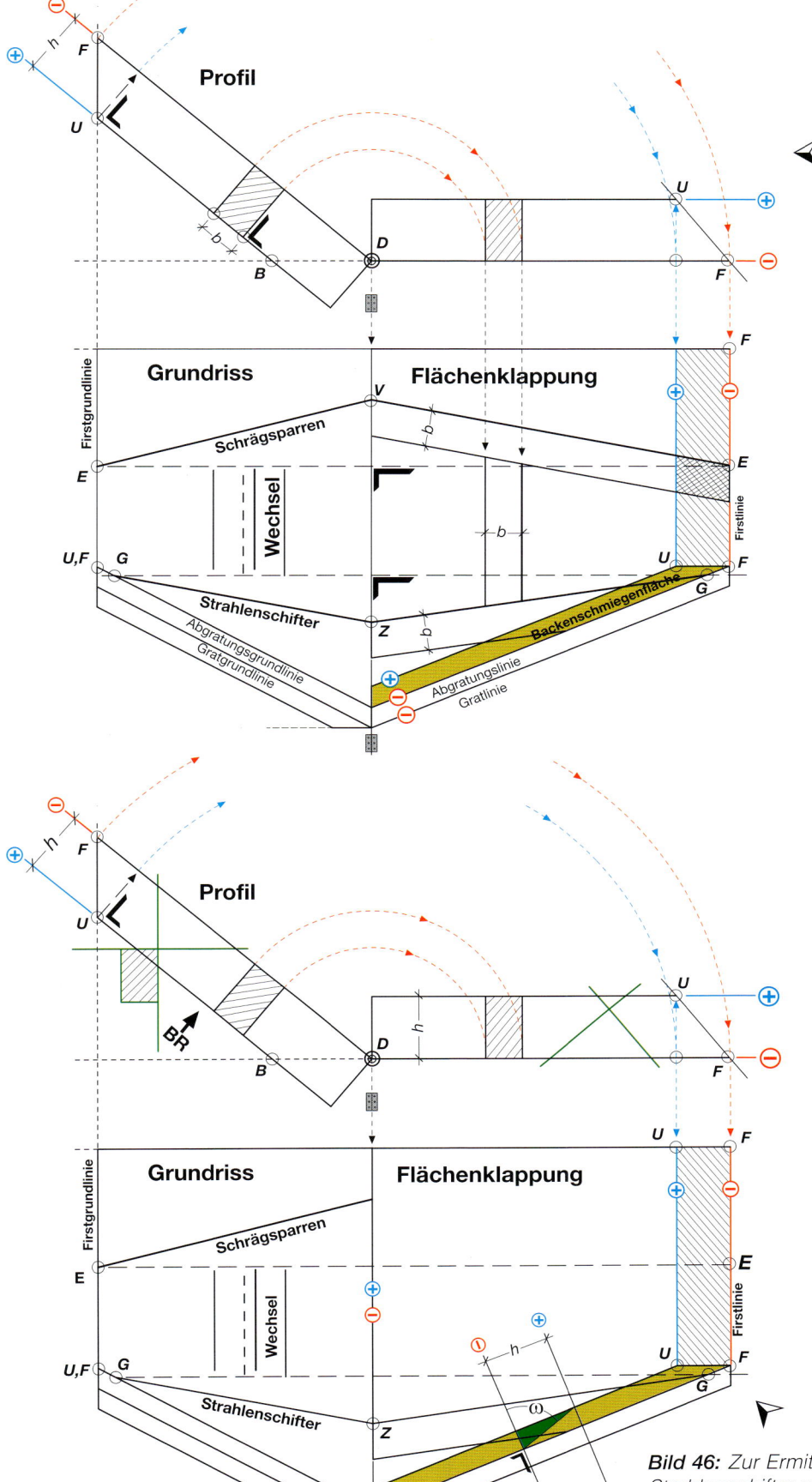

Bild 45: Die Punkte **E** und **G** im Grundriss werden rechtwinklig zur Klappachse in die Flächenklappung gebracht. Die Punkte **V** und **Z** sind Fixpunkte und bleiben auf der Klappachse unverändert. Auf das Einzeichnen der Zapfen am Wechsel wurde verzichtet.

Lösungsschritte

Vorbereitende Erklärungen:
Die Flächenschicht ist bereits ermittelt und dargestellt. Sie zeigt die Grat- und Abgratungslinie als (−)-Linien in der Flächenklappung.

Die Fläche zwischen der Abgratungslinie (−) und der korrespondierenden (+)-Linie ist die Schifterbackenschmiegenfläche. Das heißt, es ist die Fläche, mit der die Sparrenschicht am Gratsparren anschließt.

Mögliche Vorgehensweise beim verkanteten Schrägsparren (Merksätze M1 bis M6 siehe Seite 23):

1. **E** im Grundriss mittels Merksatz **M1** in die Flächenklappung übertragen. Die Firstlinie liegt parallel zur Klappkante (**Bild 45**).
2. **E** der Flächenklappung mit **V** der Klappachse verbinden (**Bild 45**). Die Punkte auf der Klappachse sind Fixpunkte, das heißt, sie sind in ihrer Lage auch für die Flächenklappung unveränderlich (Merksatz **M6**).
3. Die Sparrenbreite wird in die Flächenklappung eingetragen (**Bild 45**). Die Sparrenbreite ist bei einem verkanteten Stab nur in der Flächenklappung in wahrer Lage und Größe zu sehen.
4. Der Firstabschnitt liegt durch die Firstabschnittsebene, (+)- und (−)-Linien, bereits vor.

Bild 46: Zur Ermittlung des Maschinenwinkels für den Strahlenschifter wird in der Flächenklappung an einer beliebigen Stelle entlang der Abgratungslinie eine senkrechte Schnittebene gelegt. Klappt man diese in wahrer Größe aus, erhält man den Maschinenwinkel ω.

Albert Müller: Basiswissen

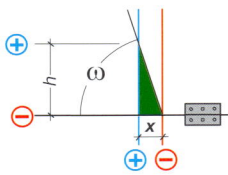

Bild 47: Der Winkel ω ergibt sich aus dem Zusammenhang: Die Flächenschichtdicke ist **h**, **h** steht senkrecht auf dem „Abstand" **x** (**x** = der rechtwinklige Abstand der **(+)** und **(−)**-Linien).

Mögliche Vorgehensweise beim verkanteten Strahlenschifter:
1. **G** im Grundriss mittels **M1** in die Flächenklappung eintragen. **G** liegt auf der Abgratungslinie, das heißt auf der **(−)**-Ebene (**Bild 45**).
2. **G** der Flächenklappung nach **M6** mit **Z** der Klappachse verbinden (**Bild 45**).
3. Die Sparrenbreite wird in die Flächenklappung eingezeichnet (**Bild 45**).

Wechsel:
Wechsellage aus dem Profil in die Flächenklappung überführen (**Bild 45**). Die Abschnitte sind rechtwinklig, da der Schrägsparren, der Strahlenschifter und auch der Wechsel mit der Kantholzbreite plan in der **(−)**-Ebene liegen. Die Kantholzhöhen liegen dadurch in der Flächenklappung senkrecht.

Der Maschinenwinkel

Jede **(+)**-Linie ist Bestandteil der **(+)**-Ebene und liegt somit räumlich um die Kantholzhöhe **h** über der **(−)**-Ebene. In der **(−)**-Ebene befindet sich jede ermittelte **(−)**-Linie.

Legt man in der Flächenklappung, wie in **Bild 46** gezeigt, eine senkrechte Schnittebene im Bereich des Gratsparrenanschlusses rechtwinklig zu den zwei sich entsprechenden **(+)**- und **(−)**-Linien (Abgratungslinie und Unterkante-Sparrenschicht, sie repräsentieren die Backenschmiegenebene in der Flächenklappung), so wird durch Ausklappen dieser Schnittebene der gesuchte Maschinenwinkel ω sichtbar (**Bild 47**).
Der Ort der Schnittführung ist entlang der Backenschmiegenfläche frei wählbar (**Bild 48**).

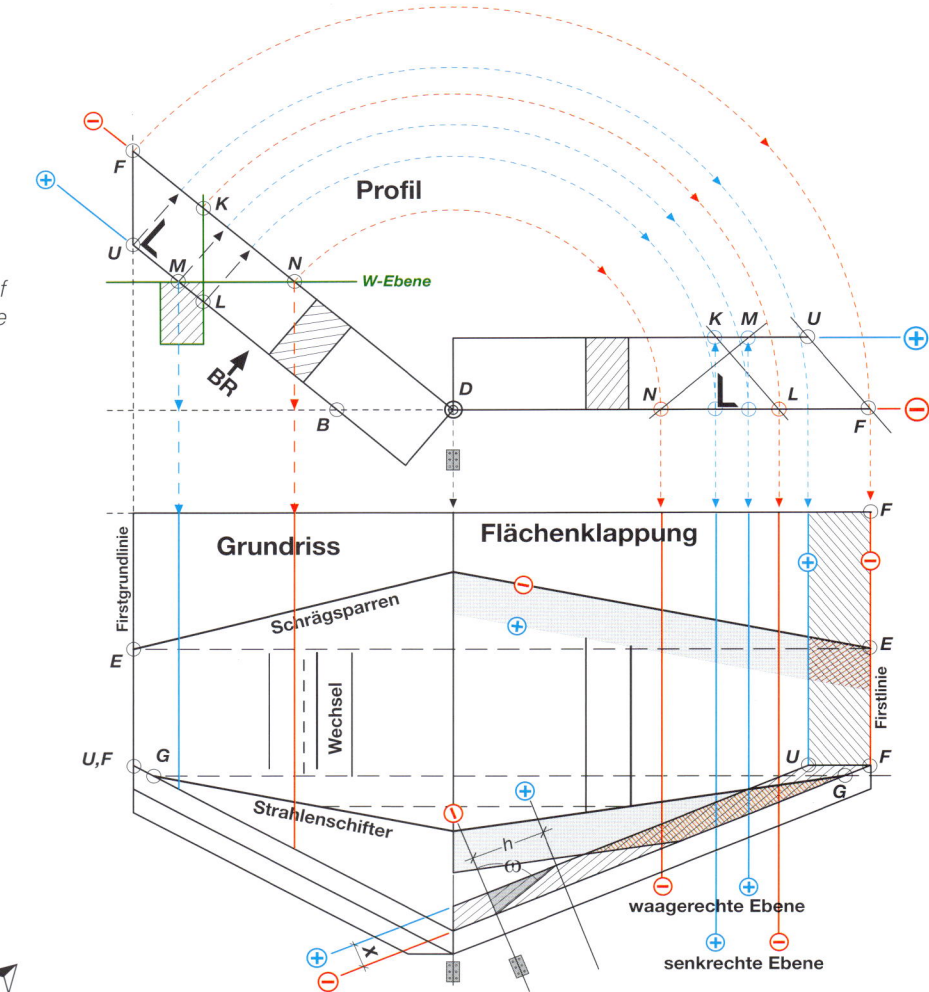

Bild 48: Mit der Ermittlung der Sattellage in der Flächenklappung erhalten alle Hölzer, die von den Anreißlinien des Sattels erfasst werden, ihren Sattel zugewiesen. Aus Gründen der Übersichtlichkeit sind nur die Verschneidungskanten der waagerechten Ebene (**N**, **M**, grün) zur Sattelermittlung im Grundriss eingezeichnet. Die Verschneidungskanten der senkrechten Ebene wurden nicht in den Grundriss eingezeichnet. Die Anreißlinien in der Flächenklappung wurden verlängert, um sie anschaulich bezeichnen zu können.

Der Sattel

Ein Sattel (Kerve, Kerbe) entsteht, wenn sich zwei unterschiedlich geneigte Ebenen innerhalb einer Sparrenschicht verschneiden (kreuzen) und die Verschneidungskante in einem parallelen Abstand zur Sparrenschichtfläche verläuft (Obholz). Im Regelfall stehen diese Ebenen rechtwinklig aufeinander. Die lastabtragenden Hölzer (Pfetten) sind im Normalfall rechtwinklig und senkrecht stehend angeordnet. Die Oberkante der Pfette im Profil ist somit in der Regel in einer waagerechten Ebene eingebunden und die Seitenfläche der Pfette in einer senkrechten Ebene (**Bild 48**). Ist die Höhenlage von OK-Pfette maßgebend (zum Beispiel durch Vorgabe eines Höhenmaßes), wird entsprechend im Profil eine waagerechte Ebene in dieser Höhe eingerissen. Diese **W-Ebene** verschneidet die Sparrenschicht und erzeugt an den Durchdringungsstellen der Sparrenschicht im Profil den **(+)**-Punkt **M** beziehungsweise den **(−)**-Punkt **N** (**Bild 48**). Räumlich betrachtet erklären sich diese Punkte als Verschneidungslinien, die im Grundriss darstellbar sind (**Bild 48**). Werden diese Linien, wie bereits mehrfach ausgeführt, vom Profil ausgehend konstruiert, mit Merksatz **M2** in die Flächenklappung gebracht, so gelten diese Verschneidungslinien als Anreißlinien zum Anreißen der Pfettenlage (OK-Pfette) für alle von den Anreißlinien erfassten Hölzer der Flächenschicht (**Bild 48**).

Die Übertragung der senkrechten Ebene aus dem Profil, die die Vorderkante der Pfette beinhaltet, in die Flächenklappung vollzieht man in gleicher Weise. Im vorliegenden Fall werden der Schrägsparren und der Strahlenschifter von den Sattelanreißlinien erfasst.

Das heißt: die Verschneidungspunkte **K** (**+**) beziehungsweise **L** (**−**) der Sparrenschicht im Profil lösen ebenso im Grundriss parallele Verschneidungslinien aus, die mit Merksatz **M2** in die Flächenklappung gebracht werden. In **Bild 48** sind diese Linien als Anreißlinien (**+**) und (**−**) in der Flächenklappung dargestellt.

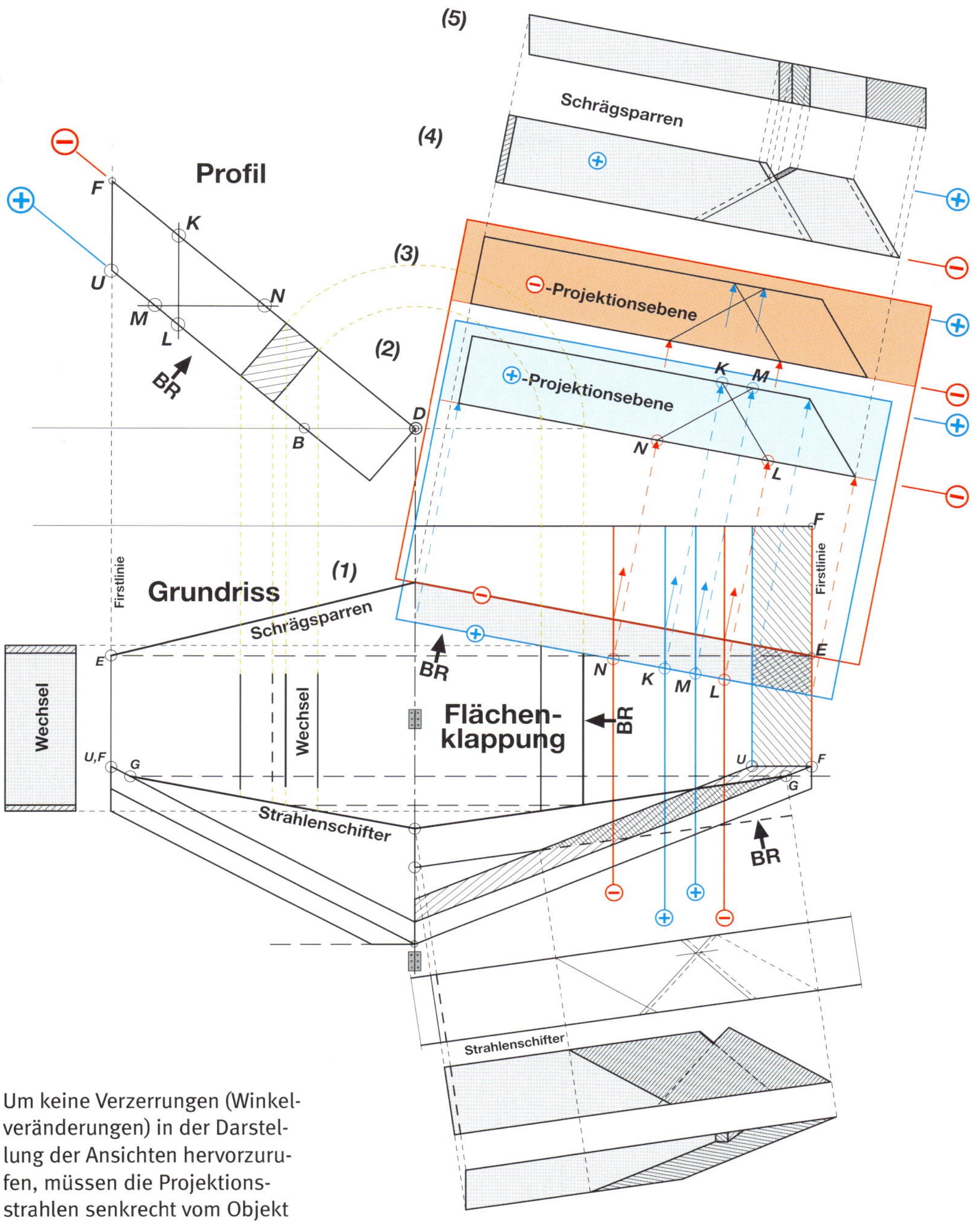

Bild 49: Die rechtwinklige Projektion der **(+)**-Punkte **K**, **M** in Höhe der Sparrenschichtdicke **h** auf die betrachternähere **(+)**-Projektionsebene ergibt mit der Übertragung der **(–)**-Punkte **N**, **L** auf die selbe **(+)**-Projektionsebene (Seite des Kantholzes) den Anriss (die Ansicht) von der Betrachterseite. Die Ansicht der betrachterabgewandten Seite (der **(–)**-Projektionsebene) erhält man unter Beibehaltung der gleichen Vorgehensweise. Beide Ergebnisse der Projektionsebenen **(+)** und **(–)** im Abstand der Sparrenbreite hintereinander gelagert stellen die gewünschte Darstellung mit sichtbaren und unsichtbaren Kanten dar.

Der Vorgang in Kurzform (Anwendung der Merksätze von Seite 23):

1. **K** mit **M2** und **M1** in die Flächenklappung bringen.
2. **L** mit **M2** und **M1** in die Flächenklappung bringen.

Die Ermittlung der Ansichten

Zur Vertiefung und Ergänzung des bisher Gezeigten eignet sich die Entwicklung der Ansichten vom Anreißen bis zur Darstellung des ausgearbeiteten Kantholzes. Es ist vorteilhaft, für die Ermittlung der Ansicht den Ort zu wählen, an dem das Objekt in wahrer Größe vorliegt.

In **Bild 49** sind die wahren Längen in der Flächenklappung zu finden.

Jeder Eintrag eines Blickrichtungspfeils **BR** zeigt zum einen die Richtung der Projektionsstrahlen (Konstruktionslinien) an und legt zum anderen gleichzeitig die Benennung der Projektionsebenen **(+)** und **(–)** fest. Es kann so über sichtbare und unsichtbare Kanten entschieden werden. (Siehe hierzu auch Seite 20 ff.).

Um keine Verzerrungen (Winkelveränderungen) in der Darstellung der Ansichten hervorzurufen, müssen die Projektionsstrahlen senkrecht vom Objekt der Darstellung zur bilderstellenden Projektionsebene verlaufen. Diese Bildebene kann in Richtung der **BR** hinter dem darzustellenden Objekt (Schrägsparren) oder davor (Strahlenschifter) angeordnet werden.

Die Übersichtlichkeit, die Nachvollziehbarkeit und der Platzbedarf werden die Wahl des Darstellungsortes auf der Zeichnung festlegen (**Bild 49**).

Die Vorgehensweise zur Darstellung des Schrägsparrens:

Die Ermittlung des Schrägsparrens wird exemplarisch nur auf der **(+)**-Projektionsebene vorgenommen, damit die Übersichtlichkeit gegeben und ein Nachvollziehen möglich bleibt.
Mit dem Eintrag des Blickrichtungspfeils **BR** in die Flächenklappung liegt die Projektionsrichtung und die Kennzeichnung der **(+)**-Projektionsebene fest **(1)**.

Damit wurde festgelegt, dass die Punkte **K**, **M** der **(+)**-Linien auf der betrachternäheren **(+)**-Projektionsebene in Höhe der Sparrenschichtdicke **h** auf der Oberseite des Kantholzes und die Punkte **N**, **L** der **(–)**-Linien ebenso auf der betrachternäheren **(+)**-Projektionsebene aber an die Unterseite des Kantholzes eingetragen werden **(2)**. Siehe hierzu auch Seite 21.

Die Darstellung der Ansicht auf der **(–)**-Projektionsebene wird mit der gleichen Vorgehensweise gewonnen **(3)**.

Werden die Projektionsebenen im Abstand der Sparrenbreite hintereinander angeordnet, erhält man die Ansicht des komplett angerissenen Schrägsparrens **(4)**.

(5) gibt durch die Umkantung nach vorne Einblick in den Sattel.

Albert Müller: Basiswissen

Beispiele: Gratklauenschifter und Gratklauenwechsel

In dieser Folge wird die Aufgabe (Bild 14) bearbeitet und unter Anwendung des bisher Dargestellten gelöst.

Der Ablauf der Zeichnungsfolge ist entwickelnd aufgebaut und zeigt einen Weg zur Lösung der Schifter- und Klauenschifteraufgabe auf.

Aufgabenstellung ohne Klaue

Die Aufgabenstellung zeigt das Normalprofil und die Festlegung der Ebenenbezeichnung (+) und (−) (**Bild 50**). Die Traufabschnittsrichtung beträgt 60° zur Waagerechten. Im Grundriss ist ein Gratsparren zwischen ungleich geneigten Dachflächen nach der Gratgrundverschiebung eingezeichnet. Die Gratsparrenhöhe ist in Abhängigkeit von der Höhe des Normalsparrens zu bestimmen. Das bedeutet, dass hier an Schifter, Strahlenschifter und Gratwechsel **keine** Klaue entsteht.

Die Konstruktionshölzer Schifter, verkanteter Strahlenschifter und Gratwechsel werden unter Anwendung der Flächenklappung ermittelt. Die Hinweise **M1** bis **M6** weisen jeweils auf die Merksätze hin, wie sie in **Bild 32** auf Seite 23 aufgeführt sind.

Gegeben: Maße nach **Bild 50**, Gratsparren $b=16$ cm (Grundverschiebung durchführen), Schwelle $b=12$ cm, $h=12$ cm, Sparren $b=10$ cm, $h=18$ cm.
Gesucht: Austragung von Schifter, verkantetem Strahlenschifter und Gratwechsel.

Ermittlung der Anreißlinien

Die Anreißlinien für die Anschlussfläche der Schifter am Gratsparren (Backenschmiegenfläche) können wie folgt ermittelt werden (**Bild 51**):

(−)-Ebene:
1. F (im Abstand n_1) um D drehen.

2. F der Flächenklappung mit T der Flächenklappung verbinden. Dies ist die Gratlinie (**M2**).

Die Abgratungslinie liegt im Grundriss parallel zur Gratlinie. Das heißt: eine Parallele zur Gratlinie der Flächenklappung durch A liefert die Abgratungslinie in der Flächenklappung (**M3**).

(+)-Ebene:
Die waagerechte Ebene W_0 schneidet die Sparrenschicht im Profil in D (−) und B (+) und löst damit im Grundriss die Verschneidungslinie (+) und (−) (=Trauflinie) aus.

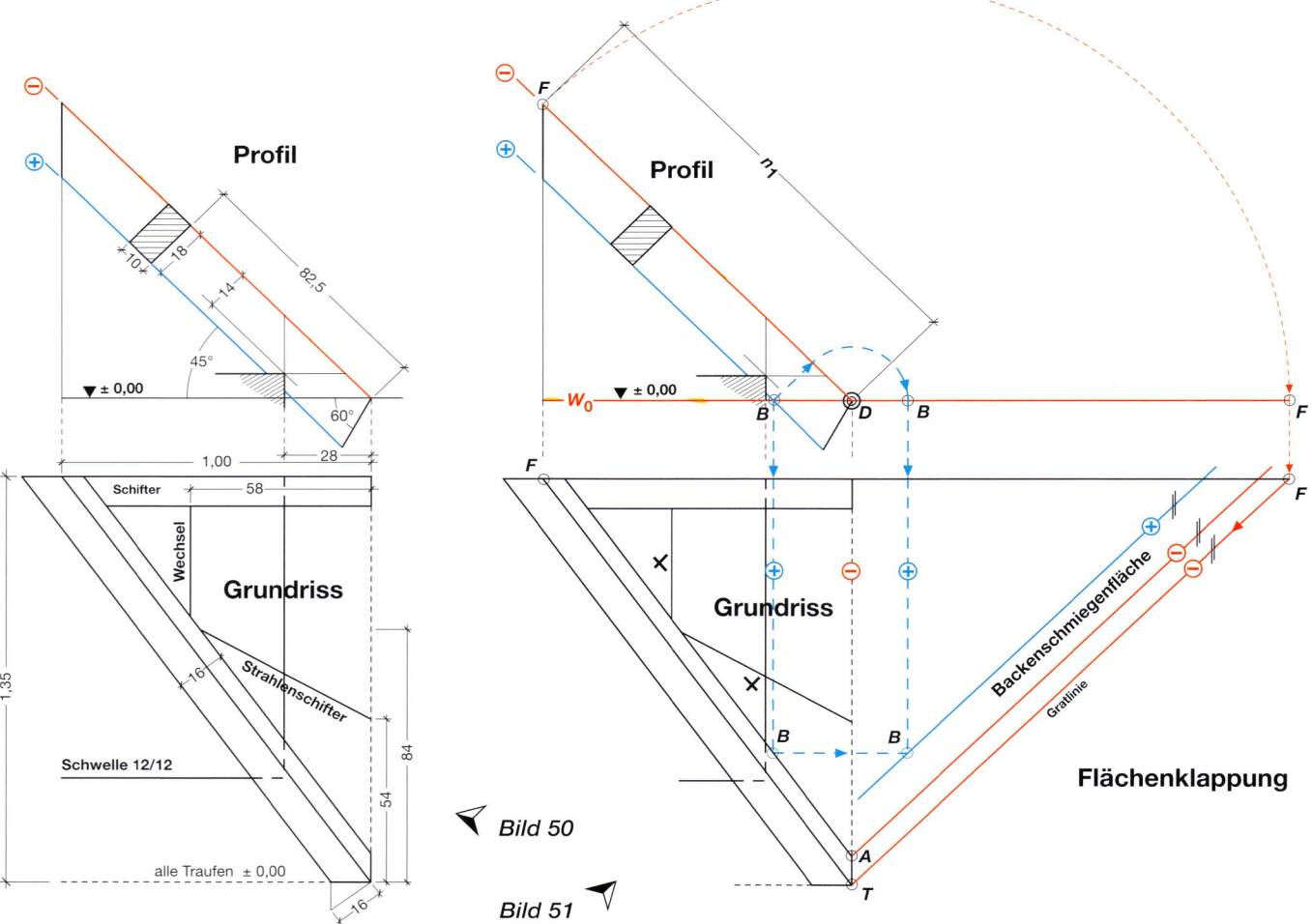

Bild 50

Bild 51

Albert Müller: Basiswissen

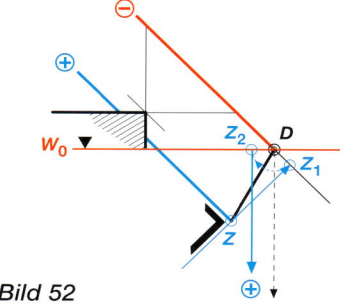

Bild 52

Die Länge dieser Linien bestimmt im Grundriss die Außenkante des Gratsparrens, da sich die Sparrenschicht am Gratsparren verschneidet. Die Übertragung von **B** des Grundrisses in die Flächenklappung legt damit diese **(+)**-Linie in Lage und Länge fest (**M2**, **M3**). Die Kennzeichnung erfolgt nach **M5**.

Ermittlung des Traufabschnitts

Alle Punkte der **(−)**-Ebene im Profil müssen zunächst nach **M2** rechtwinklig auf die **(−)**-Ebene projiziert werden, in der der Drehpunkt liegt (**Bild 52**). Der Punkt **Z** liegt auf der **(+)**-Ebene, der Drehpunkt in der **(−)**-Ebene. **Z** muss somit rechtwinklig auf die **(−)**-Ebene nach Z_1 projiziert werden (es wird eine Ausklappung durchgeführt) und im Drehsinn der Klappung und im Abstand $D–Z_1$ auf die waagerechte Ebene W_0 nach Z_2 gebracht werden. Der Ablauf ist mit Pfeilen dargestellt.

Die Parallele zur Trauflinie durch Z_2 ergibt für die Flächenklappung die **(+)**-Abschnittsanreißlinie. Die Abschnittsebene liegt somit zwischen dieser **(+)**-Abschnittsanreißlinie und der **(−)**-Linie (=Trauflinie, Klappachse). Die Abschnittsfläche liegt in der Flächenklappung als unsichtbare Fläche vor (**Bild 54**).

Konstruktion der Sattelanreißlinien

Unter Zuhilfenahme von einer waagrechten Ebene (Oberkante-Schwelle) und einer senkrechten Ebene (Vorderkante-Schwelle) werden die Anreißlinien des Sattels ermittelt (**Bild 53**). Beide Ebenen schneiden im Profil durch die Sparrenschicht. Die anfallenden Punkte werden mit **M2** in die Flächenklappung gebracht. Die Kennzeichnung erfolgt nach **M5**.

Anordnung der Konstruktionshölzer

Die Positionierung der Hölzer (Gratwechsel, Schifter, verkanteter Strahlenschifter) in der Flächenklappung für das Anreißen erfolgt unter Beachtung der Merksätze **M1** und **M2** (**Bild 54**).

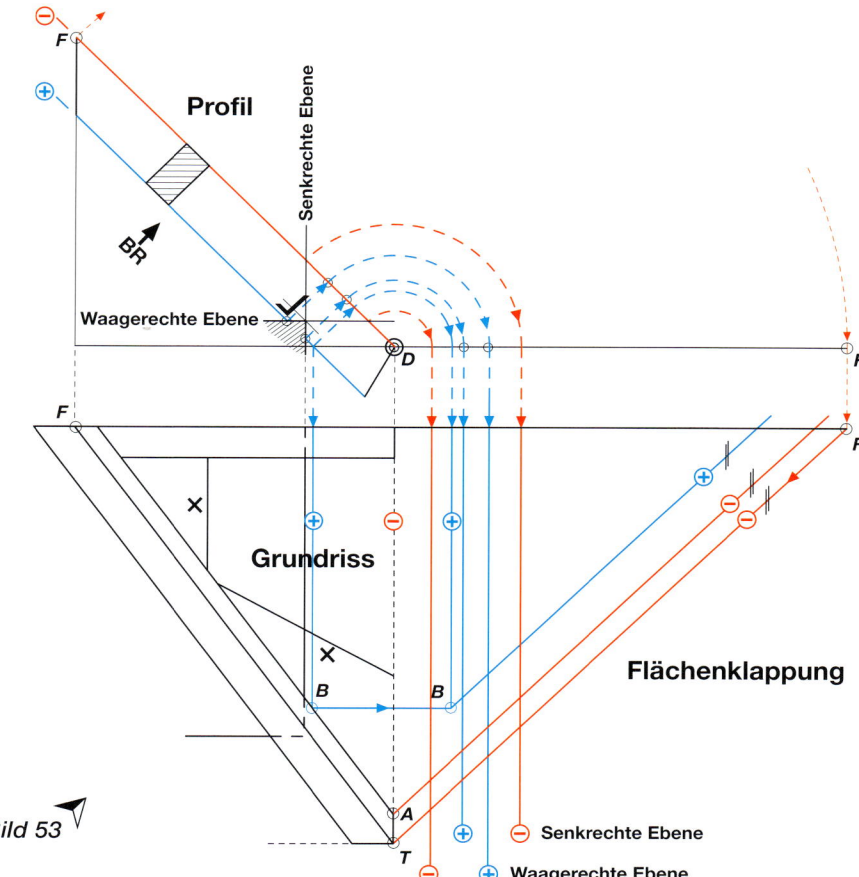

Bild 53

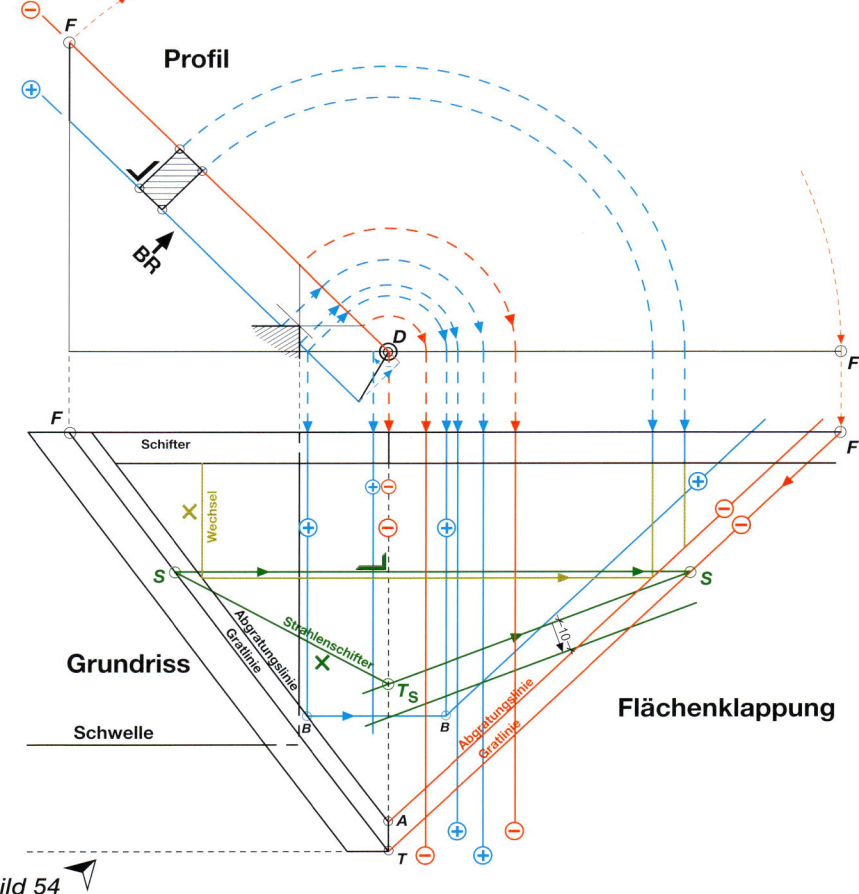

Bild 54

Basiswissen Schiften 31

Albert Müller: Basiswissen

Beim Strahlenschifter: S bewegt sich auf einer rechtwinkligen Linie zur Trauflinie von der Gratlinie im Grund auf die Gratlinie in der Flächenklappung. Der Traufpunkt des Strahlenschifters T_S ist ein Fixpunkt. Die Verbindung von T_S mit S der Flächenklappung ergibt die Lage des Strahlenschifters in der Flächenklappung. Die „Sprungrichtung" des Holzes des Strahlenschifters (Holzbreiteneintrag in der Flächenklappung) wird vom Grundriss übernommen.

Die Aufgabenlösung

Die komplette Darstellung der Aufgabenlösung mit Austragung der Hölzer und dem Teilprofil des Gratsparrens ist in **Bild 55** zu sehen.

Aufgabenstellung mit Klaue

Die Aufgabenstellung entspricht **Bild 50**. Die Traufabschnittsrichtung beträgt 60° zur Waagerechten. Im Grundriss ist ein Gratsparren zwischen ungleich geneigten Dachflächen nach der Gratgrundverschiebung eingezeichnet. **Der Gratsparren ist mit einer Höhe $h=18$ cm vorgegeben.** Die Konstruktionshölzer sind unter Anwendung der Flächenklappung zu ermitteln.

Gegeben: Maße nach **Bild 50**, Gratsparren $b=16$ cm, $h=18$ cm (Grundverschiebung durchführen), Schwelle $b=12$ cm, $h=12$ cm, Sparren $b=10$ cm, $h=18$ cm.
Gesucht: Austragung von Schifter, verkantetem Strahlenschifter und Gratwechsel.

Ermittlung der Anreißlinien

Die Vorgehensweise zur Ermittlung der Anreißlinien ist die gleiche wie die unter **Bild 51** dargestellte. Es ist für diese Anreißlinien der Backenschmiege unerheblich ob es gilt, einen

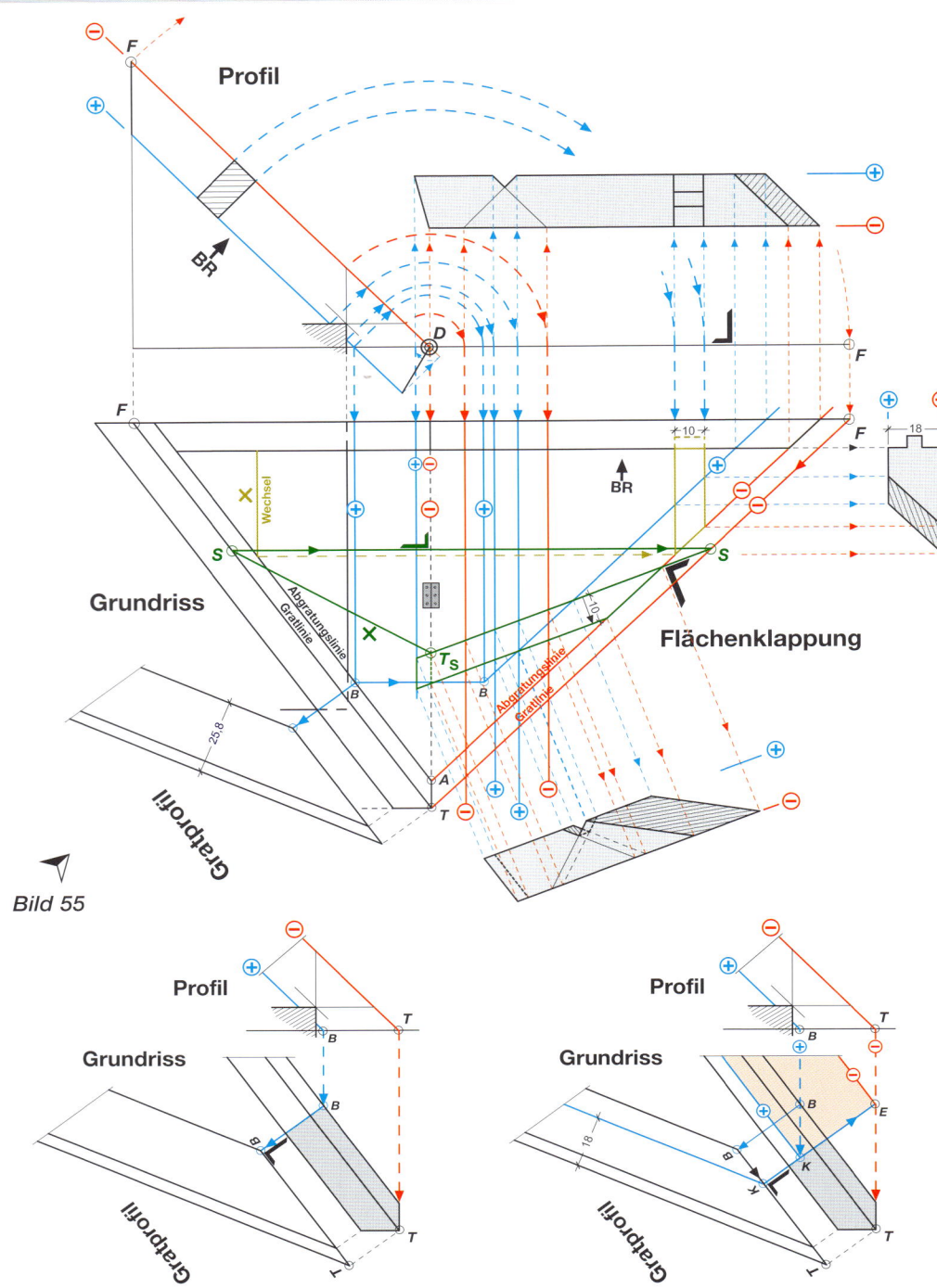

Bild 55

Bild 56: Die Gratsparrenhöhe ist hier der Sparrenhöhe angepasst, es entsteht keine Klaue an den Schiftern.

Bild 57: Die Gratsparrenhöhe ist hier mit 18 cm vorgegeben, es entsteht eine Klaue an den Schiftern.

Klauenschifter zu ermitteln oder nicht. Es wird immer durch die gesamte Sparrenschichtdicke konstruiert, indem eine Schnittebene gelegt wird (in diesem Fall eine senkrechte Ebene entlang der Außenkante des Gratsparrens), damit auf Außenkante Sparrenholz angerissen werden kann. Die Kennzeichnung erfolgt nach **M5**.

Abhängigkeit 1 des Gratsparrens von der Sparrenschichtdicke (Bild 56)

Soll der Gratsparren in Punkt B mit Unterkante Sparrenschicht bündig anschließen, so fordert das, dass die Unterkante Sparrenschicht **(+)** und die Unterkante Gratsparren im Grundriss den Punkt **B** gemeinsam besitzen. Die rechtwinklige Übertragung von **B** in das grundrissbezogene Gratprofil zeigt die Unterkante Gratsparren und liefert somit durch **B** zum einen:

- die Festlegung der Gratsparrenhöhe und zum anderen
- die Abbildung der waagrechten Schnittfläche des Gratsparrens im Grundriss.

Albert Müller: Basiswissen

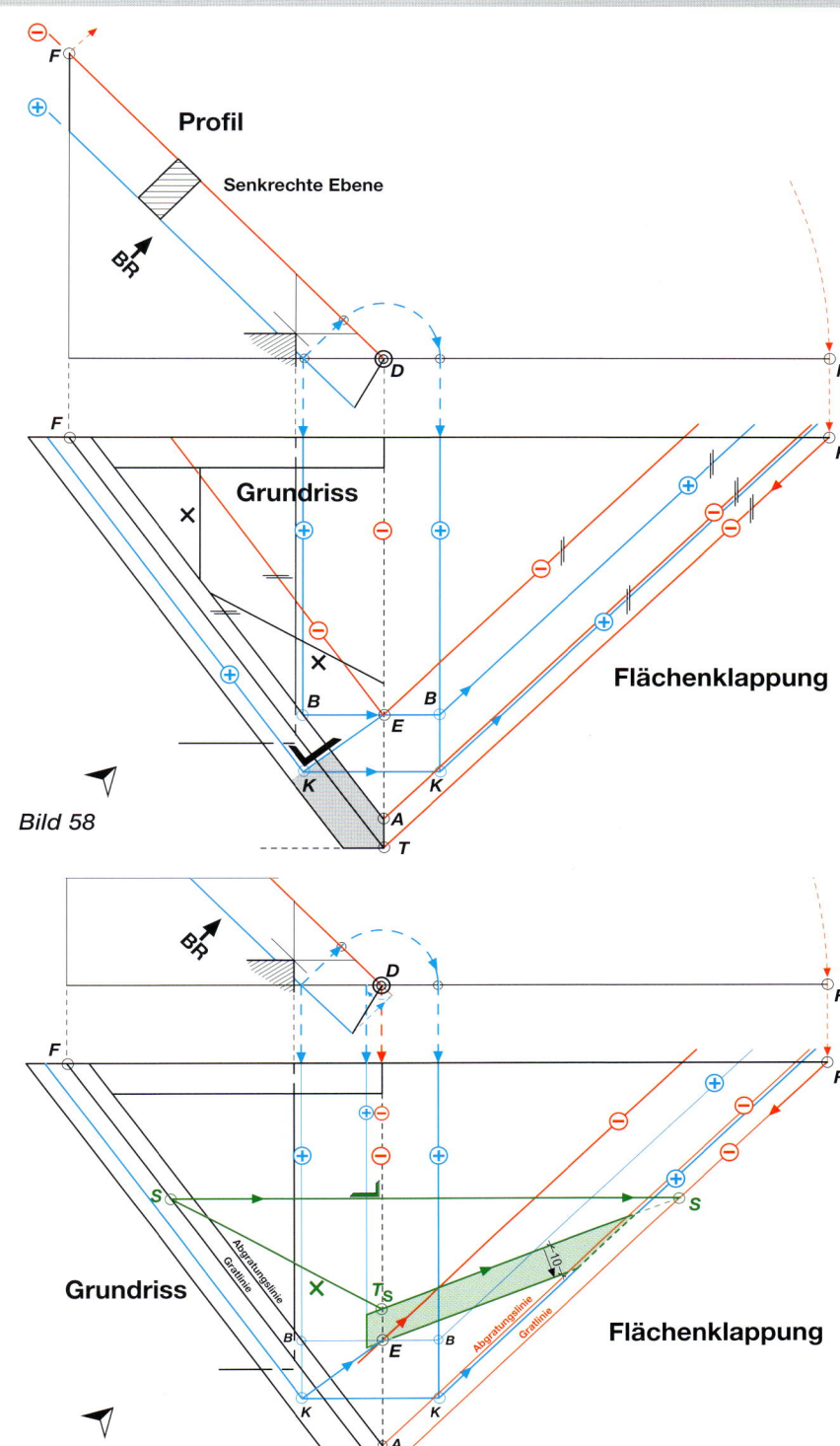

Bild 58

Bild 59

Die Hinterkante dieses Gratsparrens verläuft im Grundriss rechtwinklig zu seiner Außenkante.

Abhängigkeit 2 des Gratsparrens von der Sparrenschichtdicke

Wird die Gratsparrenhöhe reduziert, bewegt sich die Hinterkante Gratsparren (**B**) in Richtung Traufe und die (**+**)-Linie der Sparrenschicht in den Gratsparren hinein (**Bild 57**). Dies bedeutet, dass die Sparrenschicht in Form einer Klaue unter den Gratsparren greift. Liegt dieser Sachverhalt vor, so fällt ein Grat*klauen*schifter an. Der Verschneidungspunkt **K** stellt den Anfangspunkt der Verschneidung der Sparrenschicht unter dem Gratsparren in Richtung First dar (Klauenschifterverschneidungslinie unter dem Gratsparren: (**+**)-Linie).

Durch diese variable Handhabung kann auch die Verschneidungslinie mit dem Gratsparren im Grundriss im Voraus exakt bestimmt und dazu die Gratsparrenhöhe konstruiert werden. Die Parallele zur Gratlinie durch **K** ergibt im Gratprofil die Unterkante des Gratsparrens (**Bild 57**).

> Wird dieses Wissen zu einer Ebenenverschneidung benutzt, so lässt sich daraus eine allgemeine Nutzung ableiten.

Die Verschneidungslinie der Sparrenschicht unter dem Gratsparren „spannt" im Grundriss mit der Hinterkante des Gratsparrens (Strecke **K–E**) eine Ebene auf, die die Sparrenschicht im Grundriss in den Punkten **K** und **E** durchstößt und parallele Verschneidungslinien zur Gratlinie auf den Flächen der Sparrenschicht erzeugt (**Bild 58**). **E** ist Ausgangspunkt der (**–**)-Linie. **K** ist Ausgangspunkt der (**+**)-Linie. Die Übertragung dieser Verschneidungslinien in die Flächenklappung (**M3**) stellt als Ebene die Schmiegfläche der Hölzer dar, die als Klauenfläche unter den Gratsparren greift (**Bild 58**).

Konstruktion der Sattelanreißlinien

Die Konstruktion der Anreißlinien für den Sattel (die Pfettenkerve) ist bereits in **Bild 55** gezeigt.

Ermittlung der Klauenanreißlinien

Die Sparrenschicht verschneidet sich im Grundriss unter dem Gratsparren (**Bild 58**). Die Verschneidungslinie ist eine (**+**)-Linie und liegt im Grundriss parallel zur Gratlinie. Punkt **K** liegt auf der (**+**)-Linie und ist Ausgangspunkt der Verschneidungslinie. **K** wird mit **M1** (Rechtwinklige Linie zur Trauflinie) in die Flächenklappung gebracht. Die Parallele zur Gratlinie (**M3**) durch **K** der Flächenklappung legt die (**+**)-Verschneidungslinie in der Flächenklappung fest. Die Parallele zur Gratlinie (**M3**) durch **E** in der Flächenklappung legt die (**–**)-Verschneidungslinie in der Flächenklappung fest. Die Kennzeichnung erfolgt nach **M5**.

Das Anreißen der senkrechten Backenschmiegenfläche ist bereits in **Bild 55** verdeutlicht. **Bild 59** zeigt die für das Anreißen der Unterklaue erforderlichen Schritte.

Albert Müller: Basiswissen

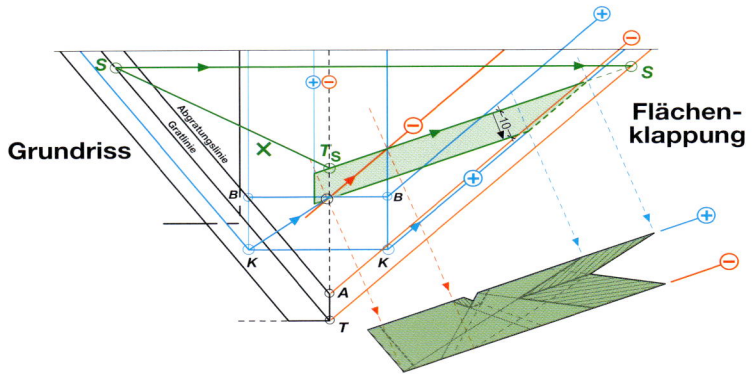

Bild 60

Bild 63: Das fertig zusammengebaute Modell

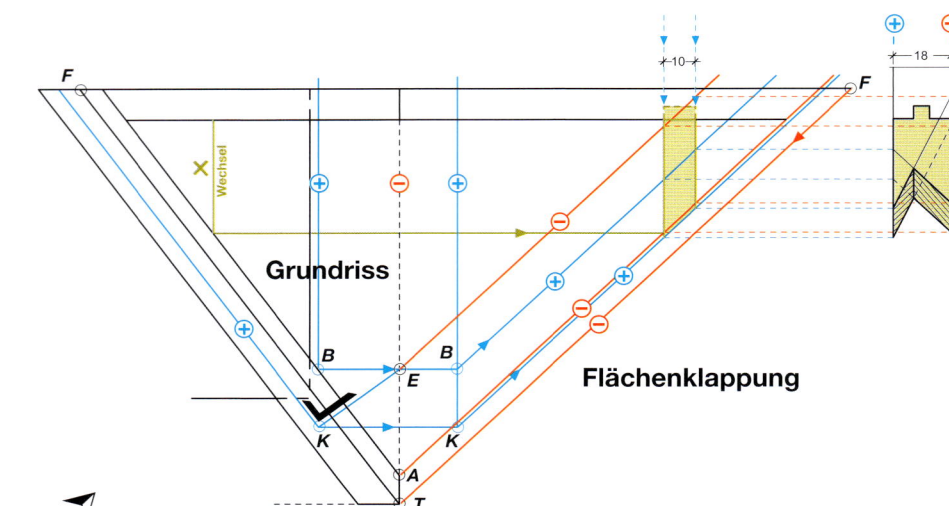

Bild 61

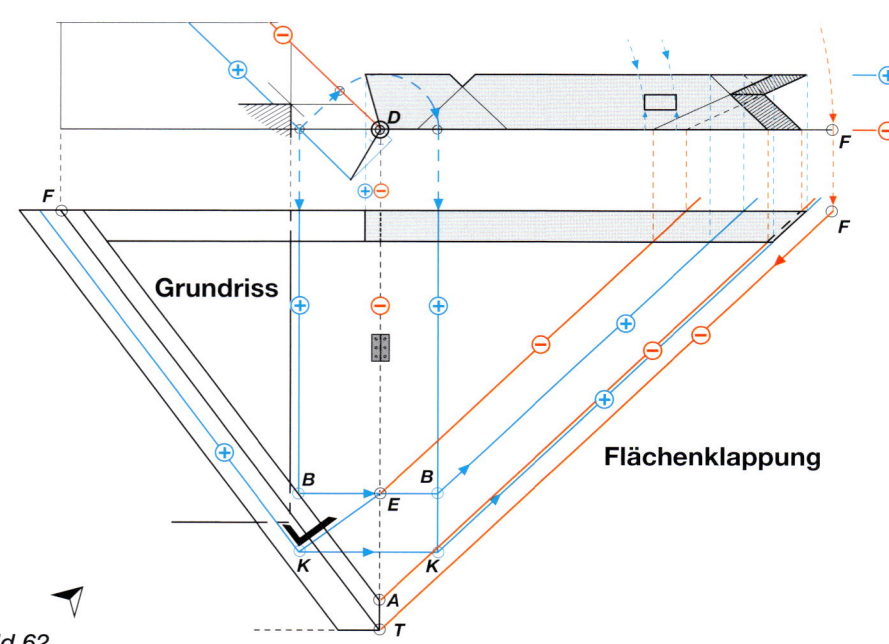

Bild 62

Anreißen des Klauen-Strahlenschifters

Zum Anreißen des Strahlenschifterholzes wird dieses in die in der Flächenklappung eingezeichnete Lage positioniert. Die (–)-Seite liegt auf der Aufriss-Grundlage, die (+)-Seite enthält die Pfettenkerve. Das Zustandekommen der Klauenschmiegenfläche verdeutlicht **Bild 60** mit der herausgezeichneten Umkantung des fertig ausgearbeiteten Klauen-Strahlenschifters.

Anreißen des Gratklauenwechsels

Bild 61 zeigt die für das Anreißen des Gratklauenwechsels erforderlichen Linien.

Anreißen des Gratklauenschifters

In **Bild 62** ist der Gratklauenschifter um den Drehpunkt **D** ausgeklappt dargestellt. In dieser Weise wird er auf den Aufriss gelegt und angerissen.

Bild 63 zeigt das fertige Modell.

In der Praxis befinden sich in der Regel alle für das Anreißen der einzelnen Hölzer erforderlichen Linien auf einem Aufrissblatt. Dann sind Sauberkeit und Beschränkung auf das Wesentliche der Schlüssel zum Erfolg.

Basiswissen Schiften

Beispiel: Klauenkopfband an Gratstrebe

Im Folgenden wird eine Aufgabe gelöst, die ein Klauenkopfband zwischen einer Gratstrebe und einer Pfette zum Inhalt hat.

Aufgabenstellung

Das fertige Modell im Maßstab 1:5 soll aussehen wie in **Bild 64** gezeigt. Die Aufgabenstellung (**Bild 65**) zeigt das Profil und den Grundriss von Pfettenkranz, Gratstrebe und Klauenkopfband.

Gegeben sind die Maße nach **Bild 65**, Gratstrebe $b=16$ cm, $h=20$ cm, Klauenkopfband $b=12$ cm, $h=16$ cm, Pfette $b=16$ cm, $h=20$ cm.

Gesucht ist die Austragung des Klauenkopfbandes einschließlich des Zapfens am Anschluss zur Gratstrebe. Die Aufgabe soll unter Anwendung der Flächenklappung gelöst werden.

Die Hinweise **M1** bis **M6** weisen jeweils auf die Merksätze hin, wie sie auf Seite 23 aufgeführt sind.

Bild 64: Die Aufgabe: Ein Klauenkopfband als aussteifendes Element zwischen einer Gratstrebe und einer Pfette

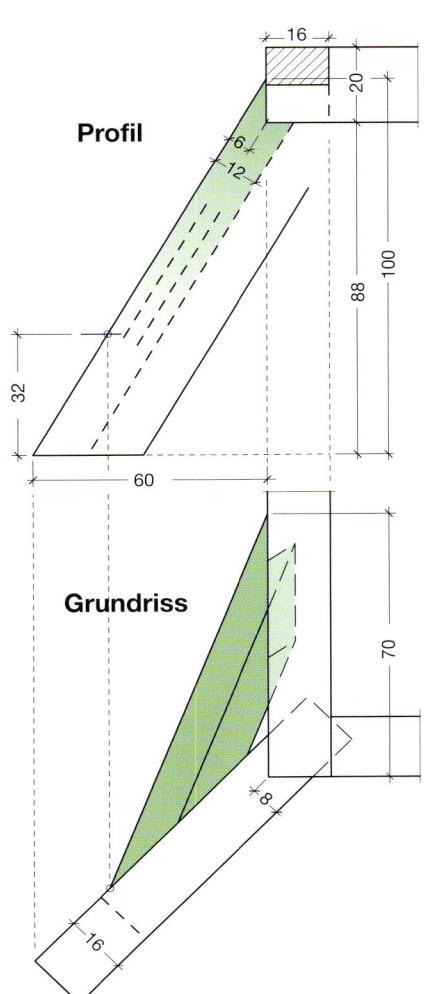

Bild 65: Die Aufgabenstellung

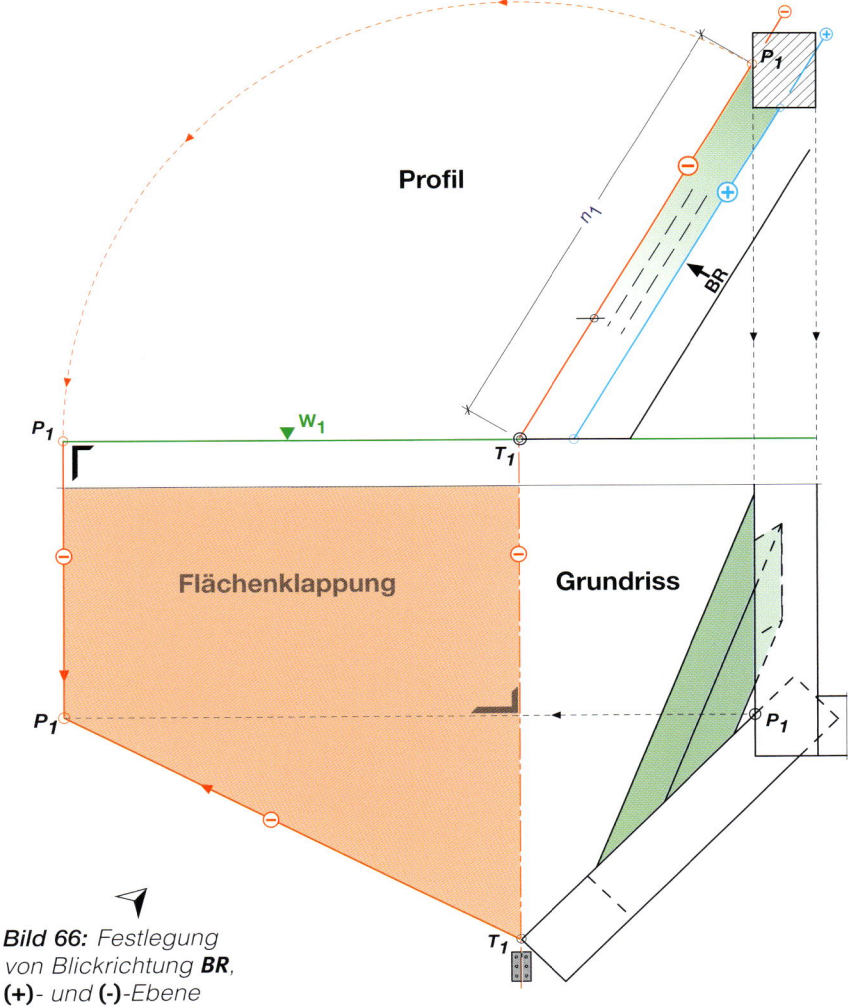

*Bild 66: Festlegung von Blickrichtung **BR**, **(+)**- und **(-)**-Ebene und Klapprichtung*

Basiswissen Schiften

Albert Müller: Basiswissen

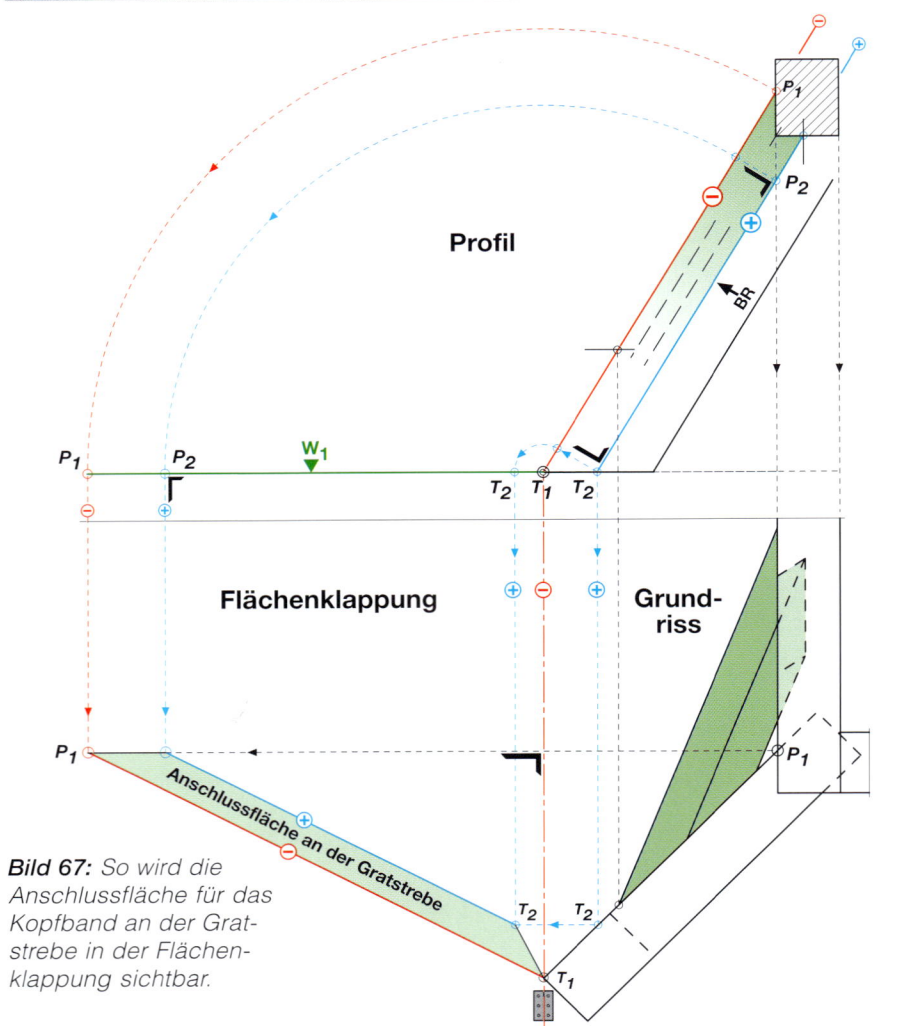

Bild 67: So wird die Anschlussfläche für das Kopfband an der Gratstrebe in der Flächenklappung sichtbar.

Vorüberlegungen zur Lage der Klappachse

Stellt man sich das Klauenkopfband als Element einer Flächenschicht vor, so bedarf es lediglich der Ermittlung dieser Flächenschicht und darauffolgend der Positionierung des Kopfbandes (Feststellung der Lage des Kopfbandes in dieser Bauteilschicht). Werden die Flächen der Bauteilschicht in wahrer Größe ermittelt, so erhält man neben den wahren Längen auch die wahren Flächenwinkel und die Voraussetzungen für die Ermittlung der Maschinenwinkel (siehe auch Seite 28).

Durch den Eintrag der Blickrichtung **BR** werden **(+)**- und **(−)**-Ebene festgelegt. Dies bedeutet in diesem Fall eine Ausklappung (**Bild 66**).

Als Klappachse wird die Verschneidungslinie der **(−)**-Fläche der Bauteilschicht mit der waagerechten Ebene W_1 verwendet. Es entsteht der Punkt T_1 im Profil und im Grundriss (**Bild 66**).

Durch Übertragung von Punkt P_1 mit Radius n_1 um Drehpunkt T_1 aus dem Profil in die Flächenklappung und die Verbindung von P_1 der Flächenklappung mit T_1 in der Flächenklappung ergibt sich die gewünschte **(−)**-Ebene und somit die Ebene, in der die Außenfläche des Kopfbandes liegt (rot schraffiert in **Bild 66**). Die waagerechte Ebene W_1 schneidet im Profil die **(+)**-Ebene der Flächenschicht (in der das Kopfband liegt) im Punkt T_2 (**Bild 67**).

Die Hilfslinie von T_2 (Profil) nach T_2 (Grundriss) liegt im Grund parallel zur Klappkante und ist bereits in wahrer Größe sichtbar (die Flächenschicht verschneidet sich an der Gratstrebe). Diese Hilfslinie wird (Merksatz **M2**) in die Flächenklappung gedreht und liegt dort nun ebenso in wahrer Größe vor.

Da es bei der Flächenklappung um die Behandlung von Flächenschichten geht (siehe Seite 17 bis 19), wird dies nachfolgend verdeutlichend dargestellt (**Bild 68**).

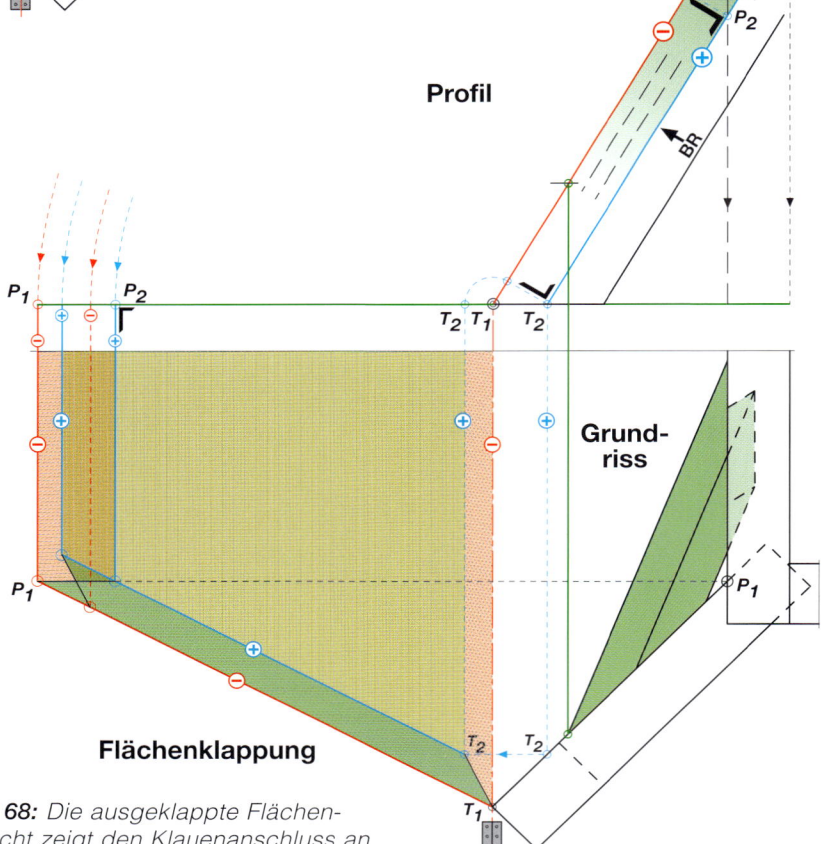

Bild 68: Die ausgeklappte Flächenschicht zeigt den Klauenanschluss an die Pfette.

Albert Müller: Basiswissen

Durch die Übertragung von P_2 im Profil (rechtwinklig auf die (–)-Ebene und anschließender Drehung (**M2**) in die Flächenklappung) sowie das jeweilige Einzeichnen einer Parallele zur Klappachse durch P_2 und eine Parallele zur Strecke P_1–T_1 in der Flächenklappung durch T_2 (**M3**) liegt die Flächenschicht in **Bild 68** auch fast räumlich erkennbar vor (**M2, M3**).

Wird bei der Übertragung der weiteren Klauenverschneidungspunkte im Profil in gleicher Weise verfahren, liegen alle notwendigen Anreißlinien für die Klaue fest.

Überlegungen zur Flächenschicht

Die Flächenschicht wird in ihrer Dicke von den beiden Ebenen (**+**) und (**–**) begrenzt. Sind diese in ihrer Größe maßgenau ermittelt und übereinander angeordnet, so ergibt sich das gesuchte räumliche Gebilde, in dem das zu ermittelnde Element liegt.

Die Begrenzungslinien der jeweiligen Fläche (**+**) oder (**–**) liegen somit stets räumlich um die Dicke der Flächenschicht von einander entfernt, das heißt, jede (**+**)-Linie hat stets den rechtwinkligen Abstand der Dicke der Flächenschicht von der (**–**)-Ebene.

Da dies einer Dimension des zu ermittelnden Holzes entspricht, in unserem Falle der Breite b=12 cm des Klauenkopfbandes, ist nur noch die Lage des Kopfbandes einzuzeichnen, um es – noch ohne Zapfen – anreißen zu können.

Einreißen des Kopfbandes

Der Punkt P_3 ist Bestandteil der (**–**)-Ebene. Er liegt auf der Begrenzungslinie der (**–**)-Ebene. Er muss deshalb nach der Übertragung (**M1**) in die Flächenklappung auf dieser (**–**)-Linie liegen.

Verlängert man die Richtung des Klauenkopfbandes im Grundriss bis zum Schnitt mit der Klappachse, so erhält man den Punkt T_3 (**M6**).

Die Verbindung von T_3 mit P_3 in der Flächenklappung ist die Anlegekante des Kopfbandes (**Bild 69**). Alternativ kann die Kopfbandlage in der Flächenklappung unter Anwendung von **M1** gewonnen werden: P_3 wird durch rechtwinklige Übertragung zur Klappkante in die Flächenklappung ge-

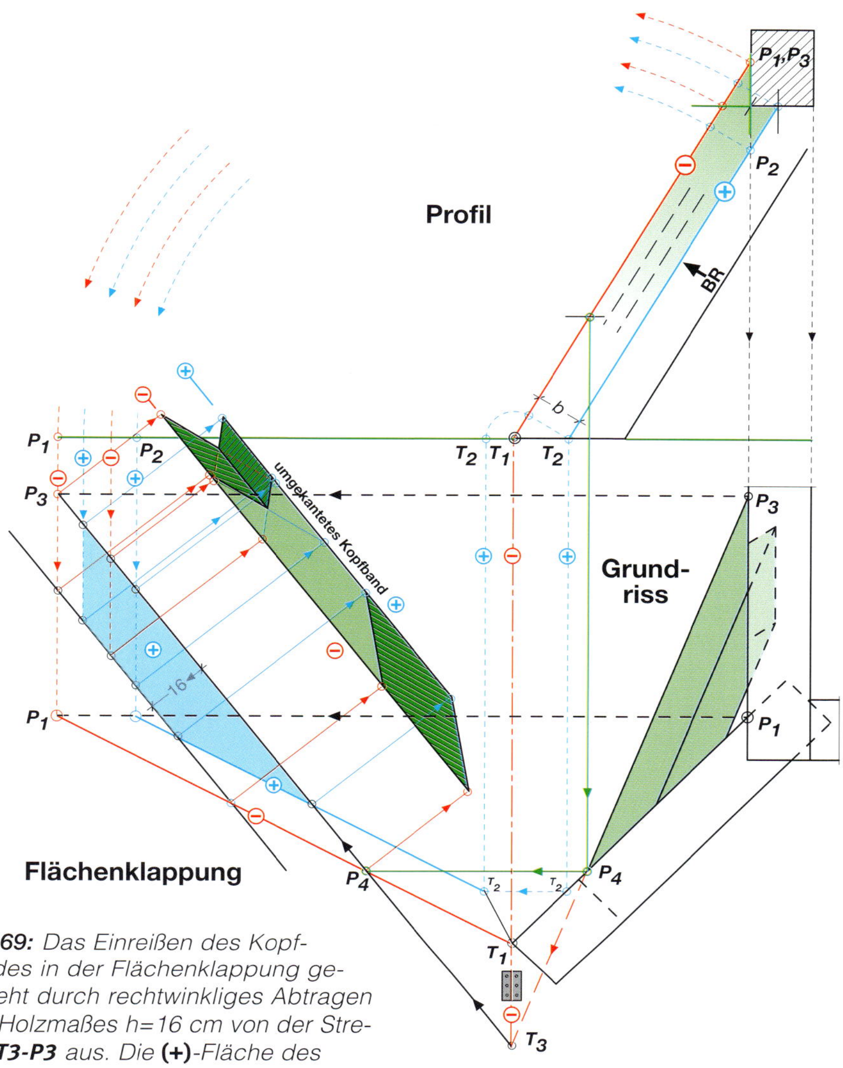

Bild 69: Das Einreißen des Kopfbandes in der Flächenklappung geschieht durch rechtwinkliges Abtragen des Holzmaßes h=16 cm von der Strecke T_3-P_3 aus. Die (+)-Fläche des Kopfbandes ist blau schraffiert dargestellt und das Kopfband nach rechts umgekantet herausgezeichnet.

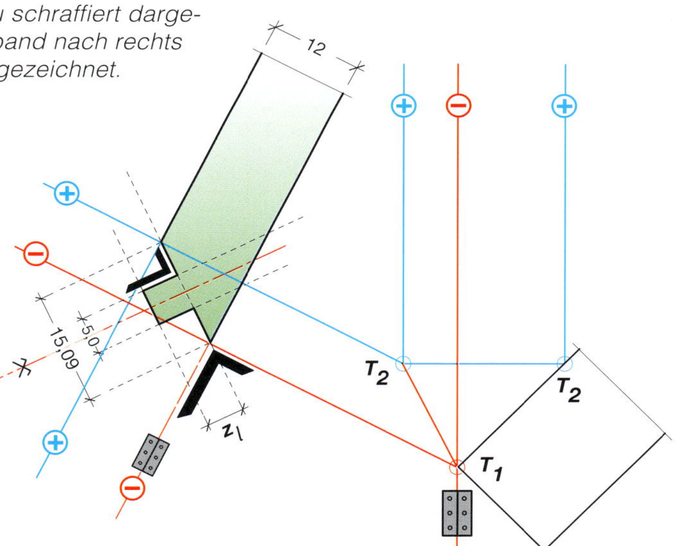

Bild 70: Das Einreißen des Zapfens wird in der Schnittdarstellung vorgenommen. Der Schnitt selbst erfolgt rechtwinklig zur Anschlussfläche der Gratstrebe in der Flächenklappung.

bracht. Mit dem Einzeichnen der Kopfbandhöhe h=16 cm in Richtung P_1 ist die Einzeichnung der Lage des Holzes abgeschlossen.

Der Zapfen

Legt man durch die Flächenschicht eine Schnittebene, die rechtwinklig zur Anschlussfläche der Gratstrebe liegt (**Bild 70**), so erhält man mit der Darstellung der Schnittfläche dieser Ebene die Ausgangsbasis für die Ermittlung des Zapfens.

Basiswissen Schiften

Albert Müller: Basiswissen

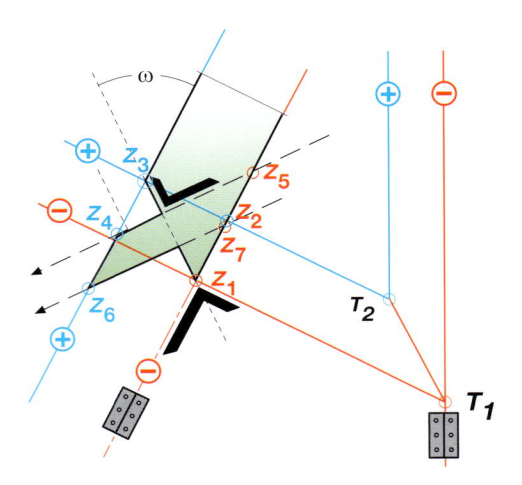

Bild 71: Der Zapfen steht senkrecht und mittig auf der Neigungslänge (hier 15,09 cm) der Anschlussfläche der Gratstrebe. Die Zapfenrichtungen werden bis zur Verschneidung der (+)- beziehungsweise der (–)-Ebene geführt.

Bild 72: Lage des Zapfens: links fertig ausgearbeitet, rechts: Schnittbild passend zu *Bild 70*

Bei unserem Modell soll das Zapfenloch rechtwinklig in die Gratstrebe eingearbeitet werden. Dies bedeutet, dass der Zapfen am Kopfband auf der Anschlussfläche der Gratstrebe senkrecht stehen muss.

Der Schnitt rechtwinklig zur Anschlussfläche liefert das Neigungsmaß (Breite der Anschlussfläche) in wahrer Größe (**Bild 70** und **Bild 72**). In unserem Fall sind dies 15,09 cm. Der 5 cm breite Zapfen wird symmetrisch zur Mitte des Neigungsmaßes angeordnet (**Bild 70**). Die Lage und die Richtung des Zapfens lassen sich natürlich bei dieser Vorgehensweise auch jeglichen anderen Vorgaben anpassen.

Das Finden der Neigungslänge entspricht dem Vorgang der Ermittlung des Maschinenwinkels ω (siehe Seite 28). Die Neigungslänge (Strecke Z_1–Z_3) liegt in der Umklappung in wahrer Größe vor. Auf die Neigungslänge kann der Zapfen in der gewünschten Länge z_l „aufgebaut" werden (**Bild 70**).

Auf das Einreißen der Zapfenlänge z_l wird in der Darstellung verzichtet, da die Zapfenlänge in der Praxis vorteilhafter erst nach der Ausarbeitung des Zapfens nachgeschnitten wird.

Ermittlung der Zapfenanreißpunkte

Werden die Zapfenfluchtlinien des Zapfens (die rechtwinklig zur Schmiegenebene Z_1–Z_3 liegen) bis zum Schnitt mit der (+)-Ebene bzw. (–)-Ebene geführt, so erhält man auf der (+)-Ebene die Punkte Z_4 und Z_6, auf der (–)-Ebene Z_5 und Z_7 (**Bild 71**).

Bild 73: Aus Z_4 und Z_6 auf der (+)-Ebene und Z_5 und Z_7 auf der (–)-Ebene werden Verschneidungslinien parallel zur Strecke T1-P2 gezogen.

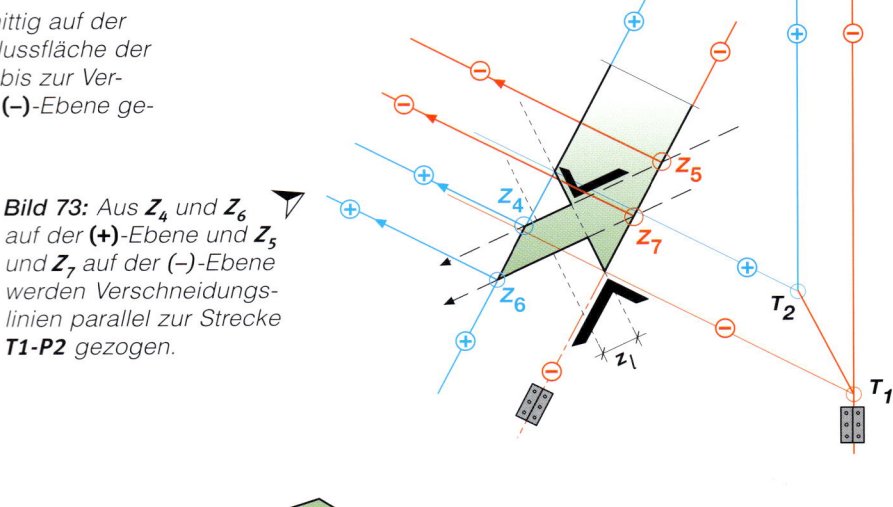

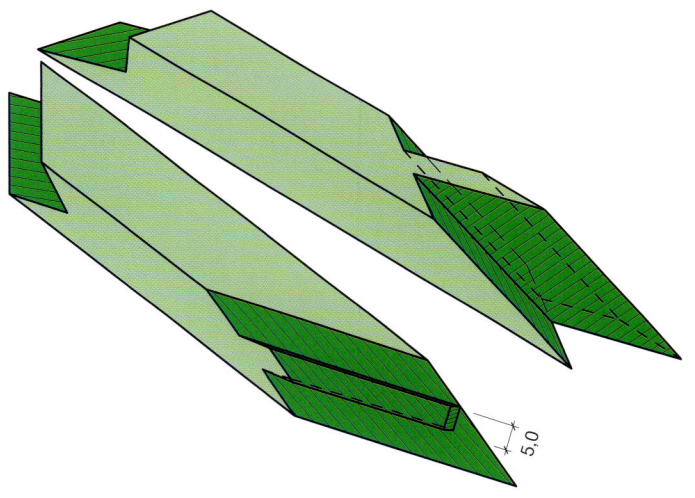

Bild 74: Dreidimensionale Ansicht der Anschlussseite des Klauenkopfbandes mit dem Zapfen. Links: fertig abgesetzter Zapfen; Rechts: „Rohzustand" vor dem Ablängen und Absetzen (Zeichnung erstellt mit Hilfe von DICAM/Dietrich's AG)

Einzeichnen der Anreißlinien für die Zapfenfluchten

Da die Zapfenlage parallel der Begrenzungslinien der Anschlussfläche liegt (**Bild 74**), erhält man die Anreißlinien der Zapfen als Parallelen dazu (**Bild 73**).

Das Zustandekommen der Anschlussfläche und ihrer Begrenzungslinien lässt sich in **Bild 67** und **Bild 69** noch einmal vergegenwärtigen.

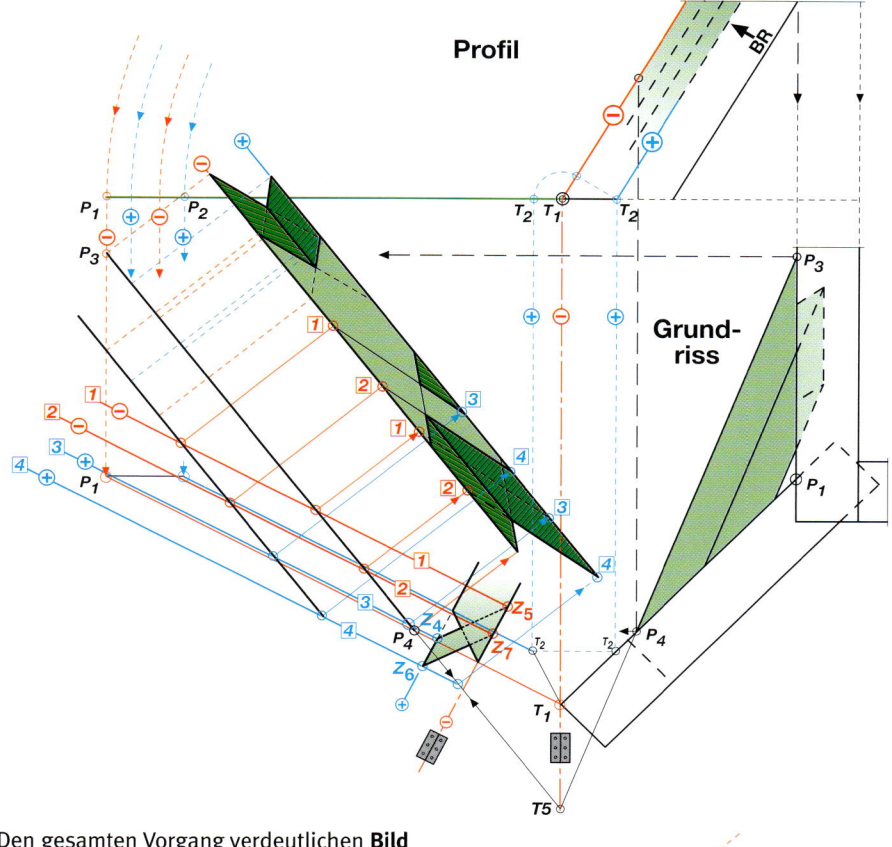

Bild 75: Das Anreißen des Zapfens ist hier durch eine Umkantung des Kopfbandholzes leichter nachvollziehbar.

Den gesamten Vorgang verdeutlichen **Bild 74** und **Bild 75**. Zur besseren Orientierung bei der zeichnerischen Umkantung sind die Verschneidungslinien aus den Punkten Z_5 und Z_7 in **Bild 75** mit den Ordnungszahlen 1 und 2 (in quadratischer Umrandung) bezeichnet. In gleicher Weise haben die Verschneidungslinien aus Z_4 und Z_6 die Ordnungszahlen 3 und 4 erhalten.

Das daneben herausgezeichnete Kopfbandholz ist nach rechts umgekantet und man kann unschwer erkennen, dass der Zapfen noch nicht abgelängt ist und bis zur (+)-Ebene durchläuft.

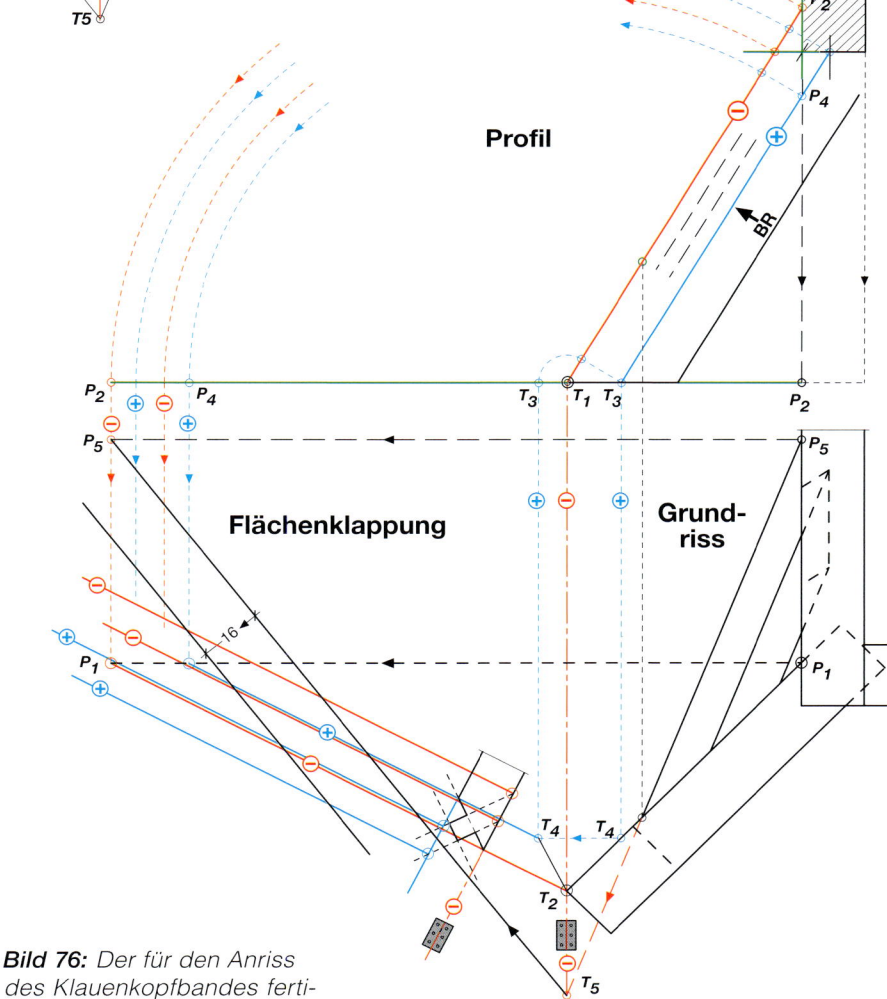

Die komplette Aufgabenlösung

Bild 76 zeigt die vollständige Lösung der Aufgabe in einer Zeichnung. Die Verwendung von Farben ist sicherlich hilfreich, allerdings lassen sich falsch gerissene farbige Linien nur sehr mühsam (oder gar nicht) wieder entfernen oder korrigieren.

Wird nur mit Blei gearbeitet, ist eine genaue und übersichtliche Kennzeichnung der Punkte und Verschneidungslinien unerlässlich.

Bild 76: Der für den Anriss des Klauenkopfbandes fertige Aufriss

Basiswissen Schiften

Schiftmethoden im Vergleich

Bei der Schiftung eines Holzbauteiles kann man oft auf mehreren verschiedenen Wegen zum Ziel gelangen. Welcher Weg für die jeweilige Situation der beste, genaueste und schnellste ist, kann man nur entscheiden, wenn man die Wege auch kennt. Im Folgenden werden verschiedene Wege oder „Schiftmethoden" anhand eines Klauenschifters aufgezeigt.

Das Modell

Damit die verschiedenen Schiftungen auch praktisch nachvollzogen werden können, wird ein Modell vorgeschlagen, wie es in **Bild 77** in einem Schrägbild dargestellt ist. Das Modell beinhaltet zwei ungleich geneigte Dachflächen (Haupt- und Nebendach), jeweils einen Normalsparren, den Gratsparren und einen Klauenschifter in der Nebendachfläche. Die Maße für das Modell sind der Aufgabenstellung in **Bild 78** zu entnehmen.

Die verwendeten Holzdimensionen lassen sehr gut auch eine Ausführung des Modells in den Maßstäben 1:2 oder 1:5 zu.

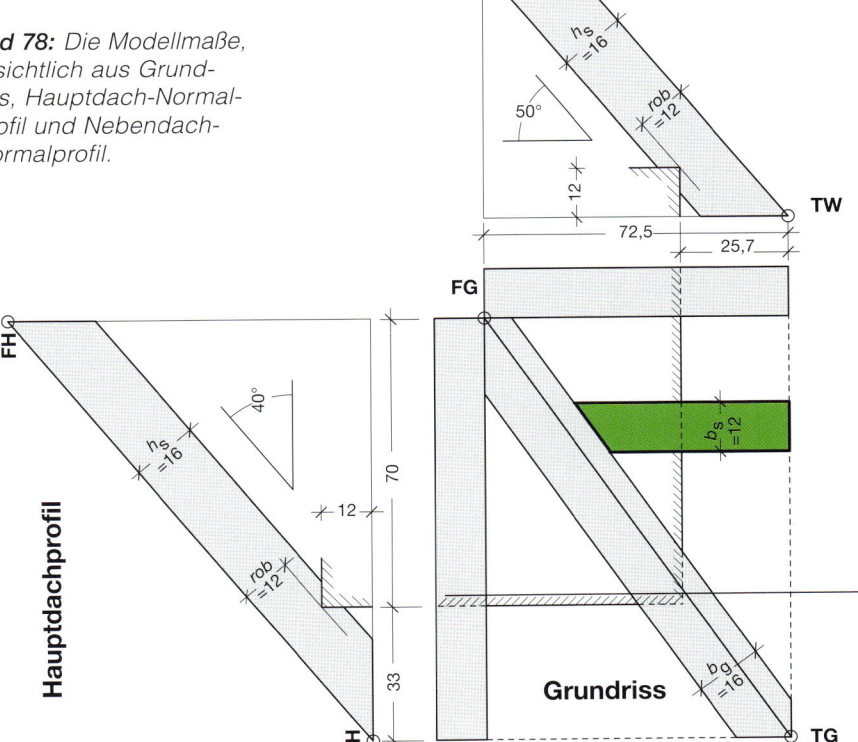

Bild 77: Das Modell mit Schwellen, zwei Normalsparren, dem Gratsparren und einem Nebendach-Klauenschifter in einer Schrägansicht

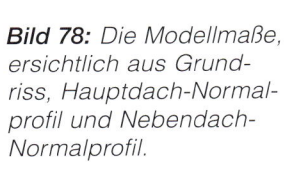

Bild 78: Die Modellmaße, ersichtlich aus Grundriss, Hauptdach-Normalprofil und Nebendach-Normalprofil.

Es werden folgende „Methoden" gezeigt:

A Methode mit Senkellängen

B Methode mit Gratsparrenquerschnitt

C Methode mit Höhenlinien

D Methode mit Verschneidungslinien

E Methode mit ausgeklappten Verschneidungslinien

F Methode mit abgeklapptem Gratsparrenquerschnitt

Die dreidimensionalen Darstellungen wurden mit Hilfe des CAD/CAM-Programmes **DICAM** der **Dietrich's AG** erstellt.

Basiswissen Schiften

Das Gratsparrenprofil

Für die Anwendung der verschiedenen Methoden sind Hauptdachprofil, Nebendachprofil und Gratsparrenprofil („Gratprofil") erforderlich. Haupt- und Nebendachprofil sind bereits in der Aufgabenstellung in **Bild 78** aufgerissen. Das Gratsparrenprofil muss noch ausgetragen werden. Ob dies mit dem Zirkel geschieht (wie in **Bild 79** gezeigt) oder mit Maßlatten ist „Geschmacksache" und soll dem Einzelnen überlassen bleiben.

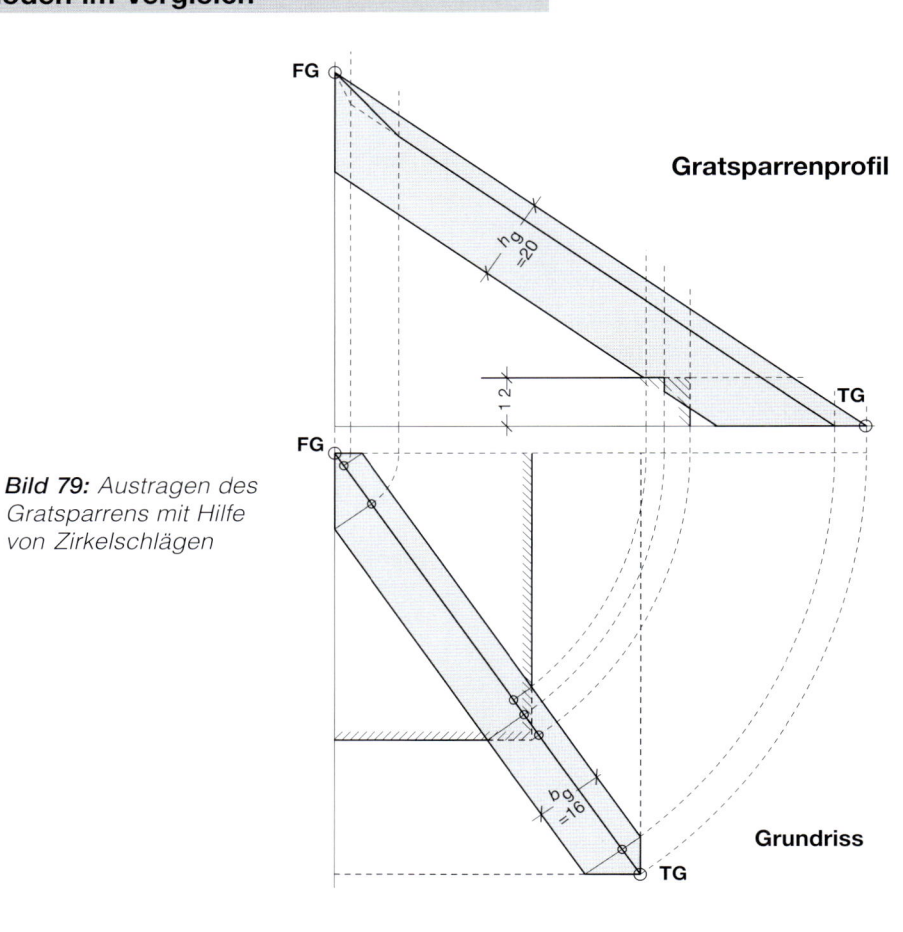

Bild 79: Austragen des Gratsparrens mit Hilfe von Zirkelschlägen

A Methode mit Senkellängen

Die „Methode mit Senkellängen" beruht darauf, dass die Längen (die Maße) von senkrechten Strecken in allen senkrechten Profilen unverzerrt, also in wahrer Länge, darzustellen sind. Damit lassen sich Punkte festlegen, deren Verbindungslinien Verschneidungslinien zweier Körper sind.

Beim Gratklauenschifter angewendet stellt sich die Methode dar wie in **Bild 80** gezeigt:
- Im Grundriss wird eine Außenkante des Schifters „provisorisch" bis zur Gratlinie verlängert.
- Aus den entstandenen Schnittpunkten werden senkrechte Linien in das Nebendachprofil gerissen, wo sie an der Oberkante des Sparrens zwei weitere Schnittpunkte erzeugen.
- Aus diesen Schnittpunkten sind waagerechte Linien in das Gratsparrenprofil zu ziehen, wo sie die „zugehörigen" Linien, nämlich Abgratungslinie und Gratlinie, schneiden.
- Die aus beiden Schnittpunkten gefällten Lote erzeugen an der „unteren Gratlinie" zwei weitere Schnittpunkte.
- Die Waagerechten aus diesen Punkten werden mit den Senkrechten im Nebendachprofil geschnitten.
- Die Verbindungslinie dieser beiden Punkte beschreibt die wahre Richtung und Lage der Klaue an der Außenseite des Schifters. Wie die räumlichen Darstellung in **Bild 80** rechts unten zeigt, spielt sich das alles in zwei senkrechten Ebenen (nämlich den Ebenen der Schifter-Seitenflächen) ab.

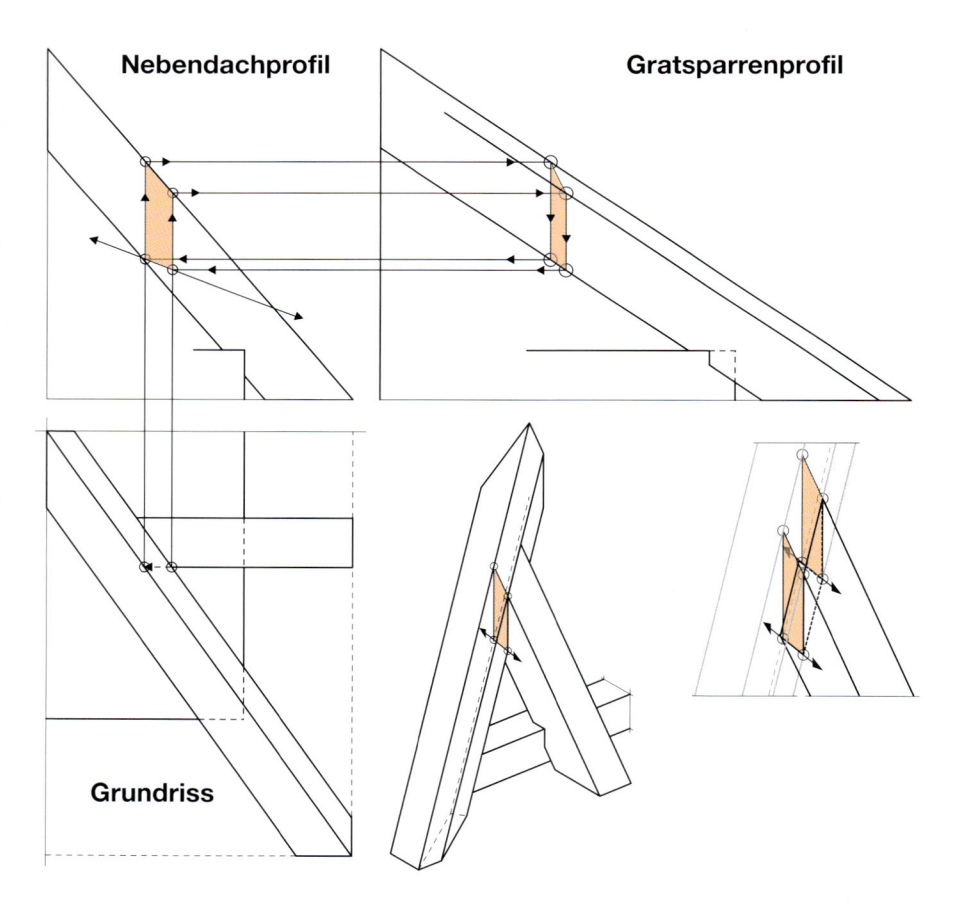

Bild 80: Methode mit den Senkellängen. Die räumlichen Bilder verdeutlichen den Vorgang.

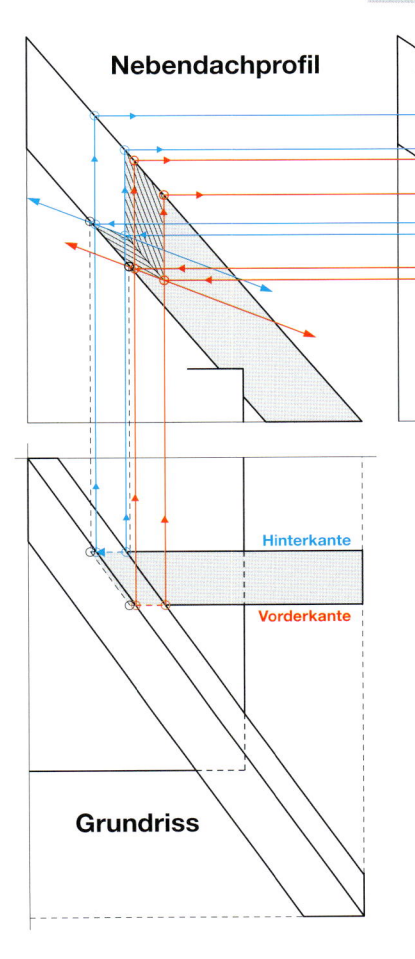

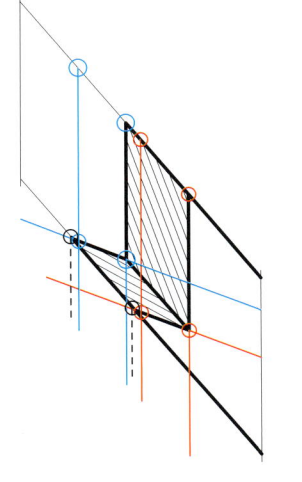

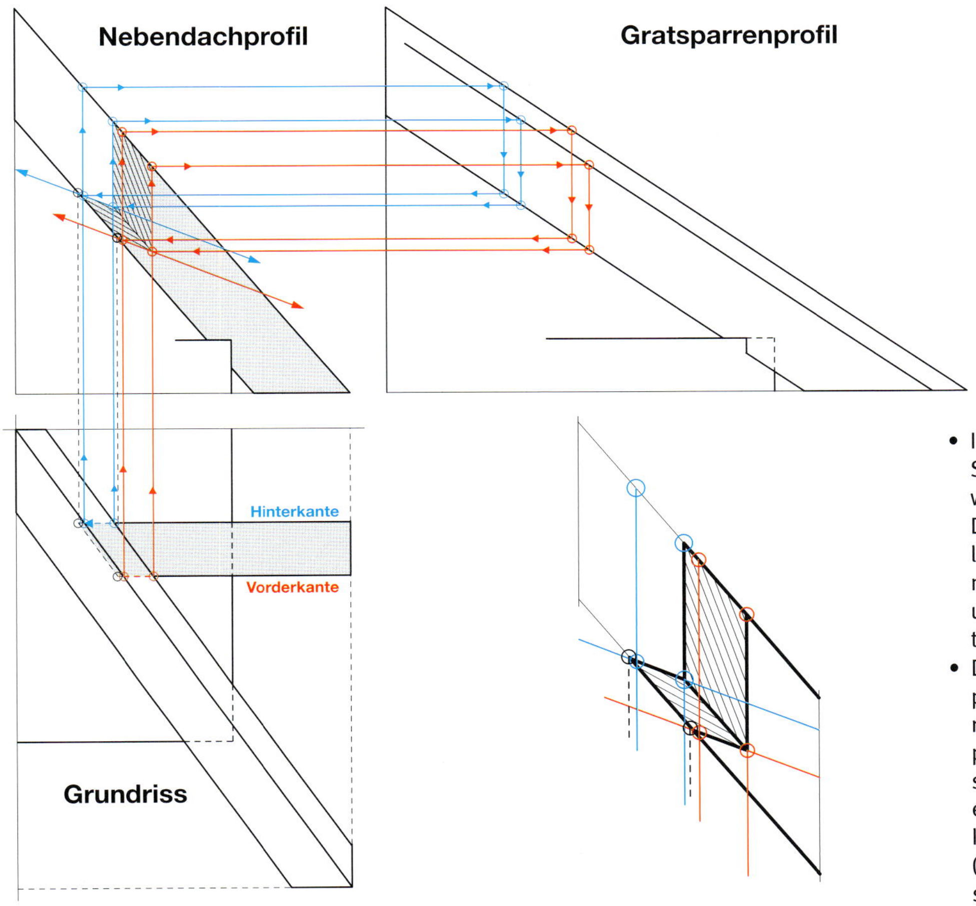

Roland Schumacher : Schiftmethoden im Vergleich

Nebendachprofil

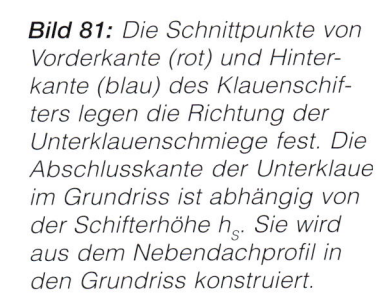

Gratsparrenprofil

Hinterkante

Vorderkante

Grundriss

Bild 81: Die Schnittpunkte von Vorderkante (rot) und Hinterkante (blau) des Klauenschifters legen die Richtung der Unterklauenschmiege fest. Die Abschlusskante der Unterklaue im Grundriss ist abhängig von der Schifterhöhe h_s. Sie wird aus dem Nebendachprofil in den Grundriss konstruiert.

Damit ist die Lage und Richtung der Klaue auf der einen Kante des Schifters festgelegt. Für die andere Kante ist der gleiche Vorgang auszuführen. **Bild 81** zeigt den Aufriss nach der Ausführung der Methode bei beiden Kanten des Schifters.

Mit der Lage und der Richtung der Klauenschmiegen lässt sich das Klauenschifterholz anreißen, indem es auf den Aufriss aufgelegt und die Schnittpunkte auf das Holz übertragen werden.
Dies gelingt nur dann reibungslos, wenn die erforderlichen Risse weit genug über die Schifterkanten im Profil „hinausgezogen" wurden.
Außerdem ist zu beachten, wo „oben" und „unten" gerissen werden muss, denn davon ist abhängig, ob ein „linker" oder „rechter" Schifter entsteht.

Die Darstellung der Abschlusskante der Klaue im Grundriss wird aus dem Nebendachprofil entwickelt:

- die „Richtungslinien" der Klauenschmiegen schneiden sich mit der Unterkante des Schifters in zwei Punkten.
- aus diesen Punkten werden zwei senkrechte Hilfslinien in den Grundriss gezeichnet.
- Sie schneiden sich mit den seitlichen Begrenzungslinien des Schifters im Grundriss in zwei weiteren Punkten. Diese beiden Punkten bezeichnen jeweils den Ort im Grundriss, wo Außen- und Innenkante des Schifters „in das Gratsparrenholz von unten eindringen".

Das vergrößert herausgezeichnete Detail in **Bild 81** rechts unten verdeutlicht noch einmal, wie die Klaue zustande kommt.

B Methode mit Gratsparrenquerschnitt

Diese Methode geht aus vom Querschnitt des Gratsparrens, der im Gratsparrenprofil mit den aus dem Grundriss entnommenen Maßen b_g, g_1 und g_2 eingezeichnet wird:

- Der Schifter schließt in Verlängerung der Abgratung an den Gratsparren an. Seine Klaue ergibt sich aus der Schifterhöhe h_s (**Bild 82** auf Seite 44). Durch den Gratpunkt im Gratsparrenquerschnitt (dem Ort, durch den die Gratlinie führt) wird eine Achse parallel zu den Gratsparren-Seitenflächen gezogen.

- Im Grundriss ist nun eine beliebige Strecke a vom Grat-Traufpunkt rechtwinklig zur Gratgrundlinie anzutragen. Durch ihren Endpunkt wird eine Parallele zur Gratgrundlinie gezogen, die sich mit der Nebendach-Trauflinie schneidet und das Maß b ergibt (**Bild 82** links unten).
- Dieses Maß b wird nun im Gratsparrenprofil vom Grat-Traufpunkt aus waagerecht abgetragen. Die durch ihren Endpunkt gezogene Parallele zur Gratlinie schneidet die Oberkante des Schifters in einem Punkt. Mit dem Kontrollmaß a kann die Konstruktion überprüft werden (**Bild 82** rechts oben). An der Gratsparren-Unterkante beziehungsweise seiner Verlängerung ergeben sich die Grundmaße c und d. Eine räumliche Darstellung der Ermittlung der Maße c und d zeigt **Bild 83**.
- Die Maße c und d werden im Grundriss rechtwinklig zur Achse (Gratgrundlinie) angetragen und aus ihren Endpunkten parallele Linien zur Gratgrundlinie bis über den Grundriss des Schifters hinaus gezeichnet (**Bild 84**).
- Es entstehen im Grundriss vier Schnittpunkte an den Außenkanten des Schifters.
- Diese Punkte werden mittels senkrechter Hilfslinien in das Nebendachprofil projiziert.
- Wie die 3D-Darstellung des Vorganges in **Bild 85** verdeutlicht, wird die Richtung der Klauenschmiege an Vorder- und Hinterkante des Schifters durch je zwei Punkte bestimmt, die auf dessen Ober- beziehungsweise Unterkante liegen.
- Die senkrechten Backenschmiegenkanten des Schifters ergeben sich, wie in **Bild 82** und **Bild 85** dargestellt, durch Übertragung der Schnittpunkte des Schifters mit der Gratsparren-Außenkante im Grundriss in das Nebendachprofil.

Bild 86 verdeutlicht schließlich den ganzen Vorgang noch einmal durch die Darstellung des fertigen Klauenschifters in seiner Lage am Gratsparren.

Basiswissen Schiften

Roland Schumacher : Schiftmethoden im Vergleich

Nebendachprofil

Gratsparrenprofil

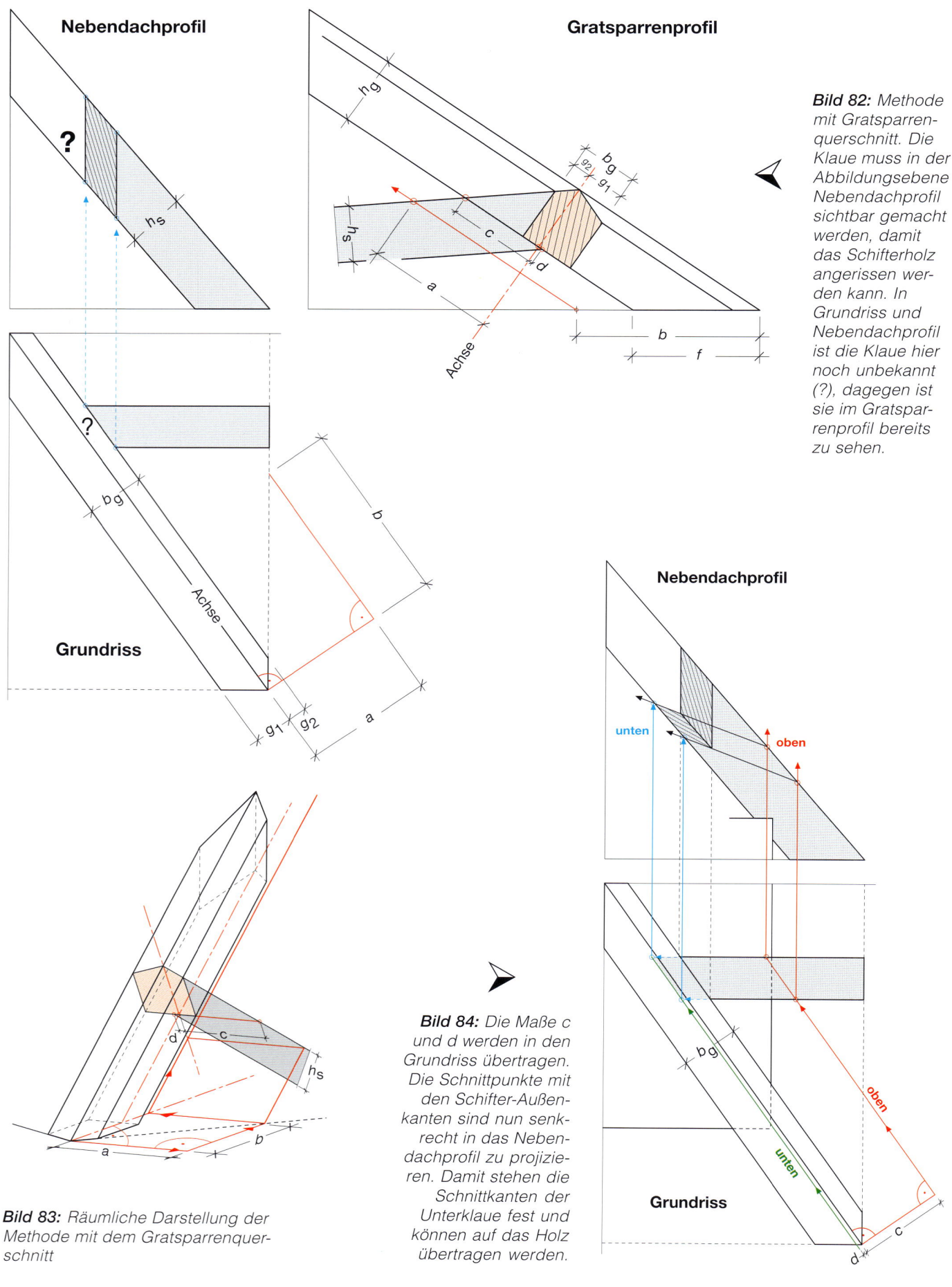

Bild 82: Methode mit Gratsparrenquerschnitt. Die Klaue muss in der Abbildungsebene Nebendachprofil sichtbar gemacht werden, damit das Schifterholz angerissen werden kann. In Grundriss und Nebendachprofil ist die Klaue hier noch unbekannt (?), dagegen ist sie im Gratsparrenprofil bereits zu sehen.

Grundriss

Nebendachprofil

Bild 84: Die Maße c und d werden in den Grundriss übertragen. Die Schnittpunkte mit den Schifter-Außenkanten sind nun senkrecht in das Nebendachprofil zu projizieren. Damit stehen die Schnittkanten der Unterklaue fest und können auf das Holz übertragen werden.

Grundriss

Bild 83: Räumliche Darstellung der Methode mit dem Gratsparrenquerschnitt

Basiswissen Schiften

Das Anreißen des Klauenschifterholzes erfolgt in der Abbildungsebene Nebendachprofil (**Bild 85**). Dort werden das Holz aufgelegt, die Kantenanfallspunkte übertragen und die Abschnittsrisse durch Verbinden der Anfallspunkte erzeugt.

Schließlich soll in **Bild 87** noch eine „verkürzte" und verblüffend einfach erscheinende Version der Methode gezeigt werden. Hier ist der Gratsparrenquerschnitt an der Verschneidungslinie der unteren Kantenfläche des Gratsparrens mit der waagerechten Traufebene in die Traufebene abgeklappt. Alle weiteren Vorgänge spielen sich im Prinzip ab wie bereits gezeigt.

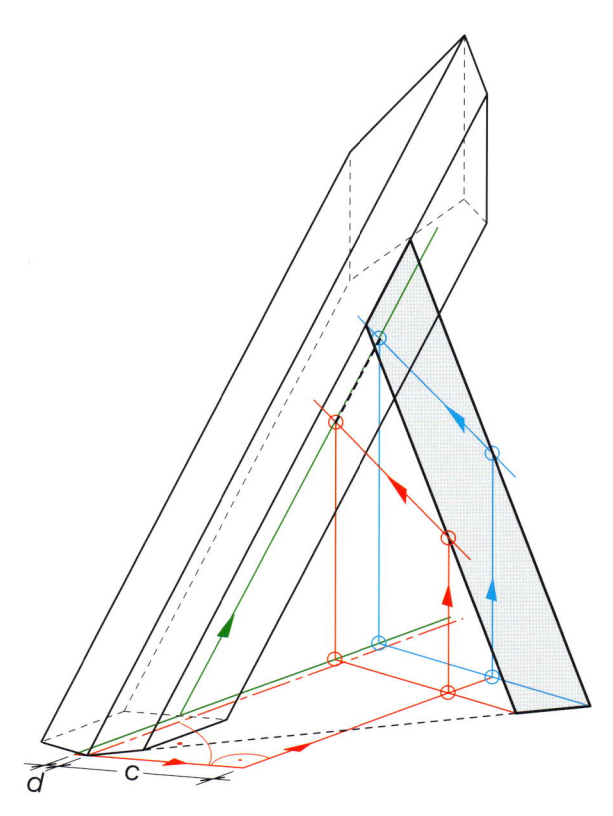

Bild 85: Räumliche Darstellung der Übertragung der Maße c und d in den Grundriss und Projektion der Schnittpunkte in das Schifterprofil. Verbindet man die Schnittpunkte jeweils miteinander, entstehen die „Richtungslinien" für die Klauenschmiege.

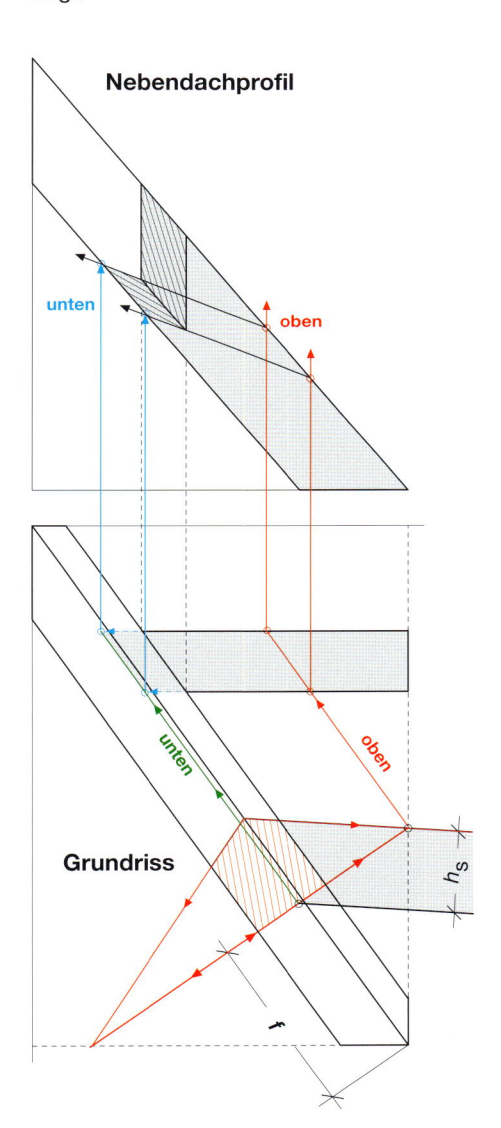

Bild 87: „Verkürzte" Version der Methode: Der Gratsparrenquerschnitt ist in die Traufebene abgeklappt.

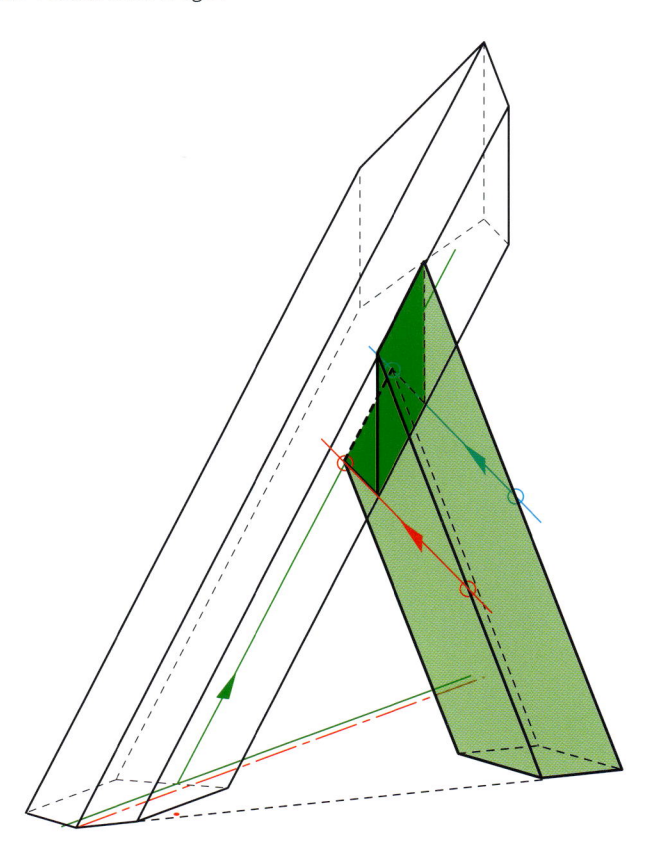

Bild 86: Der fertige Schifter (hier ohne Pfettenklaue dargestellt) mit der fertigen Klaue am Gratsparren.

Basiswissen Schiften

Roland Schumacher : Schiftmethoden im Vergleich

C Methode mit Höhenlinien

Für die Ausführung dieser Methode werden Gratsparren- beziehungsweise Klauenschiftergrundriss, Gratprofil und Nebendachprofil benötigt. Sie können so aufgerissen werden, wie dies in **Bild 88** dargestellt ist. Das Gratsparrenprofil wird dabei rechtwinklig zur Gratgrundlinie ausgetragen. Wird auf einen besonders übersichtlichen Aufriss Wert gelegt, sollte für die Konstruktion von Hilfslinien genügend Platz gelassen werden.

Schrittweise nachvollzogen kann der Aufriss mit der Höhenlinienmethode wie folgt aussehen:

- Das Gratsparrenprofil wird rechtwinklig zur Gratgrundlinie ausgetragen (**Bild 88** rechts oben).

- Im Gratprofil werden zwei waagerechte Höhenlinien in beliebigen Höhen (die eine im oberen, die andere im unteren Bereich des Profils) eingezeichnet. Diese schneiden die Unterkante des Gratsparrens in den zwei Punkten $H1$ und $H2$.

- Aus den Punkten $H1$ und $H2$ werden senkrechte Hilfslinien („senkrecht" auf das Gratprofil bezogen) in den Grundriss gezogen.

- Gleichzeitig werden Hinterkante und Vorderkante des Klauenschifters so verlängert, dass sie die beiden Senkrechten in den Punkten $H1h$ und $H1v$ beziehungsweise $H2h$ und $H2v$ schneiden.

- Im Nebendachprofil werden die beiden Höhenlinien im Abstand h_1 beziehungsweise h_2 eingezeichnet.

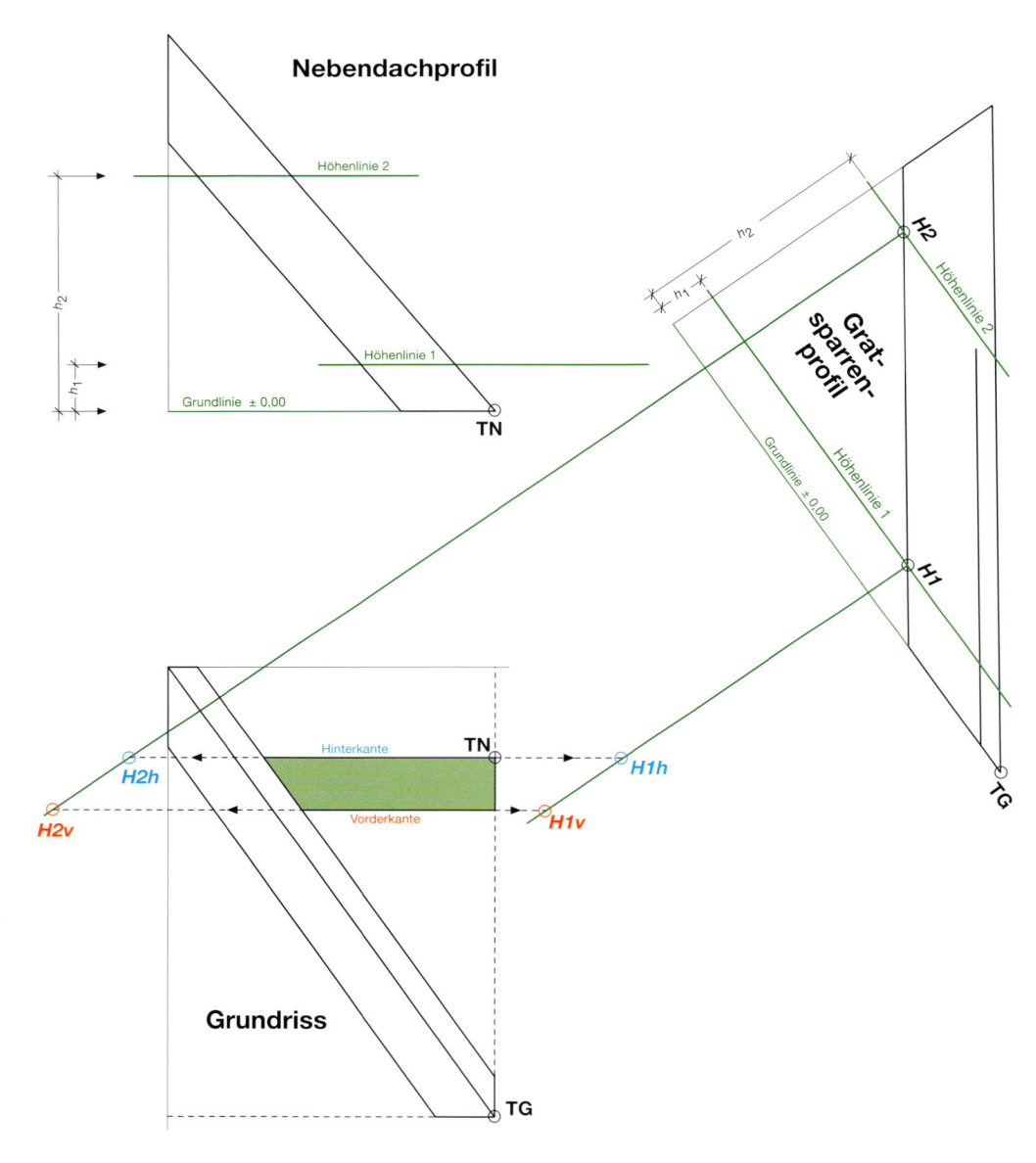

Bild 88: Mögliche Anordnung von Grundriss und Profilen für die Durchführung der Methode mit Höhenlinien

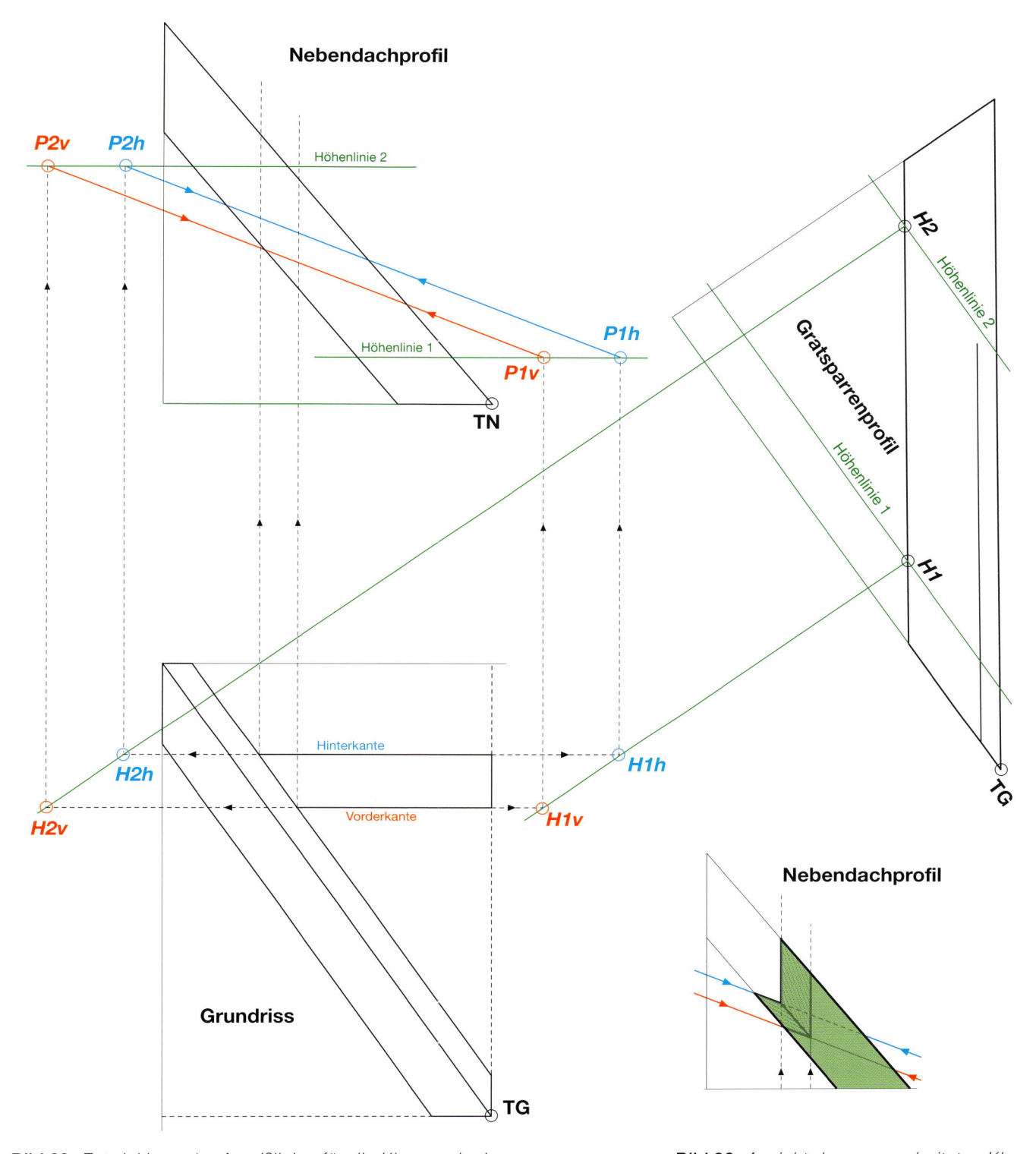

Bild 89: Entwicklung der Anreißlinien für die Klauenschmiege mit Hilfe der Höhenlinien-Methode

Bild 90: Ansicht der ausgearbeiteten Klaue im Nebendachprofil

- Senkrechte Hilfslinien aus den Punkten H1h, H1v, H2h und H2v schneiden diese Höhenlinien in den Punkten P1h, P1v, P2h und P2v (**Bild 89**).

- Die Verbindungslinien zwischen den Punkten P1h und P2h beziehungsweise P1v und P2v sind die Anreißlinien für die Richtung der Klauenschmiege an Innen- beziehungsweise Außenkante des Klauenschifters.

- Die Abschnittslinien der senkrechten Schifterschmiege werden – wie bereits aus den schon gezeigten Methoden bekannt – unmittelbar aus dem Grundriss in das Nebendachprofil übertragen.

Bild 90 zeigt im Detail die Ansicht der ausgearbeiteten Klaue im Nebendachprofil.

Basiswissen Schiften

D Methode mit Verschneidungslinien

Bild 92: Vogelperspektivische Darstellung des Reißvorganges in **Bild 91**: Es spielt sich noch alles in der Ebene der Profil-Grundlinien ab.

Bild 91: Beginn des Aufrisses zur Methode mit Verschneidungslinien. Die Grundlinien der Profile liegen auf gleicher Höhe!

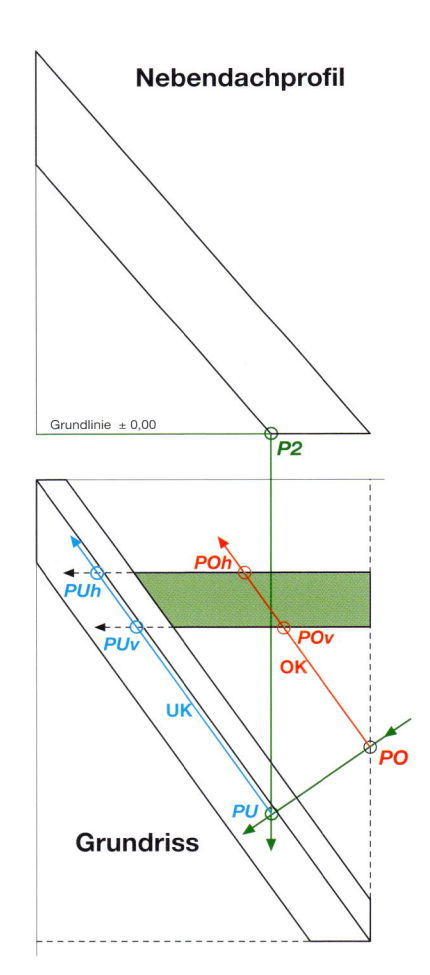

Bild 93: Weiterführung des Aufrisses im Grundriss. Das Gratprofil ist weggelassen, weil es für die weiteren Schritte nicht mehr benötigt wird.

Die Methode mit Verschneidungslinien geht zurück auf Michael Riggenbachs „Schiften mit System". Sie geht ebenfalls aus von Grundriss, Nebendach- und Gratprofil. Sie werden aufgerissen, wie bereits in **Bild 88** gezeigt. Der Aufriss kann folgendermaßen vor sich gehen (**Bild 91**):

- Aus dem Punkt, in dem die Unterkante des Gratsparrens und die waagerechte Grundlinie durch den Traufpunkt sich schneiden, wird eine senkrechte Hilfslinie („senkrecht" im Sinne des Gratprofils) in den Grundriss gezogen. Sie schneidet die Traufgrundlinie des Nebendaches im Punkt PO.
- Aus dem Punkt, in dem die Unterkante des Nebendachsparrens und die waagerechte Grundlinie durch den Traufpunkt sich schneiden, wird eine senkrechte Hilfslinie („senkrecht" im Sinne des Nebendachprofils) in den Grundriss gezogen. Sie schneidet die Senkrechte aus dem Gratprofil im Punkt PU. Eine dreidimensionale Ansicht dieses Vorganges zeigt **Bild 92**.
- Parallel zur Gratgrundlinie wird eine Gerade „OK" durch Punkt PO gezogen. Diese Gerade schneidet Außen- und Innenkante des Klauenschifters in den Punkten POv („vorne") und POh („hinten") (**Bild 93**).
- Parallel zur Gratgrundlinie wird eine Gerade „UK" durch Punkt PU gezogen. Sie schneidet die im Grundriss verlängerten Kanten des Klauenschifters in PUv und PUh (**Bild 93**).

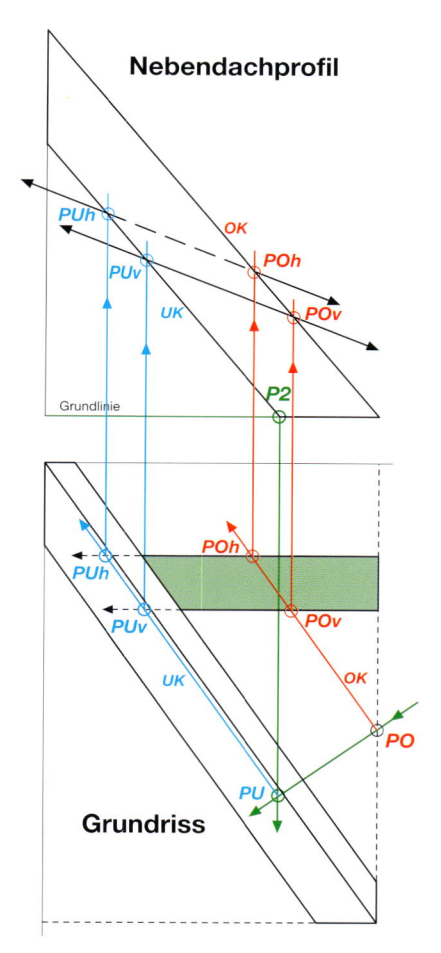

Roland Schumacher : Schiftmethoden im Vergleich

Bild 94: Übertragung der „Richtungspunkte" in das Nebendachprofil. Die Richtung der Klaue ist damit von der Schifter-Oberkante (OK) zur Schifter-Unterkante (UK) hin festgelegt (siehe auch **Bild 97**).

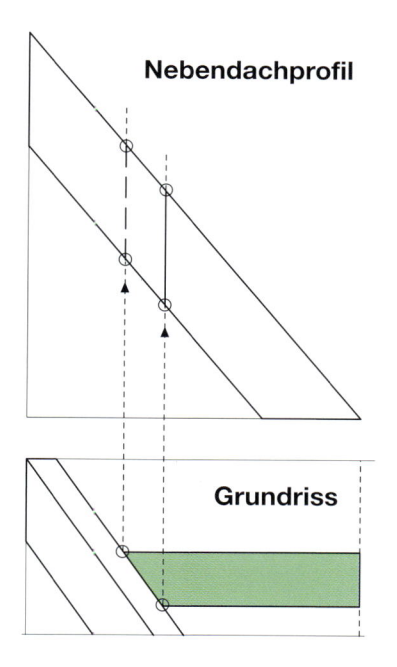

Bild 96: Festlegung der Senkelschmiege des Schifters aus dem Grundriss (siehe auch **Bild 98**)

- Aus *POv*, *POh*, *PUv* und *PUh* werden nun senkrechte Hilfslinien in das Nebendachprofil gerissen. Es entstehen je zwei Punkte auf der Oberkante und auf der Unterkante des Klauenschifters.
- Verbindet man die zusammengehörigen Punkte *POv* und *PUv* beziehungsweise *POh* und *PUh*, so erhält man die Anreißlinien der Klauenschmiege auf Vorder- und Hinterkante des Klauenschifters (**Bild 94** und **Bild 95**).

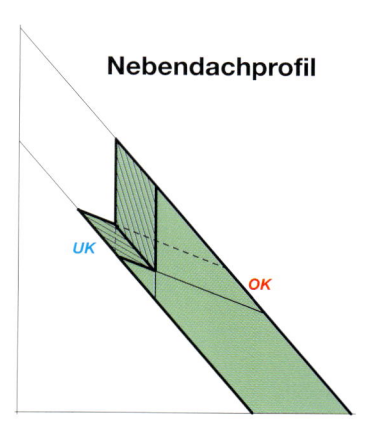

Bild 98: Ansicht des ausgearbeiteten Klauenschifters im Nebendachprofil

- Die Anreißlinien für die senkrechte Schifterschmiege werden wieder senkrecht aus dem Grundriss in das Nebendachprofil übertragen (**Bild 96** und **Bild 97**).

Bild 98 schließlich zeigt die ausgearbeitete Klaue in der Ansicht des Nebendachprofils.

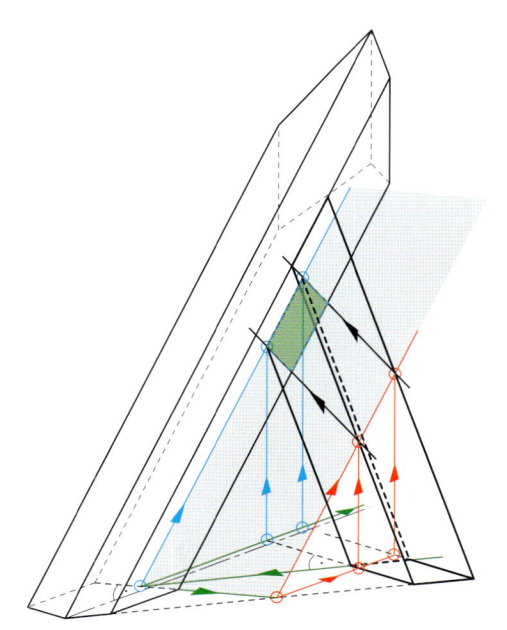

Bild 95: Die Abschnittsfläche der Klaue (dunkel schraffiert) liegt in der konstruierten und hell schraffierten Schnittfläche.

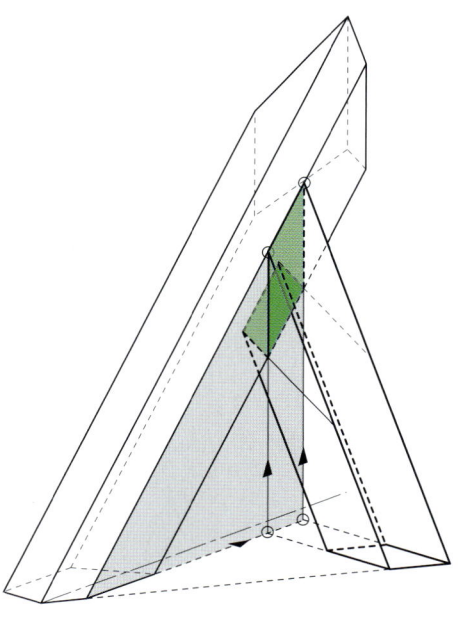

Bild 97: Die Senkelschmiege des Schifters liegt in der Ebene der Seitenfläche des Gratsparrens.

Basiswissen Schiften

E Methode mit ausgeklappten Verschneidungslinien

Wie **Bild 99** zeigt, ist bei dieser Methode die Nebendachfläche in die waagerechte Ebene der Trauflinie gedreht. Die Methode geht auf Michael Riggenbachs „Schiften mit System" zurück. **Bild 100** verdeutlicht den Vorgang anhand des Nebendach-Normalsparrens.

Durch die in **Bild 99** vorgenommene Übertragung von Punkten auf Oberkante (OK) und Unterkante (UK) des Nebendach-Normalsparrens in den Grundriss lassen sich die „Kantenrichtungen" beziehungsweise Verschneidungslinien im Grundriss festlegen. Drehachse für die Ausklappung ist die Trauflinie der Nebendachfläche. Die Nebendachfläche wird mit der waagerechten Traufebene in Deckung gebracht. Die Traufebene kann so als Abbildungsebene für alle in der Nebendachfläche liegenden Hölzer herangezogen werden.

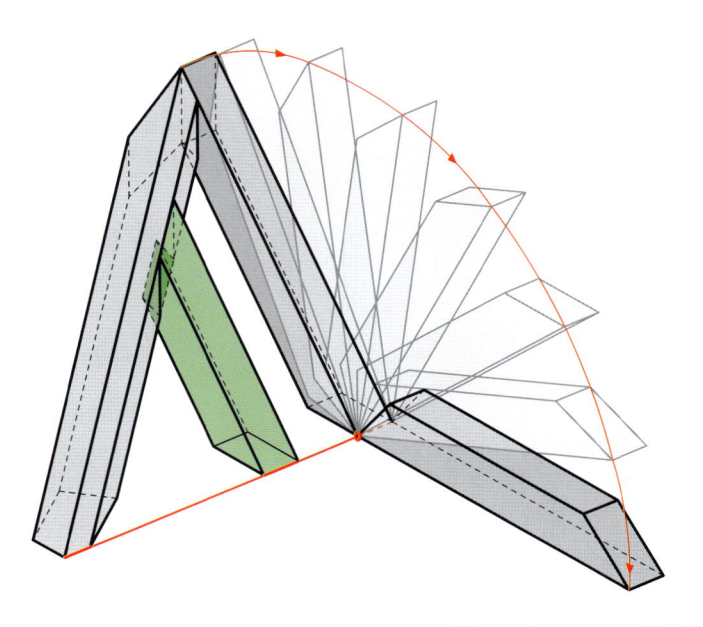

Bild 100: Ausklappen des Nebendach-Normalsparrens. Drehachse ist die Nebendach-Trauflinie.

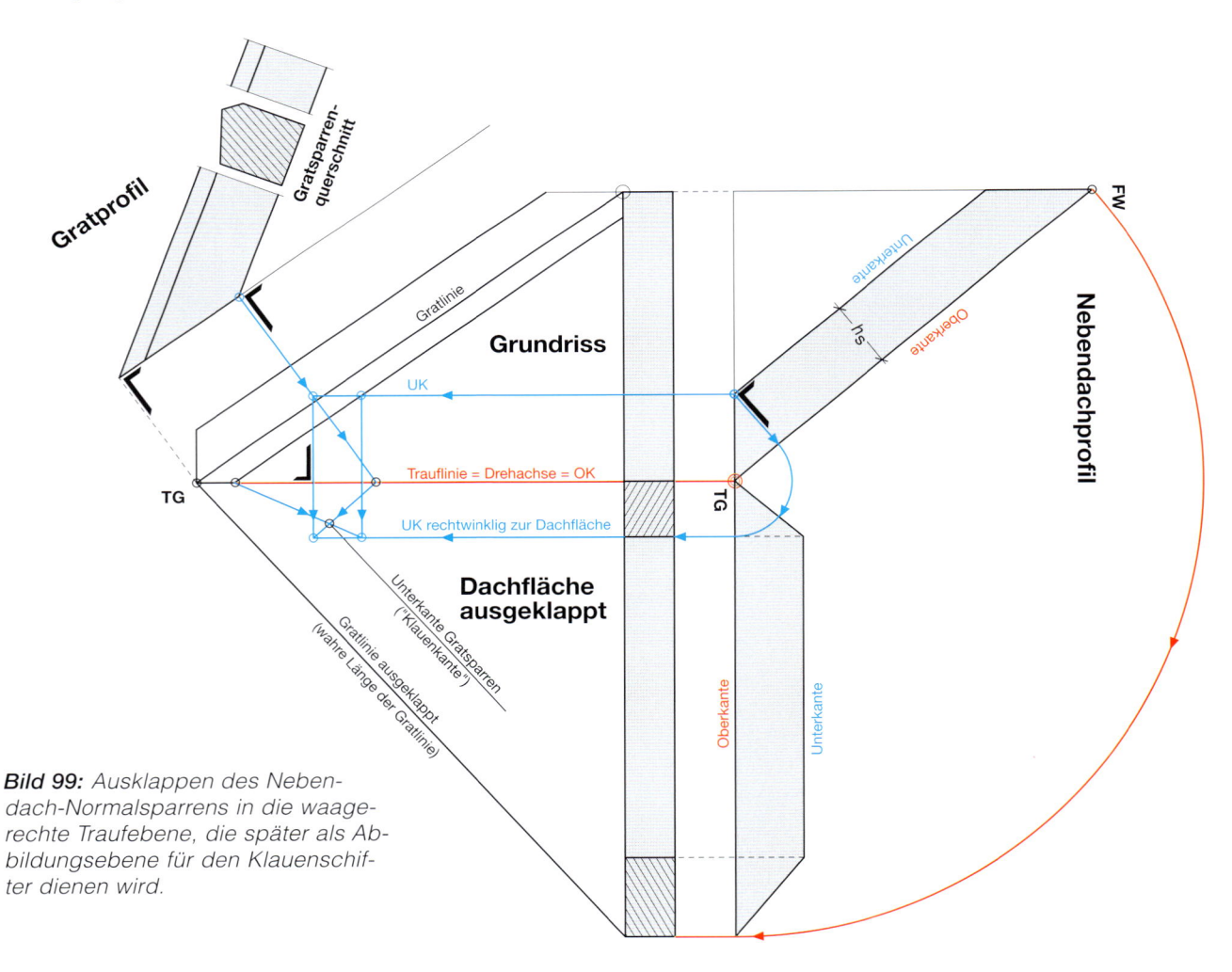

Bild 99: Ausklappen des Nebendach-Normalsparrens in die waagerechte Traufebene, die später als Abbildungsebene für den Klauenschifter dienen wird.

Roland Schumacher : Schiftmethoden im Vergleich

Bild 101: Hier sind Nebendach-Normalsparren und Gratsparren in die Traufebene ausgeklappt.

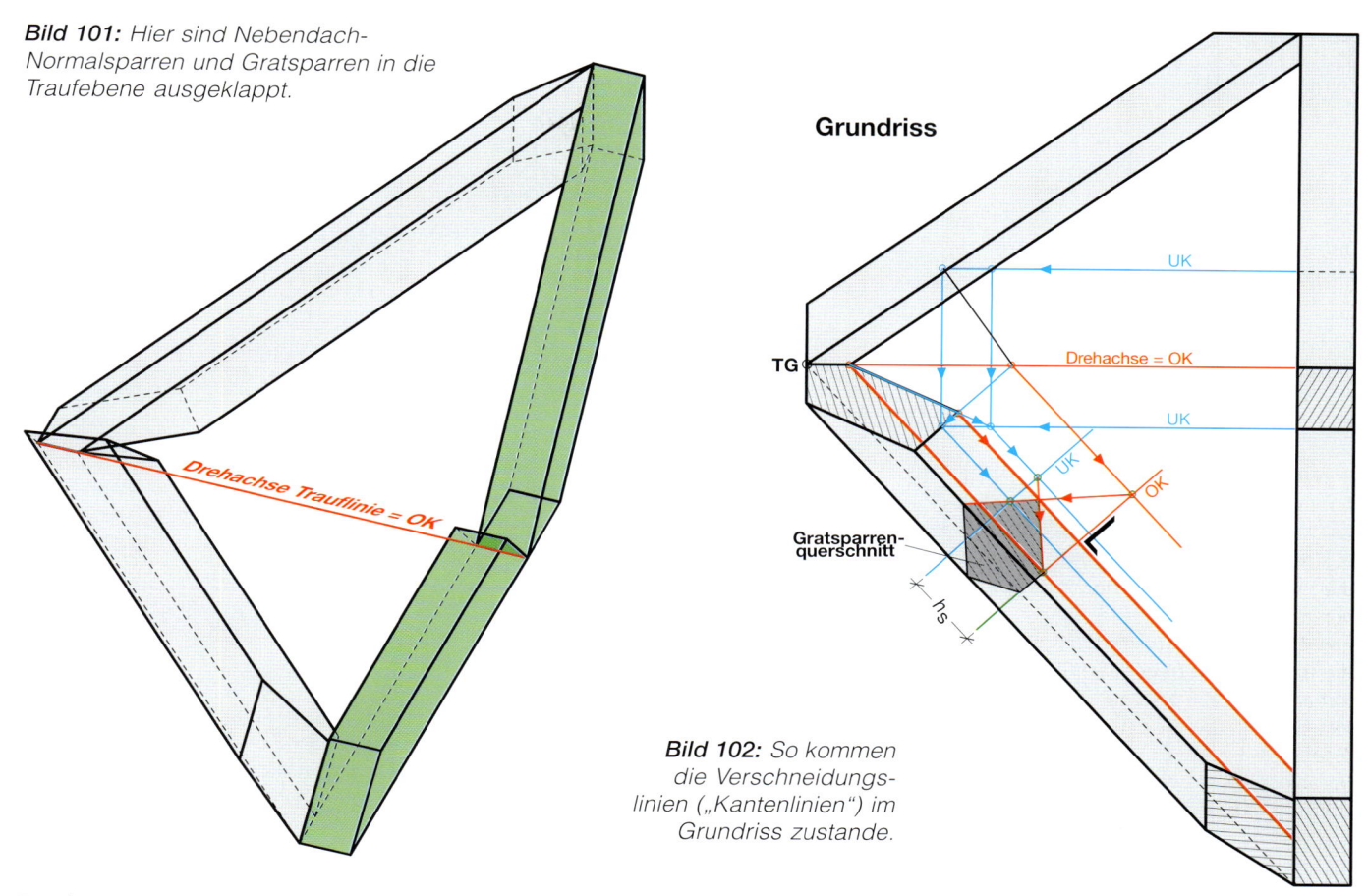

Bild 102: So kommen die Verschneidungslinien („Kantenlinien") im Grundriss zustande.

Zum besseren Verständnis ist in **Bild 101** neben dem Normalsparren auch der Gratsparren in die Abbildungsebene (die Traufebene) ausgeklappt. Betrachtet man nun den Reißvorgang von **Bild 99** anhand des in die Traufebene ausgeklappten Gratsparrens in **Bild 102**, so wird das „Entstehen" der Verschneidungslinien deutlich.

Vom Klauenschifter war bisher noch nicht die Rede, er war für die Ausklappung der Verschneidungslinien auch noch nicht erforderlich. In **Bild 103** ist er nun in den bisherigen Aufriss „eingebaut". Wie der Normalsparren ist er in die Abbildungsebene, die waagerechte Ebene durch die Traufe, ausgeklappt. Der Fußpunkt sieht aus wie beim Normalsparren. Die Klaue ergibt sich durch die eben in die Abbildungsebene entwickelten Verschneidungslinien.

Die Schnittpunkte der Außenkanten des Klauenschifters können in dieser Lage auf das Klauenschifterholz übertragen werden. Zum besseren Verständnis sind der ausgeklappte Gratsparren und der Gratsparrenquerschnitt noch einmal angedeutet. Schließlich ist der ausgearbeitete und umgekantete Klauenschifter mit den nun sichtbaren Klauenschmiegeflächen nach links herausgezeichnet.

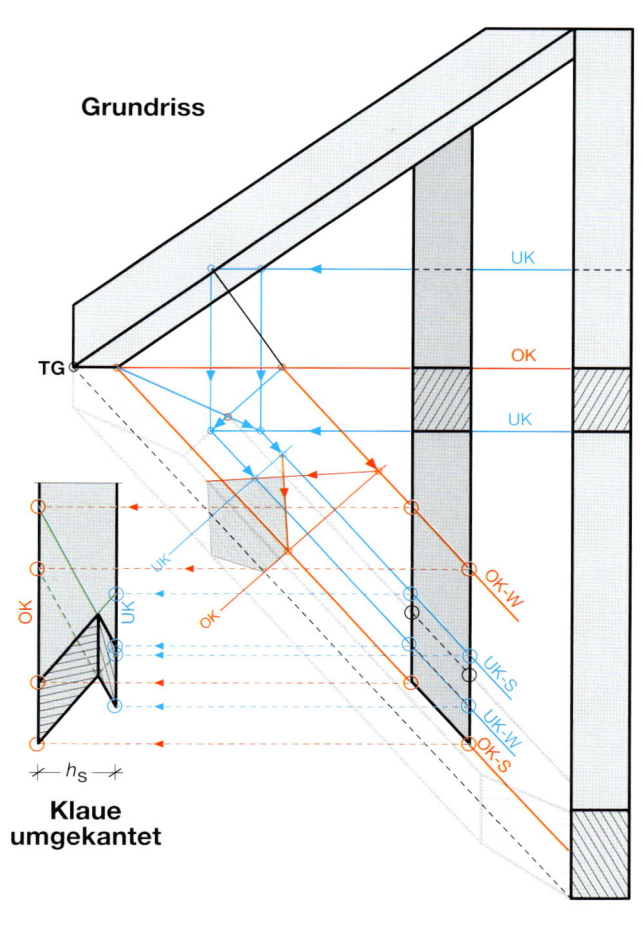

Bild 103: Mit den Verschneidungslinien kann das Schifterholz angerissen werden.

Basiswissen Schiften

Roland Schumacher : Schiftmethoden im Vergleich

Bild 104: Die Situation, in der das Klauenschifterholz angerissen wird: Die Oberkante (die obere Kantenfläche) des Schifters liegt auf der Abbildungsebene auf. Die Verbindungslinien („Anreißlinien") der Punkte auf Ober- und Unterkante sind grün eingezeichnet.

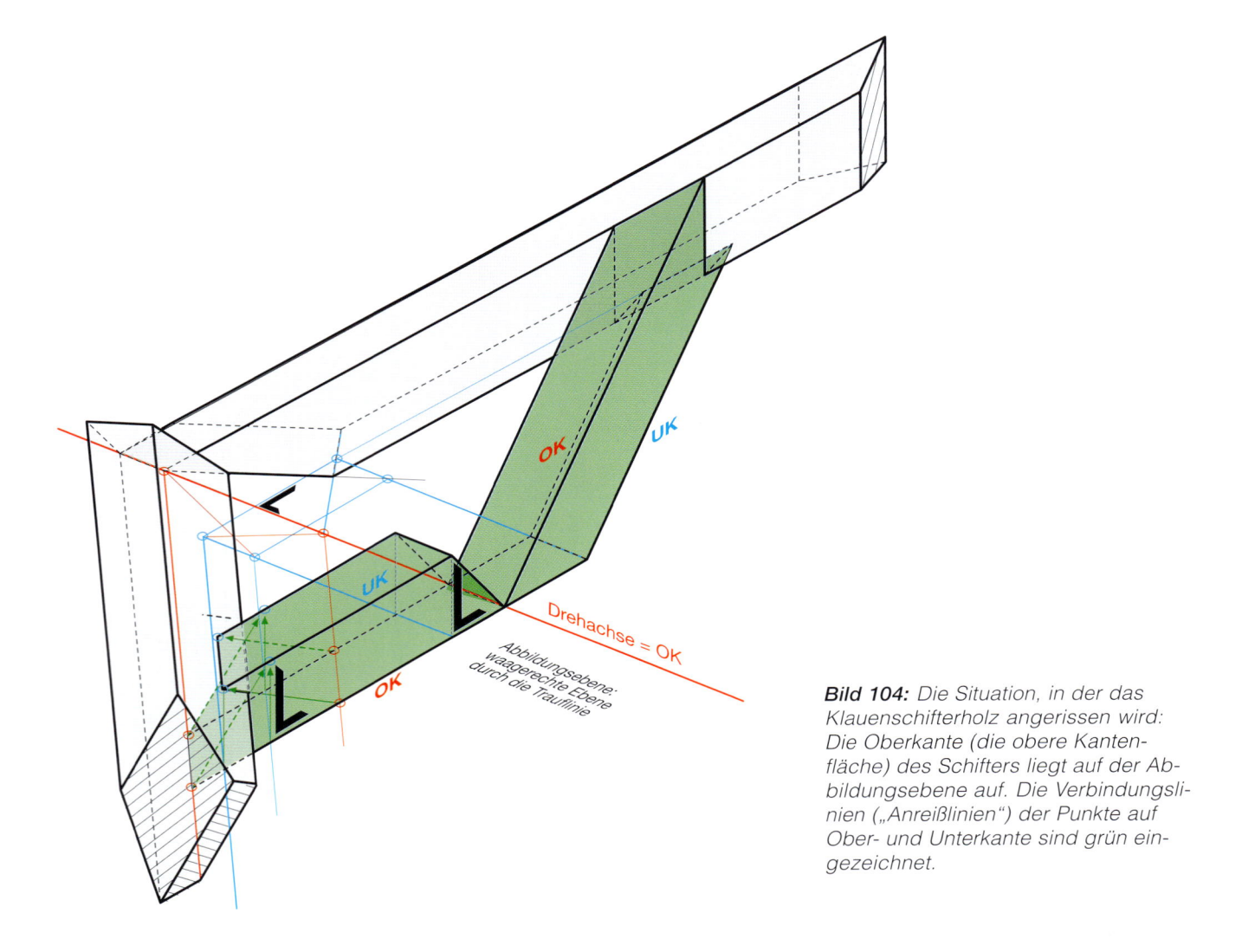

Den Anreißvorgang zeigt **Bild 104** in einer dreidimensionalen Ansicht aus einer neuen Richtung. Dabei sind alle beteiligten Hölzer dargestellt: Gratsparren und Klauenschifter sind in die waagerechte Traufebene (gleichzeitig Ebene der Aufrissplatte und damit Abbildungsebene) ausgeklappt. Die obere Kantenfläche (OK) des Klauenschifters liegt nun unten und unmittelbar auf der Abbildungsebene. Die Punkte auf der unteren Kantenfläche (UK) des Schifterholzes müssen mit Hilfe des Winkeleisens rechtwinklig von der Abbildungsebene zur Kante übertragen werden. **Bild 105** verdeutlicht den Vorgang, wobei nur noch der Grundriss aus dem Aufriss in **Bild 99** und das aufgelegte, bereits ausgearbeitete Klauenschifterholz dargestellt sind.

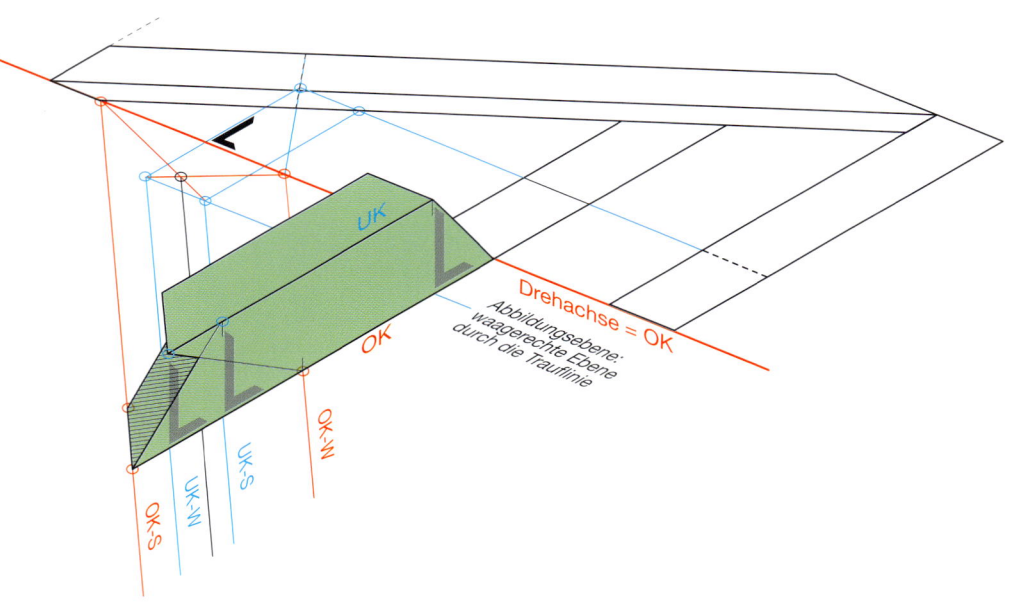

Bild 105: Hier sind alle anderen Hölzer weggelassen; der bereits ausgearbeitete Klauenschifter liegt auf der Abbildungsebene. Die Punkte auf der Unterkante des Klauenschifters werden mit dem Winkeleisen rechtwinklig von der Reißplatte übertragen.

Basiswissen Schiften

F Methode mit abgeklapptem Gratsparrenquerschnitt

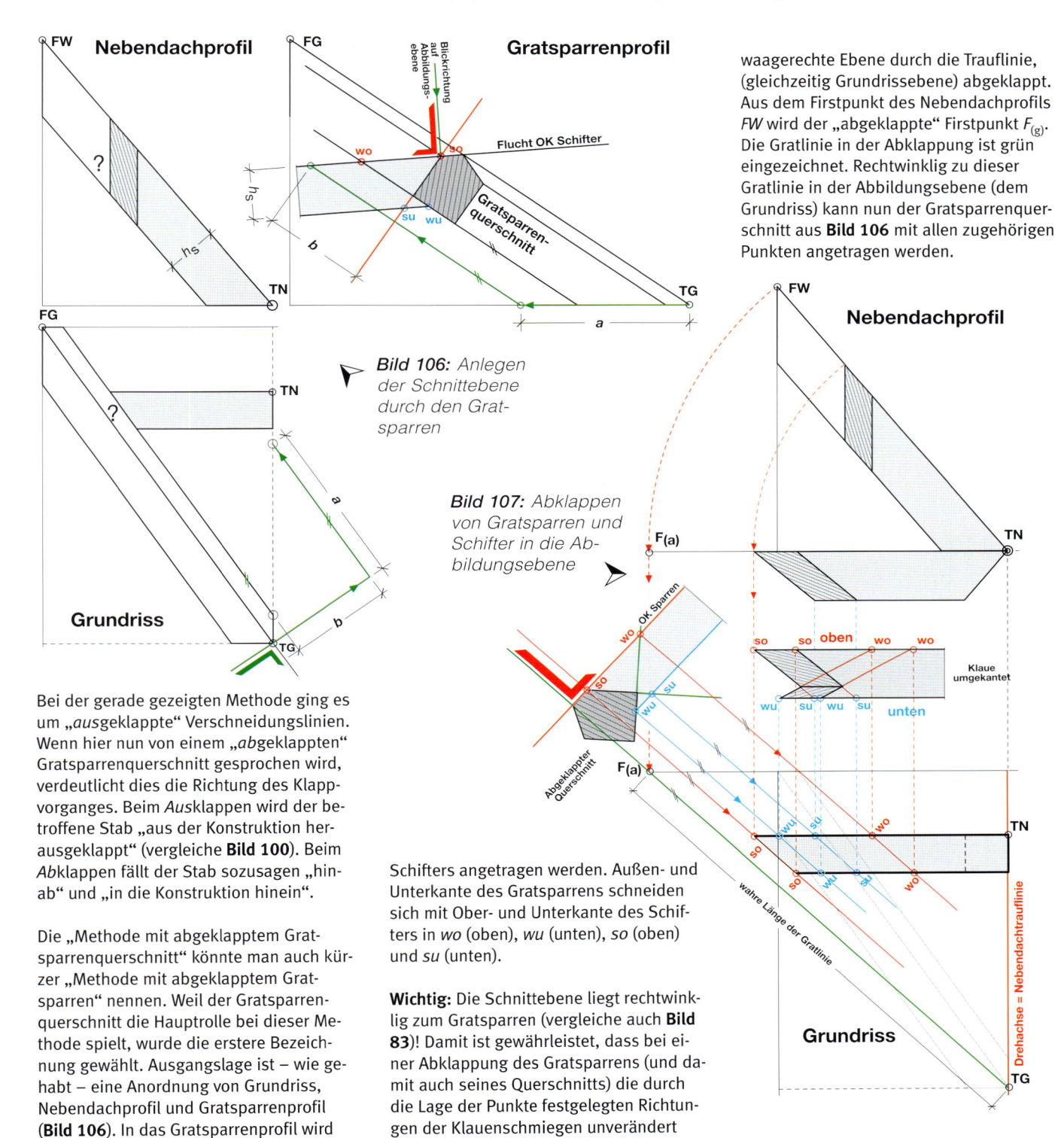

Bild 106: Anlegen der Schnittebene durch den Gratsparren

Bild 107: Abklappen von Gratsparren und Schifter in die Abbildungsebene

waagerechte Ebene durch die Trauflinie, (gleichzeitig Grundrissebene) abgeklappt. Aus dem Firstpunkt des Nebendachprofils FW wird der „abgeklappte" Firstpunkt $F_{(g)}$. Die Gratlinie in der Abklappung ist grün eingezeichnet. Rechtwinklig zu dieser Gratlinie in der Abbildungsebene (dem Grundriss) kann nun der Gratsparrenquerschnitt aus **Bild 106** mit allen zugehörigen Punkten angetragen werden.

Bei der gerade gezeigten Methode ging es um „ausgeklappte" Verschneidungslinien. Wenn hier nun von einem „abgeklappten" Gratsparrenquerschnitt gesprochen wird, verdeutlicht dies die Richtung des Klappvorganges. Beim *Aus*klappen wird der betroffene Stab „aus der Konstruktion herausgeklappt" (vergleiche **Bild 100**). Beim *Ab*klappen fällt der Stab sozusagen „hinab" und „in die Konstruktion hinein".

Die „Methode mit abgeklapptem Gratsparrenquerschnitt" könnte man auch kürzer „Methode mit abgeklapptem Gratsparren" nennen. Weil der Gratsparrenquerschnitt die Hauptrolle bei dieser Methode spielt, wurde die erstere Bezeichnung gewählt. Ausgangslage ist – wie gehabt – eine Anordnung von Grundriss, Nebendachprofil und Gratsparrenprofil (**Bild 106**). In das Gratsparrenprofil wird der rechtwinklig zur Gratsparrenachse angelegte Gratsparrenquerschnitt eingezeichnet. Die Richtung der Abgratung zum Klauenschifter hin wird mit den Strecken *a* und *b* und dem gezeigten Verfahren ermittelt.

An der so entstandenen Oberkante (OK) des Klauenschifters kann die Höhe h_S des Schifters angetragen werden. Außen- und Unterkante des Gratsparrens schneiden sich mit Ober- und Unterkante des Schifters in *wo* (oben), *wu* (unten), *so* (oben) und *su* (unten).

Wichtig: Die Schnittebene liegt rechtwinklig zum Gratsparren (vergleiche auch **Bild 83**)! Damit ist gewährleistet, dass bei einer Abklappung des Gratsparrens (und damit auch seines Querschnitts) die durch die Lage der Punkte festgelegten Richtungen der Klauenschmiegen unverändert bleiben. Nur so können in der Abbildungsebene die wahren Verschneidungslinien erzeugt werden.

Diese Erzeugung der Verschneidungslinien in der Abbildungsebene (der waagerechten Ebene durch die Trauflinie) ist in **Bild 107** gezeigt. Gratsparren und Schifter sind mit Drehachse Nebendachtrauflinie in die

Parallelen zur abgeklappten Gratlinie durch die Punkte *wo*, *wu*, *so* und *su* schneiden sich mit den Außenkanten des abgeklappten Schifters.

Jetzt kann das Schifterholz auf die Abbildungsebene gelegt und angerissen werden.

Basiswissen Schiften

Roland Schumacher : Schiftmethoden im Vergleich

Bild 108 verdeutlicht den Vorgang der Abklappung in einer dreidimensionalen Ansicht. Die Abgratungsfläche des Gratsparrens auf der Nebendachseite liegt im abgeklappten Zustand in der Abbildungsebene, dem Grundriss. Gleichzeitig wurde auch die obere Kantenfläche des Klauenschifters mit der Abbildungsebene in Deckung gebracht.

In **Bild 109** ist das Zustandekommen der Klaue durch die Darstellung des abgeklappten Gratsparrens im Grundriss besser zu erkennen.

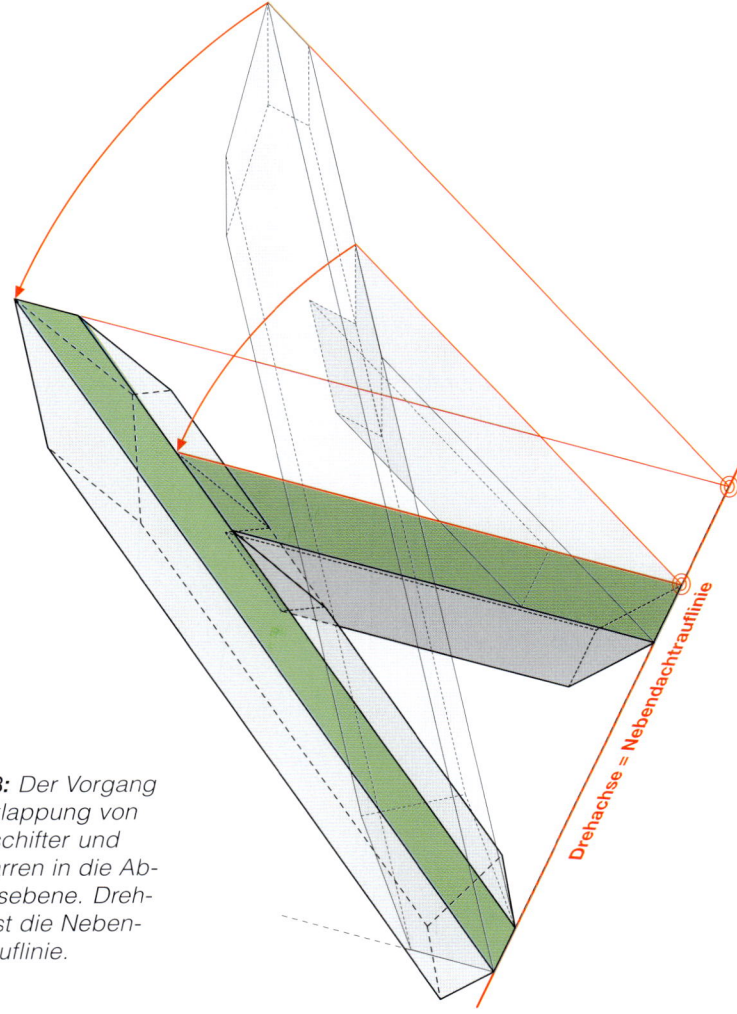

Bild 108: Der Vorgang der Abklappung von Klauenschifter und Gratsparren in die Abbildungsebene. Drehachse ist die Nebendachtrauflinie.

Grundriss

Bild 109: Darstellung der abgeklappten Hölzer mit den in der Abbildungsebene liegenden Flächen

Schlussbemerkung

Alle gezeigten Methoden führen – wenn sie genau genug ausgeführt sind – zum gleichen Ergebnis. Sicherlich wurde aber auch deutlich, dass es mehr oder weniger „umständliche" Methoden gibt, um dieses Ergebnis zu erzielen.

Die „Hohe Schule des Schiftens" besteht nicht darin, den spektakulärsten, elegantesten oder gerade in Mode befindlichen Weg zu beschreiben, sondern jeweils die Methode anzuwenden, die am übersichtlichsten, sichersten und schnellsten zum Ziel führt.

Der Blick dafür, welches „Problem" mit welcher Methode optimal zu lösen ist, ist und bleibt eine Sache der Erfahrung und der eingehenden Beschäftigung mit den Grundlagen des Schiftens: der Geometrie der Ebene und des Raumes.

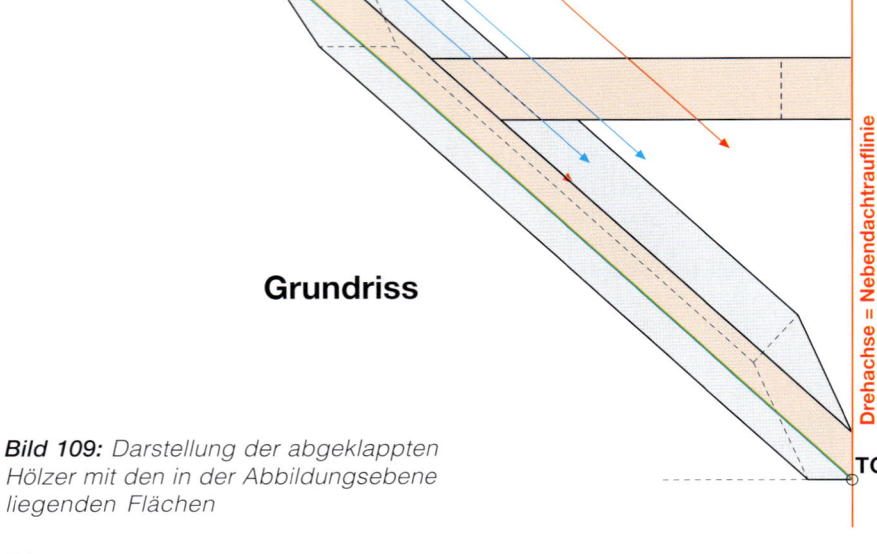

Klauenbug über Eck

Eine „Flächenschiftung" mit Anleitung zum Modellbau

Ein über Eck liegender Klauenbug kann mit Hilfe des „Flächigen Schiftens" ausgetragen und angerissen werden. Die Aufgabe ist leichter nachzuvollziehen, wenn ein Modell gebaut wird.

Thema der Schiftung ist ein „Klauenbug über Eck", wie er in **Bild 110** in verschiedenen Schrägansichten dargestellt ist.

Zum Nachbau als Modell können folgende Holzdimensionen ($b \times h \times l$, Maße in mm) empfohlen werden:

Pfosten (Stab I): 30 x 30 x 130
Schwelle (Stab II): 30 x 30 x 130
Schwelle (Stab III): 30 x 30 x 130
Klauenbug: 25 x 25 x 180

Bild 111 zeigt die Aufgabenstellung mit der Festlegung verschiedener Punkte und den gegebenen Maßen in der Draufsicht und einer Seitenansicht.

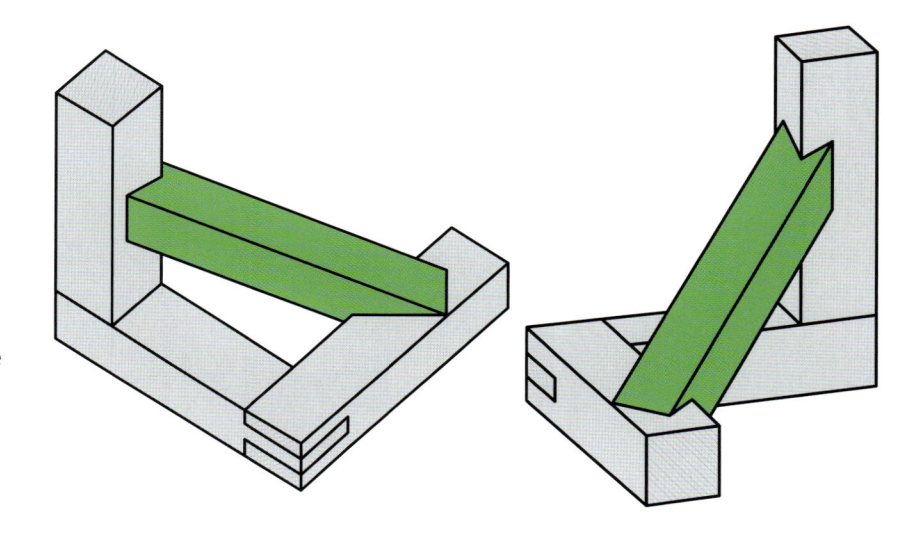

Bild 110: Das Thema der Schiftung, ein „Klauenbug über Eck", in zwei verschiedenen Schrägansichten

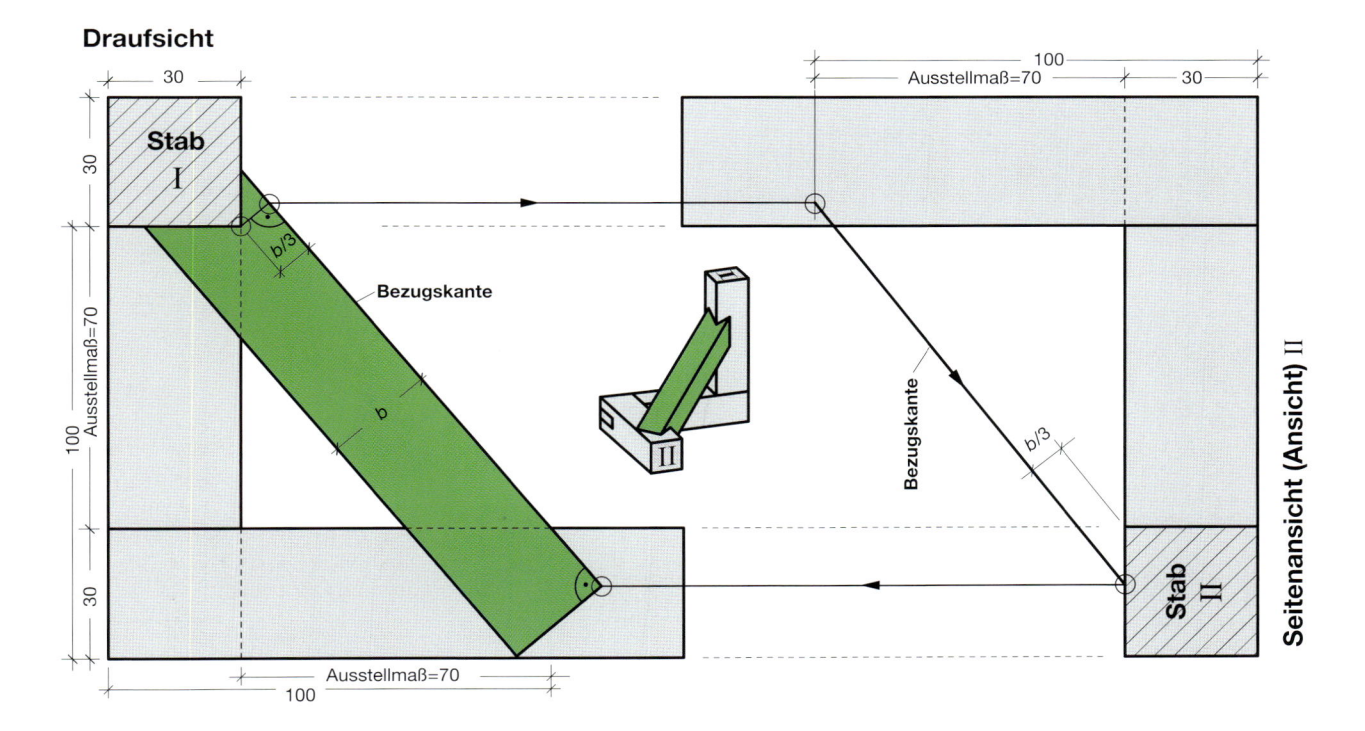

Bild 111: Die Aufgabenstellung mit der Festlegung verschiedener Punkte, der Entwicklung der Bezugskante über zwei Profile und der Bemaßung für die Ausführung als Modell

Die dreidimensionalen Darstellungen wurden mit Hilfe des CAD/CAM-Programmes **DICAM** der **Dietrich's AG** erstellt.

Basiswissen Schiften

Roland Schumacher: Klauenbug über Eck

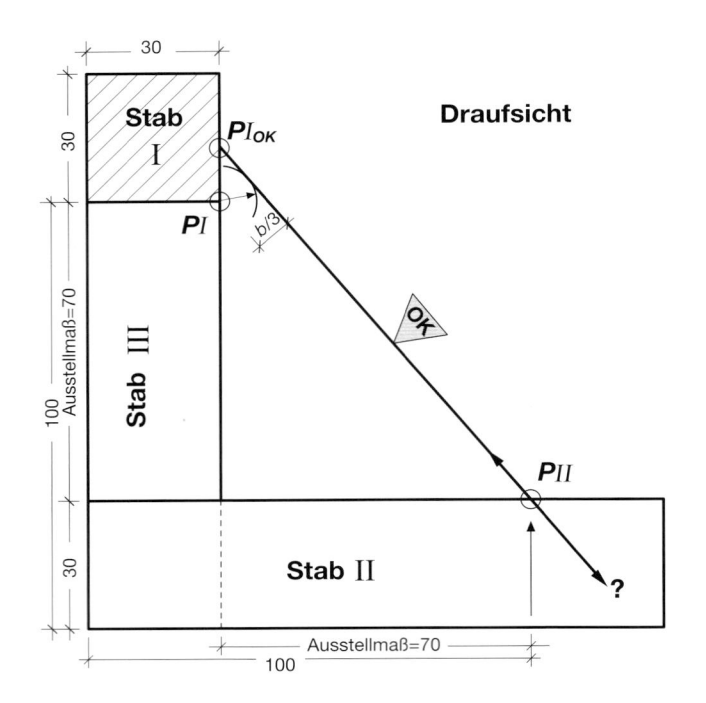

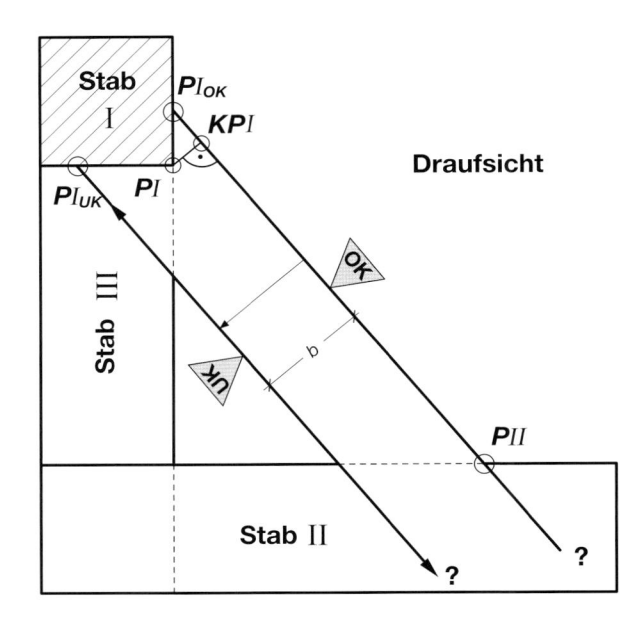

Bild 112: Festlegen der Punkte PI_{OK} und PII und Reißen der „OK-Kante". „OK" bedeutet die Oberkante des Klauenbugholzes, wenn es – später – zum Anreißen auf der Anreißebene (zum Beispiel der Reißplatte) liegt.

Bild 113: Reißen der „UK-Kante" des Klauenbuges als Parallele zur „OK-Kante" im Abstand b. Am Pfosten entsteht der Anfallspunkt PI_{UK}.

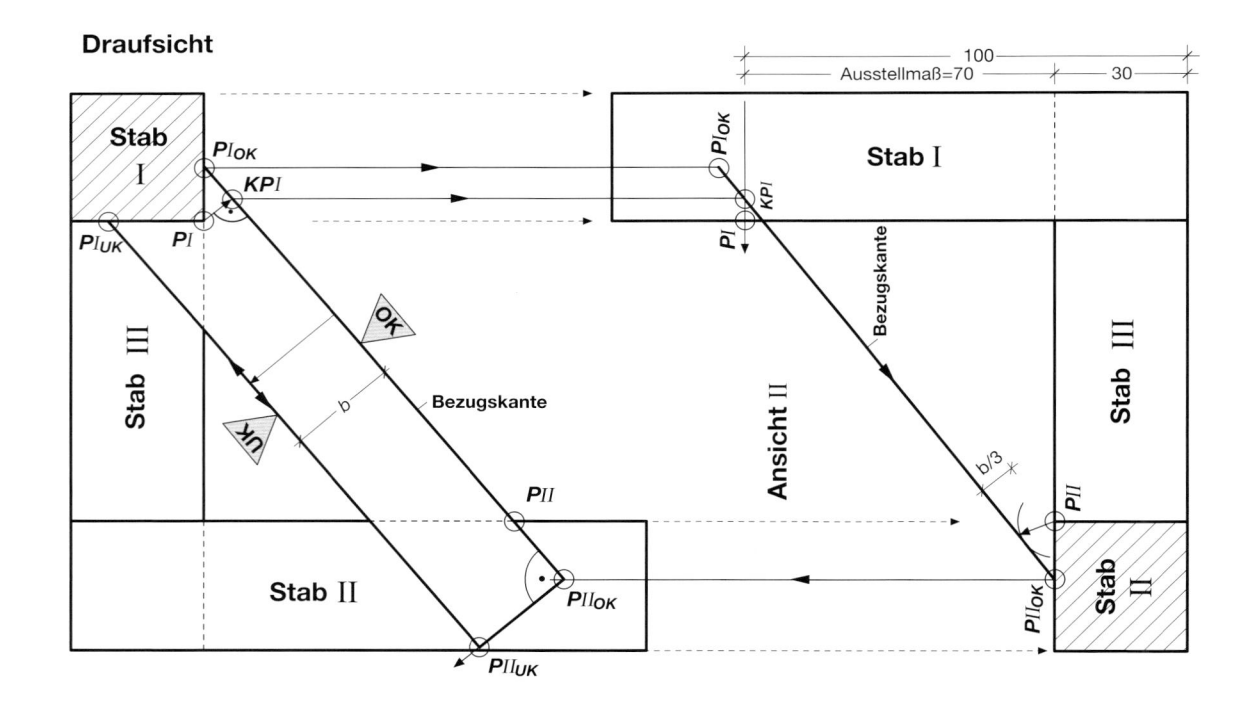

Bild 114: Nach dem Reißen der „UK-Kante" des Klauenbuges sind alle Voraussetzungen gegeben, um eine Einklappung vorzunehmen.

Basiswissen Schiften

Die Schiftung

Die Schiftung beginnt mit dem Reißen der Draufsicht und kann wie folgt ablaufen:

1. Aufreißen der Schwellen (Stäbe II und III) und des Pfostens (Stab I) in der Draufsicht mit den gegebenen Maßen. (**Bild 112**).

2. Festlegen der Anfallspunkte PI und PII des Klauenbuges an Pfosten (Stab I) und Schwelle (Stab II) (**Bild 112**).

3. Einreißen der „**OK**-Kante" des Klauenbugs in der Draufsicht mittels Kreisbogen mit Radius $b/3$ um PI und der Tangente aus PII an den Kreisbogen (**Bild 112**). Am Pfosten entsteht der Anfallspunkt PI_{OK}. Das Ende der Kante an der Schwelle ist noch unbekannt (?).

4. Der aus PI entwickelte Punkt KPI liegt auf gleicher Höhe wie PI, weil er rechtwinklig zur Kante konstruiert wurde (**Bild 113**).

5. Reißen der „**UK**-Kante" des Klauenbugs als Parallele zur eben gezeichneten „**OK**-Kante" im Abstand b (**Bild 113**). Am Pfosten entsteht der Anfallspunkt PI_{UK}. Das Ende dieser Kante an der Schwelle ist ebenfalls noch unbekannt (?).

6. Reißen der Seitenansicht in Achsrichtung von Stab II, der Schwelle (**Bild 114**).

7. Festlegen der Punkte PI auf der Kante des Pfostens und, waagerecht dazu, KPI auf der „**OK**-Kante" des Klauenbugs (**Bild 114**).

8. Ebenfalls auf der „**OK**-Kante" des Klauenbugs lässt sich der Anfallspunkt PI_{OK} festlegen (**Bild 114**).

9. Festlegen des Anfallspunktes PII_{OK} der „**OK**-Kante" des Klauenbugs auf der oberen Kantenfläche der Schwelle (Stab II). Dies geschieht durch Beschreiben des Kreisbogens mit Radius $b/3$ um PII und Anlegen der Tangente aus KPI an diesen Kreisbogen (**Bild 114**).

10. In der Draufsicht lässt sich nun Punkt PII_{OK} auf der oberen Kantenfläche der Schwelle (Stab II) eindeutig fixieren.

11. Punkt PII_{UK} ergibt sich in der Draufsicht im Schnittpunkt der Rechtwinkligen zur „**OK**-Kante" mit der „**UK**-Kante" (**Bild 114**).

Die obere Kantenfläche des Klauenbugs ist nun eindeutig definiert und sieht in der Seitenansicht aus wie in **Bild 115** gezeigt. In dieser Seitenansicht liegt die obere Kantenfläche des Klauenbugs (und damit auch der Klauenbug selbst) verkantet. Die Höhe h des Klauenbugs (mit 25 mm) lässt sich hier nicht antragen, weil die Dimension nicht in der wahren Größe erscheint.

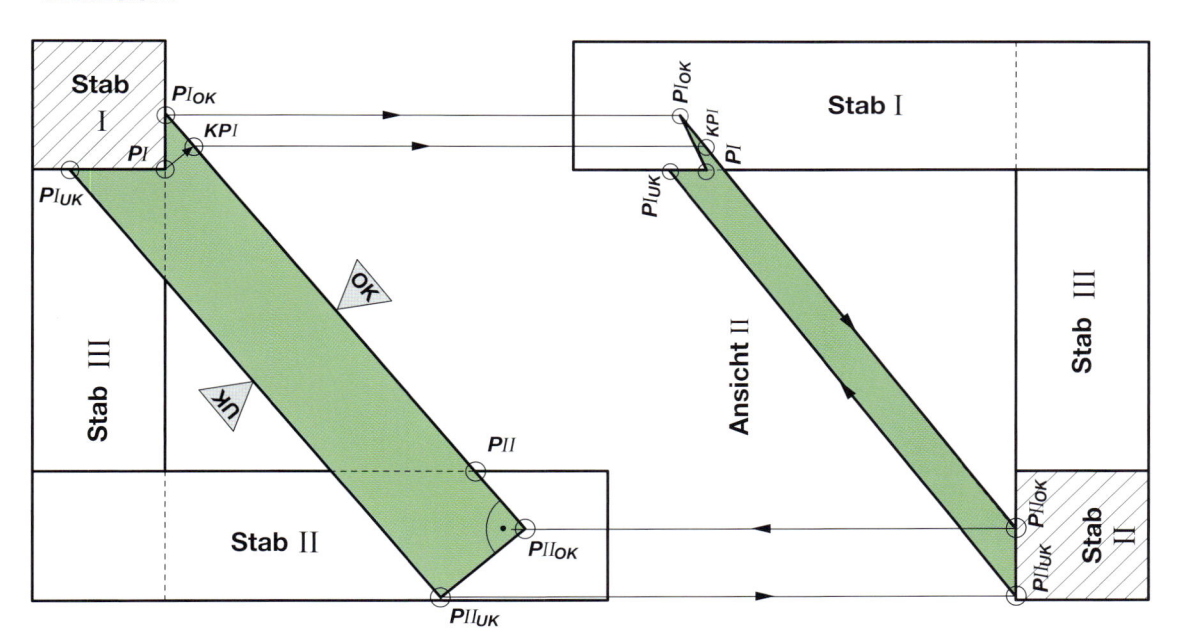

Bild 115: Die obere Kantenfläche des Klauenbuges ist eindeutig festgelegt.

Basiswissen Schiften

Roland Schumacher: Klauenbug über Eck

Die Situation wird verdeutlicht durch die Isometrie der Konstruktion in **Bild 116**.

Zum Antragen der Klauenbughöhe $h = 25$ mm muss der Klauenbug in eine Ebene geschwenkt werden, die rechtwinklig zur Ansicht steht. Mit anderen Worten: es ist eine Einklappung des Klauenbugs auf seine Seitenfläche erforderlich.

Bild 116: Dreidimensionale Ansicht der nun eindeutig definierten oberen Kantenfläche des Klauenbugs.

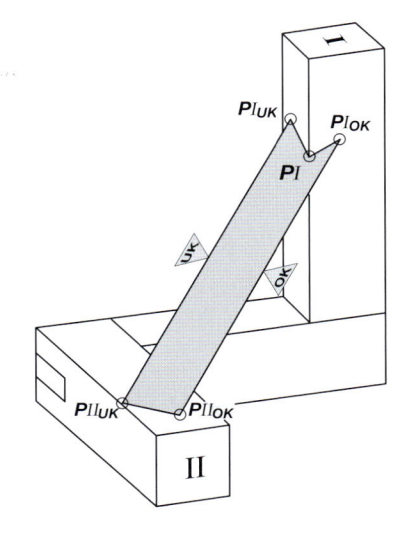

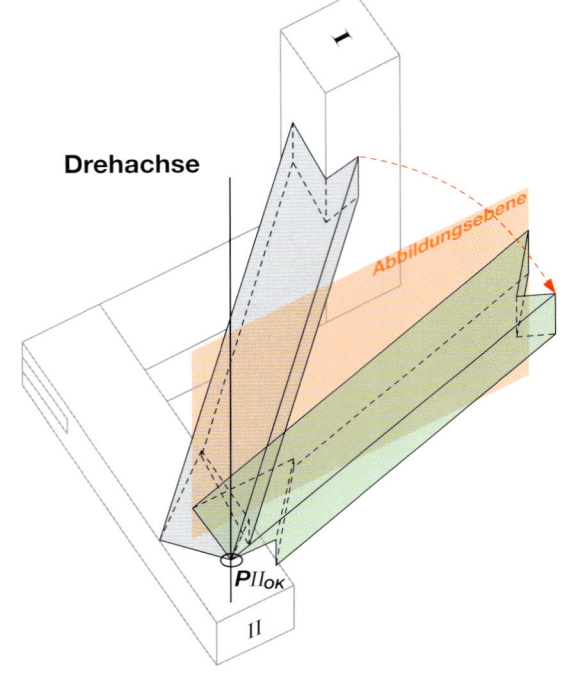

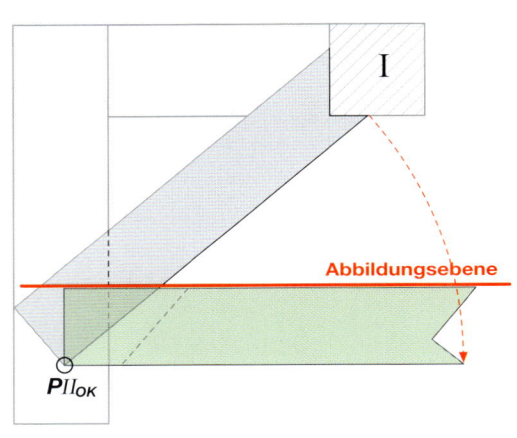

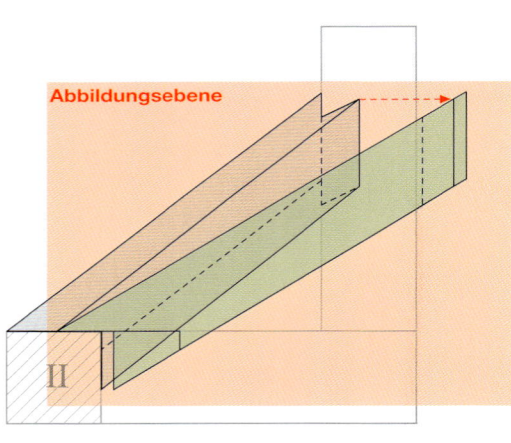

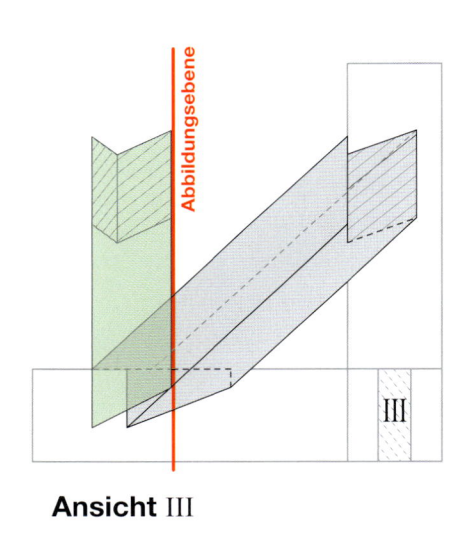

Draufsicht

Ansicht II

Ansicht III

Bild 117: Verschiedene Ansichten des Einklappvorganges. Drehachse (Klappachse) ist die Senkrechte durch Punkt PII.

Einklappen des Klauenbugs

Als Klappachse wird hier die Senkrechte durch Punkt PII_{OK} gewählt. Den Klappvorgang zeigt **Bild 117** in verschiedenen Ansichten. Der Reißvorgang ist in **Bild 118** mit Zirkelschlägen und in **Bild 119** mit Maßlatte dargestellt.

Basiswissen Schiften

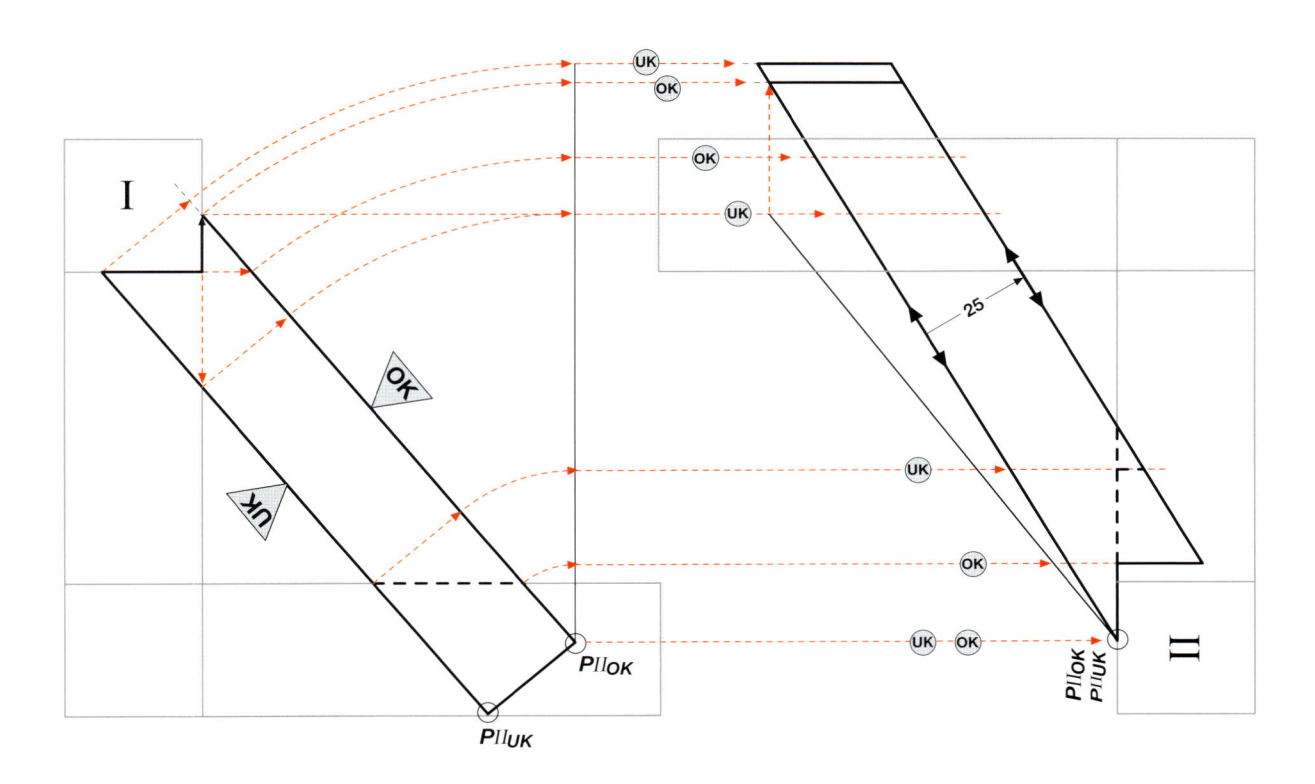

Bild 118: Einklappen des Klauenbugs mit Zirkelschlägen

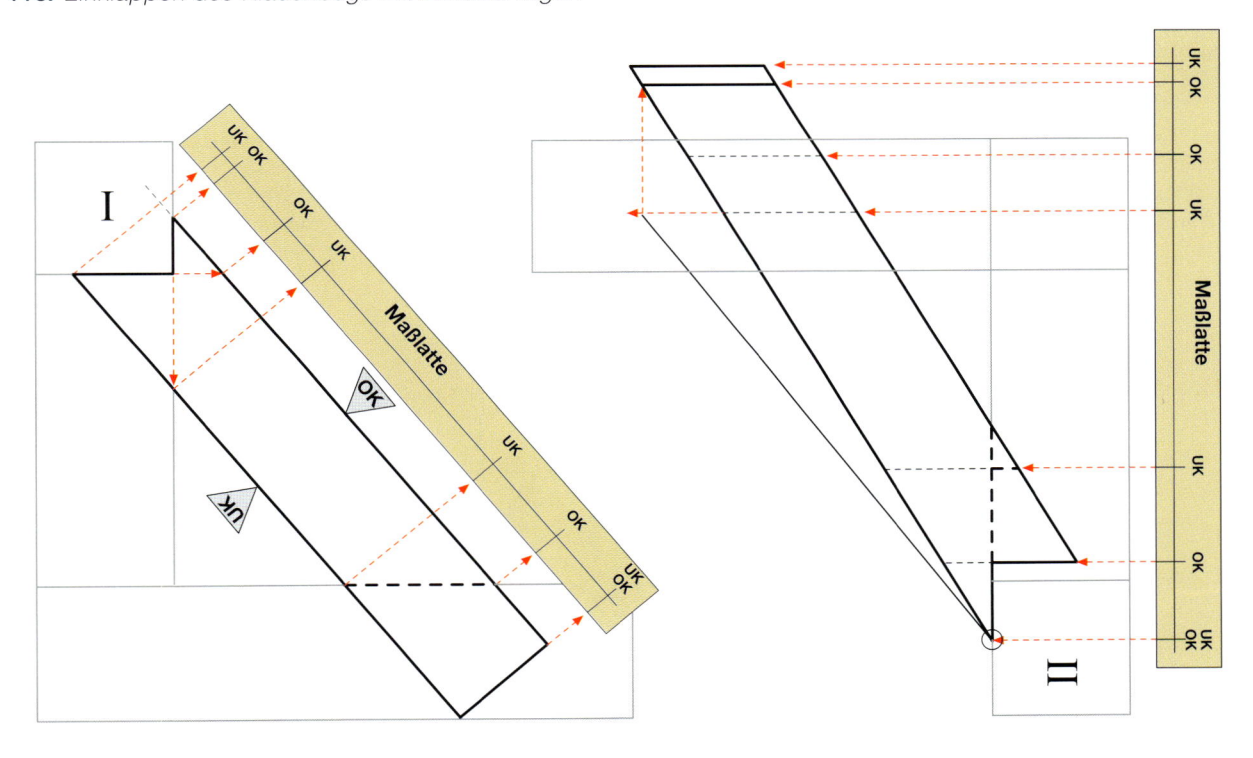

Bild 119: Einklappen des Klauenbugs mit Maßlatte

Durch das Einklappen des Klauenbugs werden die Senkelrisse in die „wahre" Seitenansicht übertragen. In dieser Darstellung kann das Klauenbugholz auf den Aufriss gelegt und angerissen werden.

Die Ausgangssituation für das Einklappen ist in **Bild 114** am besten erkennbar: In der Draufsicht ist die „**UK**-Kante" und in der Seitenansicht die „**OK**-Kante" eindeutig festgelegt. Die gewählte Drehachse verläuft durch den Endpunkt PII_{OK} der „**OK**-Kante". Deshalb ist es erforderlich, die auf der „**UK**-Kante" liegenden Punkte rechtwinklig auf die „**OK**-Kante" zu übertragen (**Bild 118** und **Bild 119**).

Basiswissen Schiften

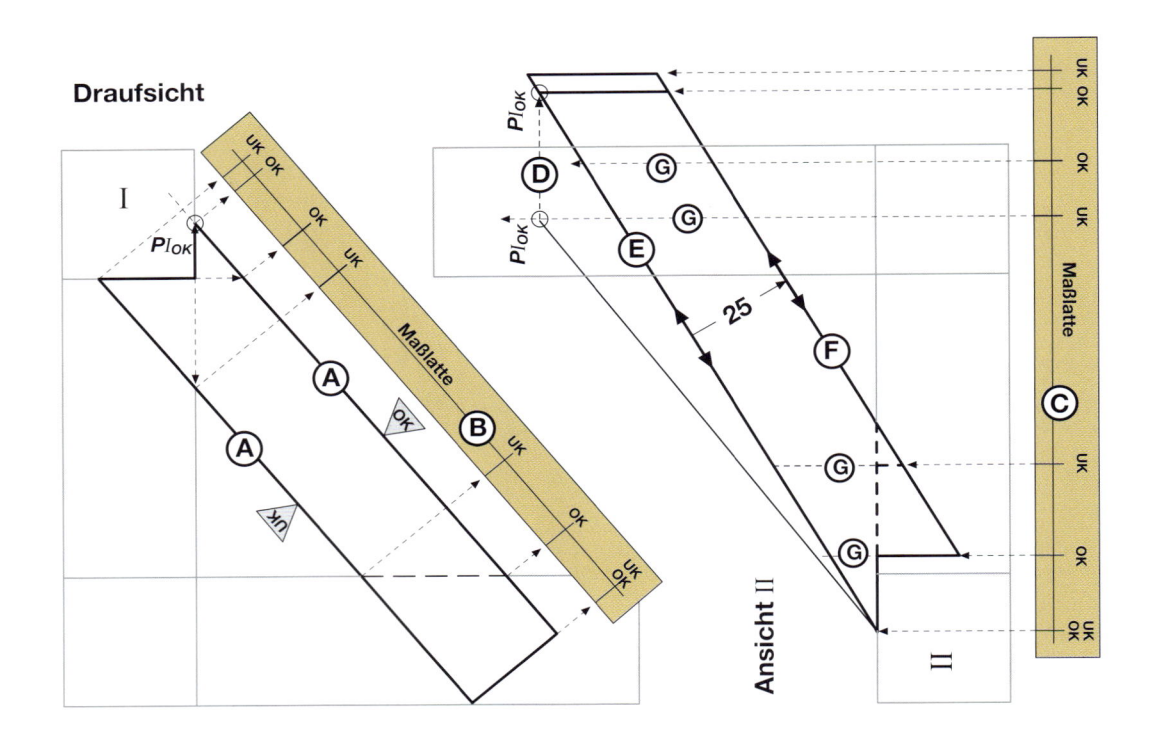

Bild 120: Mögliche Vorgehensweise beim Aufreißen

Die Reihenfolge bei der Ausklappung ist in **Bild 120** noch einmal schrittweise dargestellt:

A „**OK**-Kante" und „**UK**-Kante" des Klauenbugs sind in Draufsicht und Seitenansicht festgelegt.

B Parallel zum Klauenbug-Grundriss werden die Maßlatte gefertigt und die erforderlichen „**OK**"- und „**UK**"-Punkte übertragen.

C Die Maßlatte wird unter die Seitenansicht angelegt und aus den „**OK**"- und „**UK**"-Punkten werden senkrechte Linien nach oben gerissen.

D Punkt Pl_{OK} wird nun waagerecht verschoben.

E Er bezeichnet den Anfallspunkt der wahren Neigungslinie des Klauenbugs in der Seitenansicht.

F Rechtwinklig zu dieser Linie wird die Klauenbughöhe $h=25$ mm angetragen. Die untere Kante des Klauenbugs liegt damit fest.

G Die Abschnitte ergeben sich aus den Begrenzungslinien des Klauenbugs und den Senkrechten der Maßlatte.

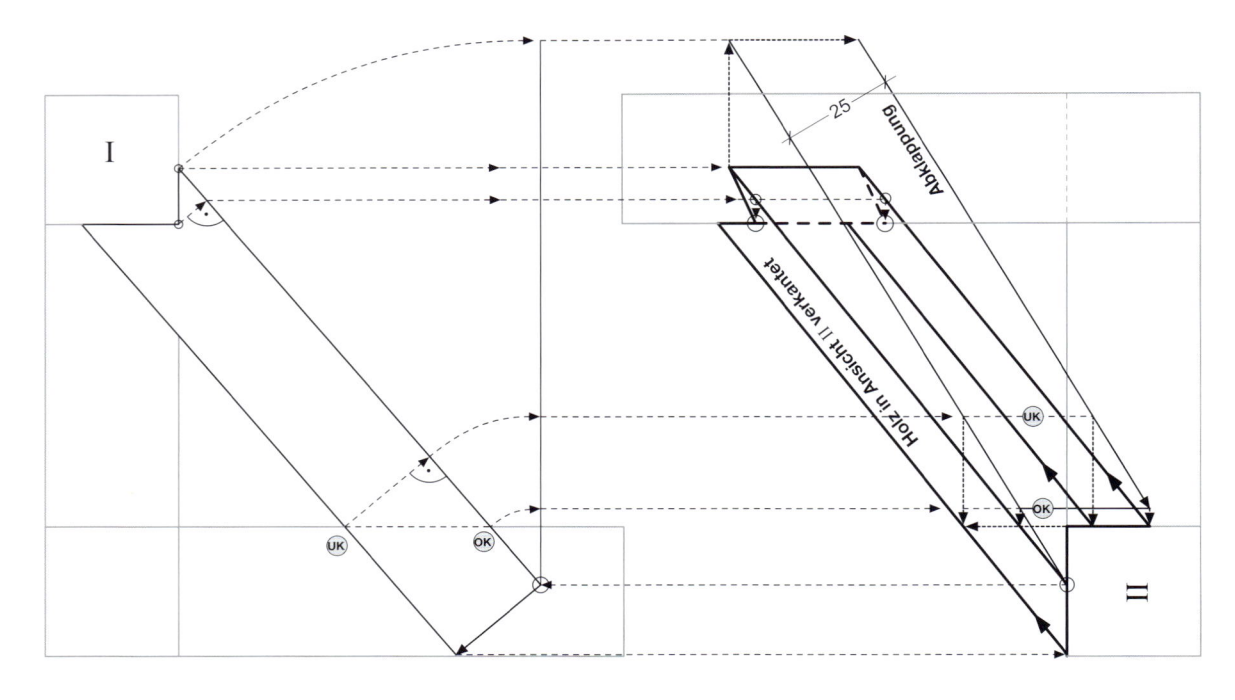

Bild 121: Vorgehensweise bei der Darstellung des Klauenbugholzes in der Seitenansicht (Ansicht II)

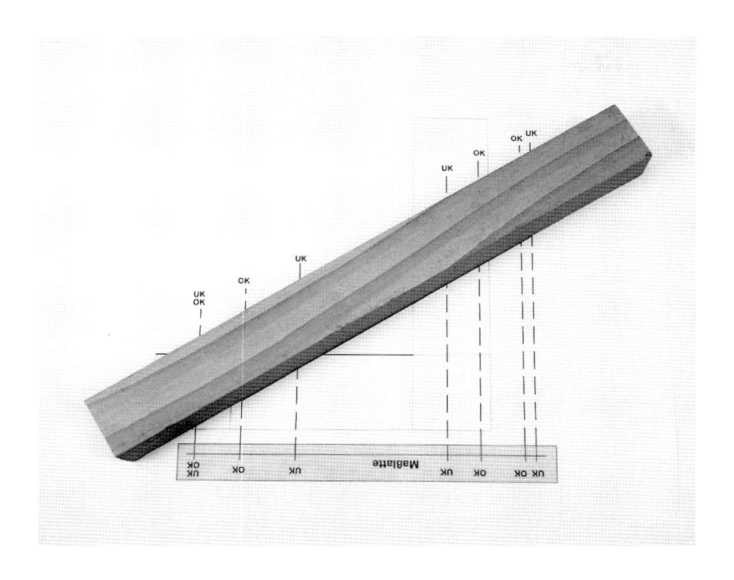

Bild 122: Das Klauenbugholz wird mit der „OK-Seite" nach oben auf den Aufriss gelegt.

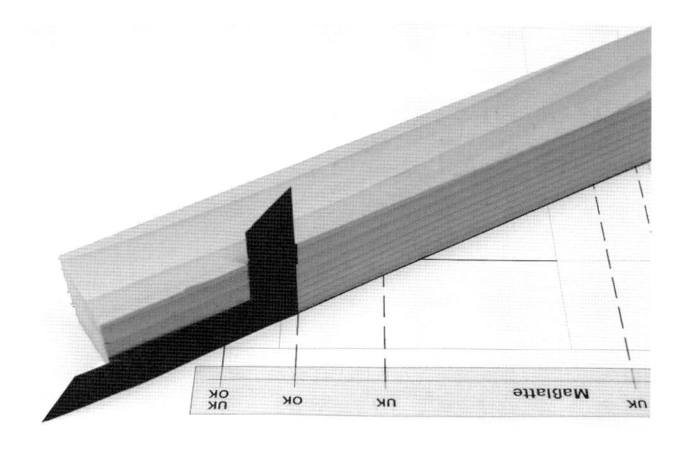

Bild 123: Die Risse werden rechtwinklig auf das Holz übertragen. „OK-Risse" an der oberen, „UK-Risse" an der unteren Kante des Holzes.

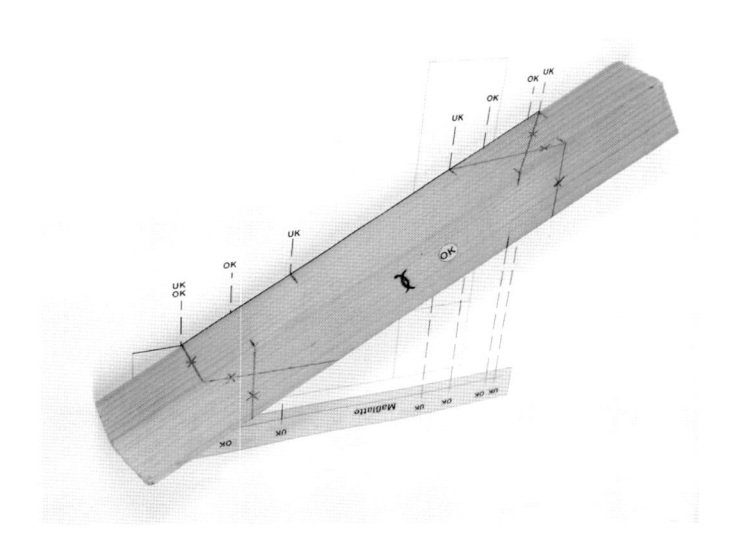

Bild 124: Sind die entsprechenden Risse miteinander verbunden, können die Kerven ausgearbeitet werden.

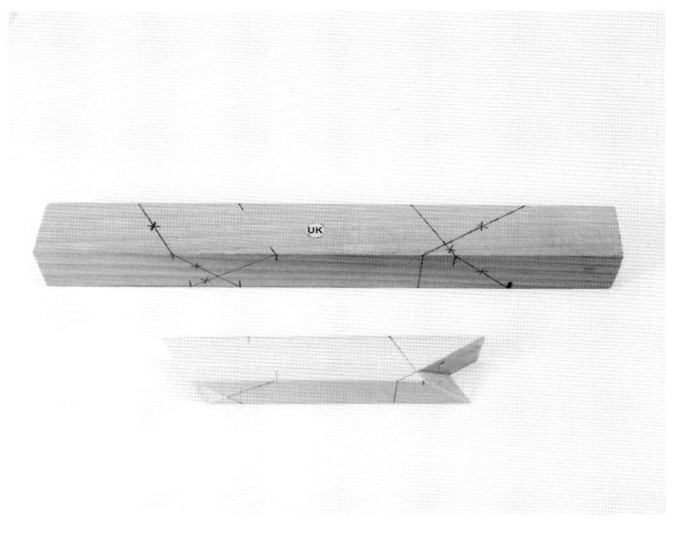

Bild 125: Angerissenes und ausgearbeitetes Holz (etwas kleiner) liegen hier nebeneinander.

In diesem Zusammenhang soll auch gleich gezeigt werden, wie der Aufriss des Klauenbugholzes in der Seitenansicht (Ansicht II) aussieht (**Bild 121**).

Es wird wieder ausgegangen von der Situation in **Bild 114**. Nach der Abklappung der „**OK**-Kante" wird in der „wahren" Seitenansicht des Klauenbugs dessen Höhe $h=25$ mm angetragen und die untere Kante gerissen. Da der Klauenbug waagerecht abgeklappt wurde, können auch die Schnittpunkte der Senkelrisse (zum Beispiel der Fußkerve „**OK**" und „**UK**") waagerecht übertragen werden, wie dies nach den Pfeilen in **Bild 121** geschehen ist.

Anreißen des Klauenbugholzes

Für das Anreißen des Klauenbugholzes wird die Ausklappung (**Bilder 118** bis **120**) benötigt. Damit die Senkelrisse und der Waageriss (Oberkante Schwelle II) auf das Holz übertragen werden können, müssen sie im Aufriss etwas über die Kanten des Klauenbuges hinausgerissen werden.

Den Anreißvorgang verdeutlichen die **Bilder 122** bis **125**. Das fertige Modell zeigt **Bild 126** auf Seite 62.

Basiswissen Schiften

Roland Schumacher: Klauenbug über Eck

Bild 126: *Das fertige Modell*

Mandala-Dach

Eine „ausgefallene" Dachkonstruktion über achteckigem Grundriss

Die Idee der selbsttragenden Dachkonstruktion stammt von dem Engländer Graham Brown. Sparren werden kreisförmig so angeordnet, dass jeweils einer mit einer Einkerbung auf dem nächsten aufliegt. Die Grundrisse können aus Vielecken mit fast beliebig vielen Ecken bestehen.

Der Begriff

„Mandala" kommt aus der indischen Sanskrit-Sprache und bedeutet „Ring", „Kreis". Ein Mandala ist eine mystische Darstellung und versinnbildlicht in den Religionen des indischen Kulturkreises den gesamten Kosmos und die Götterwelt. Der Name „Mandala-Dach" entstand im Zusammenhang mit dem ringförmigen Grundriss der Konstruktion.

Das Konstruktionsprinzip

Das Konstruktionsprinzip (**Bild 127**) ist weniger kompliziert als es aussieht. Bei dem gezeigten Beispiel besteht die Dachkonstruktion aus acht gleichen Sparren, die an Traufe und First jeweils einen waagerechten Abschnitt aufweisen. **Bild 128** zeigt eine Draufsicht auf die Konstruktion. Zum Nachbau als Modell können acht Latten beziehungsweise Rahmenhölzer 4 cm/ 6 cm, gehobelt auf die Fertigmaße b = 3,5 cm und h = 5,5 cm und einer für den vollständigen Anriss ausreichenden Länge l von rund 90 cm empfohlen werden.

Die Aufgabenstellung

Bild 129 zeigt die Aufgabenstellung. Die Neigung der einzelnen Sparren soll 30° betragen. Die Grundrissmaße sind wie folgt vorgegeben:

r	= Innenradius	= 8,0 cm
R	= Außenradius	= 45 cm
a	= Abstandsmaß vom Mittelpunkt (M)	= 8,0 cm.

Der Aufriss lässt sich unschwer anhand von **Bild 129** nachvollziehen. Schrittweise ausgeführt kann er so aussehen:

- Festlegen des Mittelpunktes *M* in der Weise, dass auf der Aufreißplatte genü-

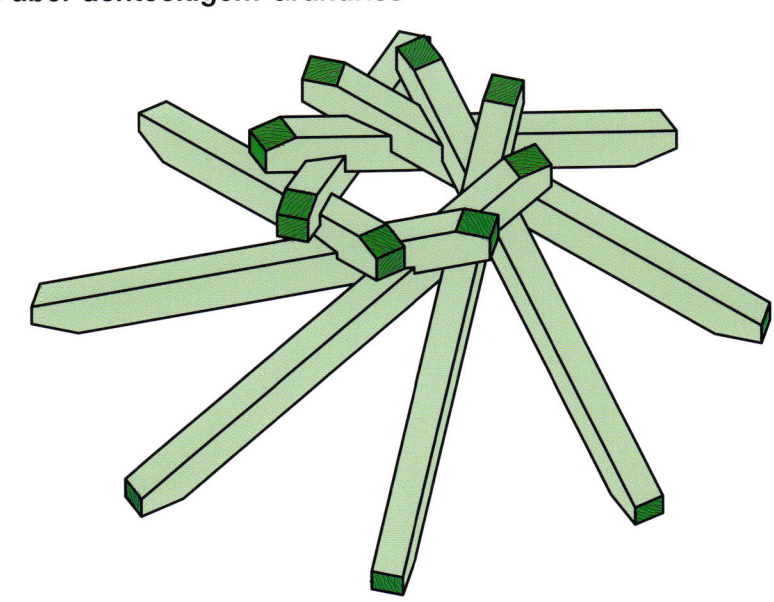

Bild 127: Konstruktionsprinzip des Mandala-Daches: Gleiche Sparren sind so angeordnet, dass sie sich selbst tragen.

Bild 128: Draufsicht auf das „Mandala-Dach"

Die dreidimensionalen Darstellungen wurden mit Hilfe des CAD/CAM-Programmes **DICAM** der **Dietrich's AG** erstellt.

Roland Schumacher: Mandala-Dach

gend Platz für den Außenkreis mit Radius $R=45$ cm und nach oben für den Aufriss des Sparrenprofils zur Verfügung steht.

- Aufreißen (eventuell nur im benötigten Bereich) des Außenkreises mit Radius $R=45{,}0$ cm.
- Aufreißen des Innenkreises mit Radius $r=8{,}0$ cm.
- Reißen der „**UK**-Kante" des ersten Sparrens (Stab I) im Abstand a zur Waagerechten durch den Mittelpunkt M. Als „**UK**-Kante" wird die Seite des Stabes bezeichnet, die später auf der Abbildungsebene unten liegt!
  Es folgen das Antragen der Sparrenbreite b und das Reißen der restlichen Grundlinien von Stab I.
- Reißen der Bezugslinie von Traufgrundpunkt $T1G$ nach M.
- Reißen der Bezugslinie für Stab II aus Mittelpunkt M mit Innenwinkel 45° nach $T2G$. Die Tangente an den Innenkreis fixiert die Lage von Stab II.
  Nun wieder Antragen der Sparrenbreite b und Reißen der restlichen Grundlinien von Stab II.
- Reißen des Profils von Stab I über dem Grundriss mit Neigung 30° und Höhe h. Die Höhe des Senkelschnitts am Traufabschnitt kann beliebig gewählt werden.

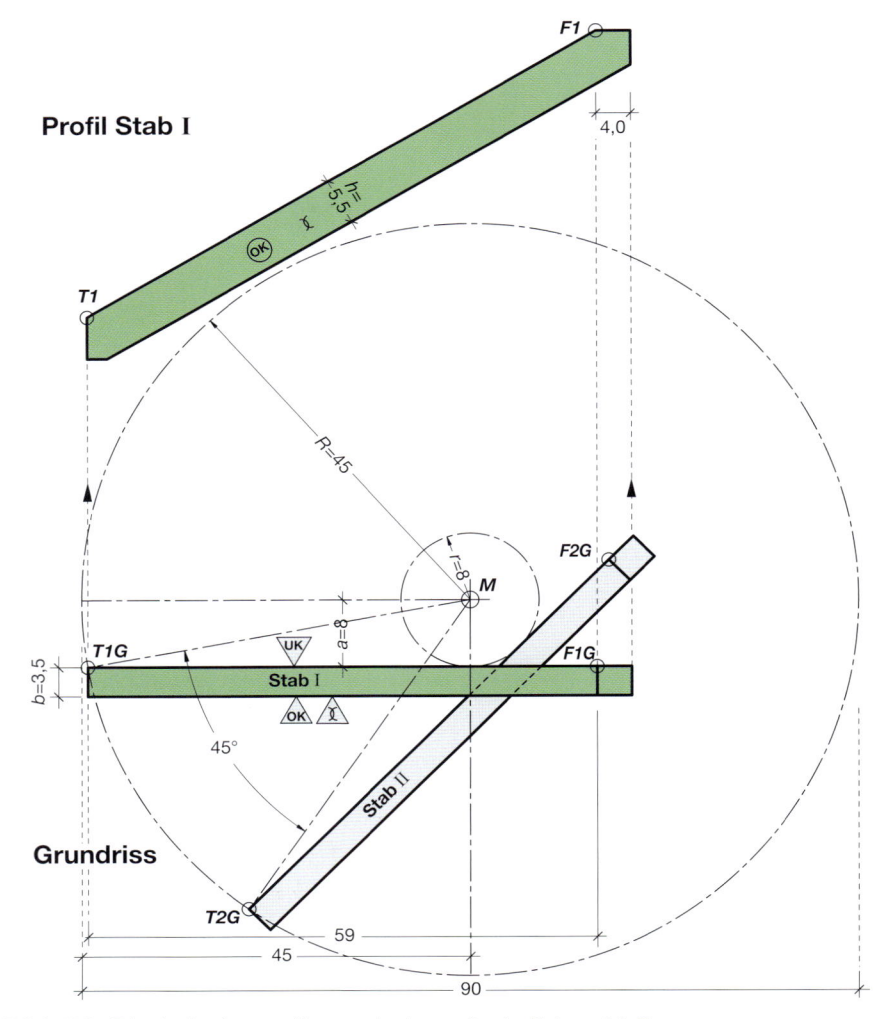

Bild 129: Die Aufgabenstellung mit den erforderlichen Maßen

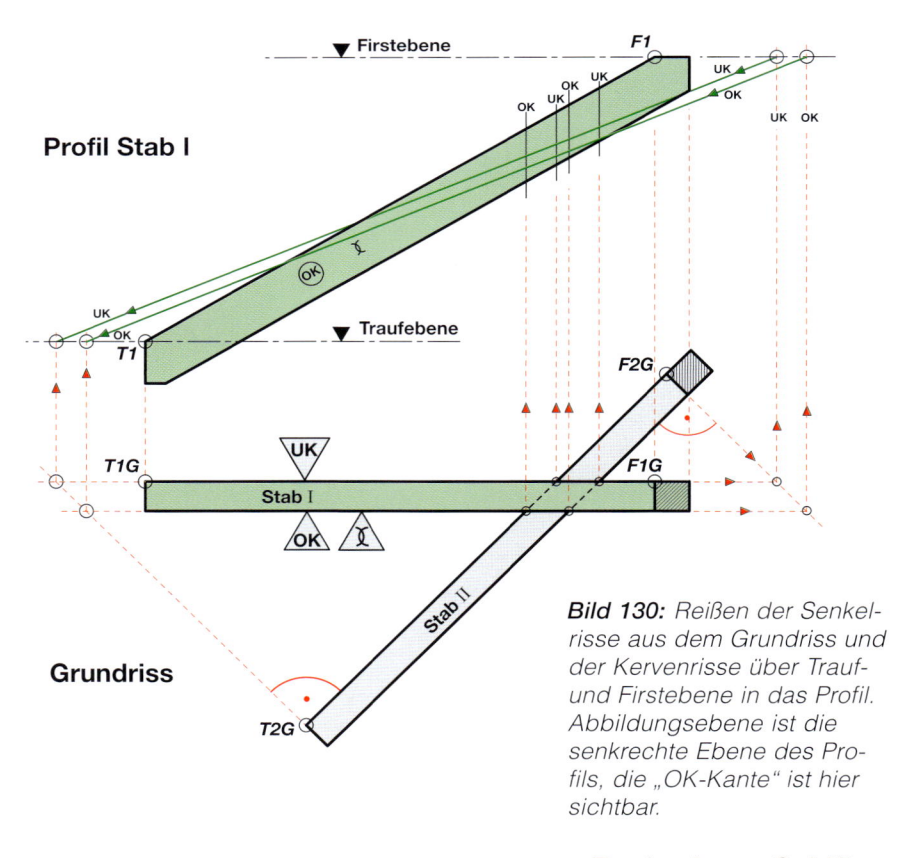

Die Schiftung

Bild 130 zeigt, wie die Geometrie der Kerve in Stab I aus dem Grundriss in das Profil (und damit in die Anreißebene) übertragen wird. Dabei bedient man sich der Tatsache, dass alle Traufpunkte aller Stäbe und genauso alle Firstpunkte aller Stäbe jeweils auf gleicher Höhe und damit jeweils auf der gleichen Ebene, der Traufebene beziehungsweise der Firstebene, liegen (**Bild 131**).

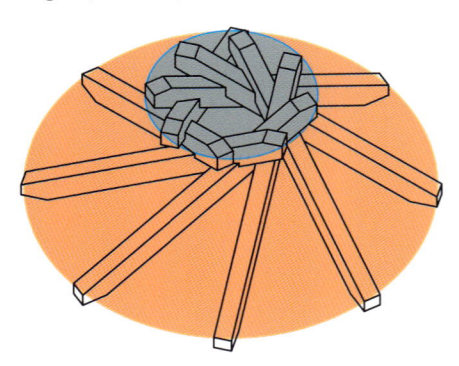

Bild 131: Die waagerechten Ebenen der Trauf- und Firstpunkte

Bild 130: Reißen der Senkelrisse aus dem Grundriss und der Kervenrisse über Trauf- und Firstebene in das Profil. Abbildungsebene ist die senkrechte Ebene des Profils, die „OK-Kante" ist hier sichtbar.

Roland Schumacher: Mandala-Dach

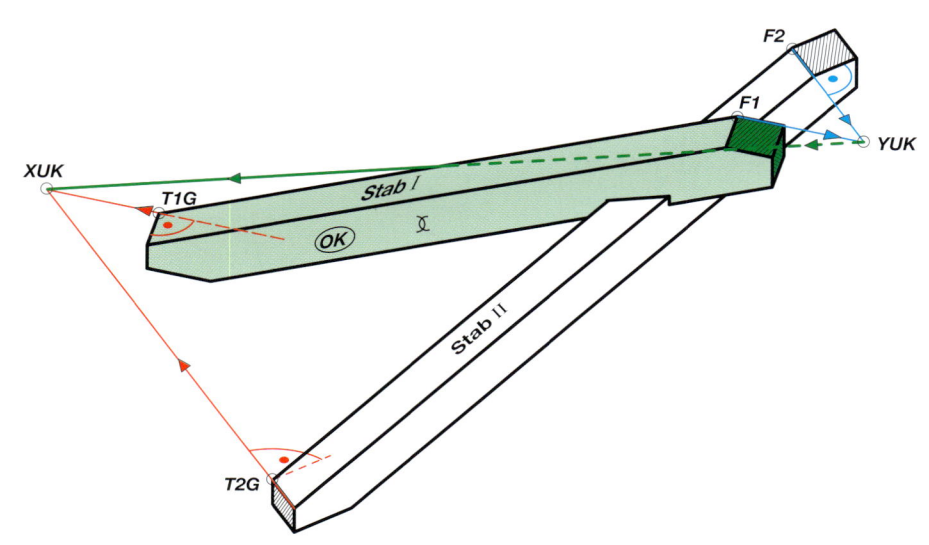

*Bild 132: Der Reißvorgang für UK-Kante aus **Bild 4** im Schrägbild*

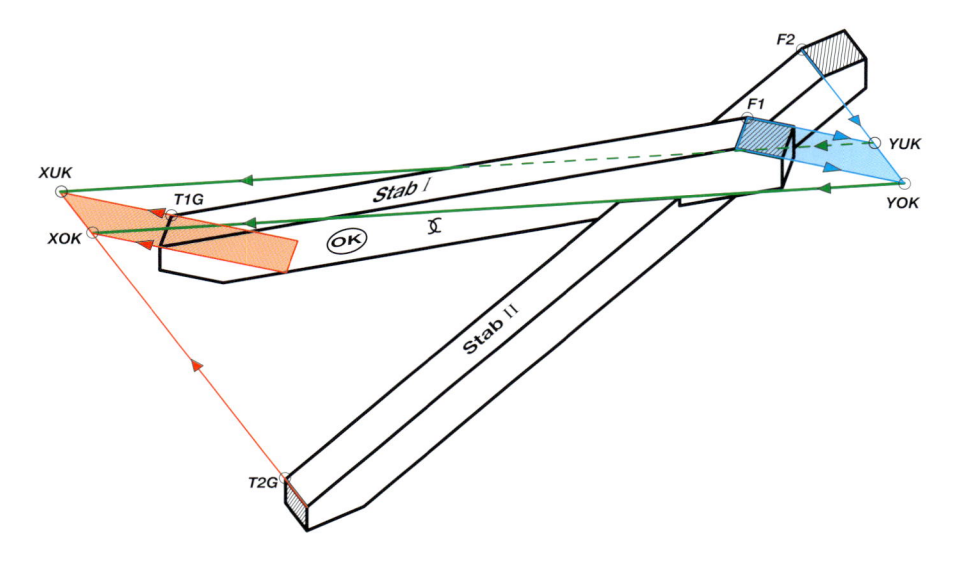

Bild 133: Der gesamte Reißvorgang. Die Farben: rot = Traufebene, blau = Firstebene, grün = "Oberflächenebene" von Stab II.

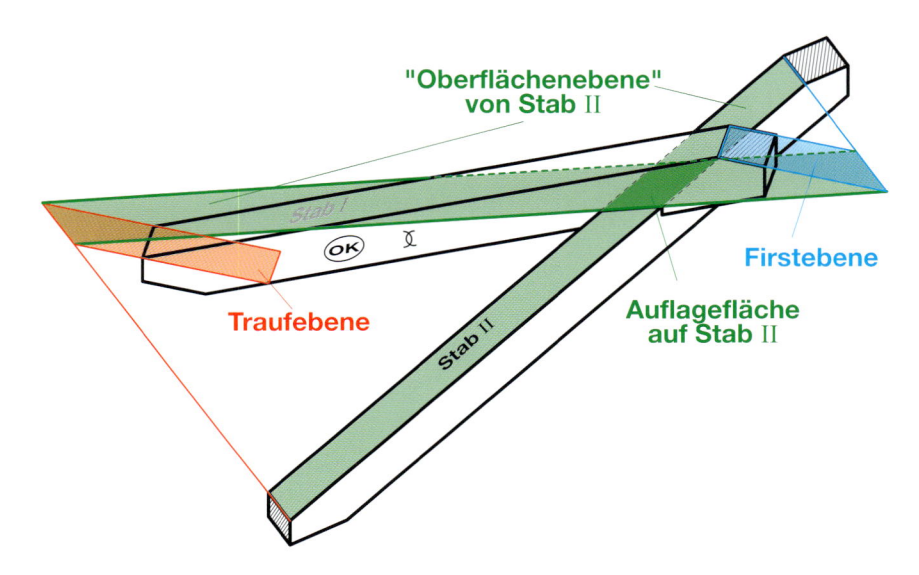

Bild 134: Übertragung der „Oberflächenebene" von Stab II „in" Stab I

In **Bild 132** ist der Reißvorgang in einer dreidimensionalen Ansicht verdeutlicht. Dargestellt sind die Stäbe I und II.

Verschneiden der Ebenen

Ziel des gesamten Vorganges ist es, mit der „Oberflächenebene" von Stab II (genauer: der Ebene der oberen Kantenfläche) Stab I zu „durchdringen" und den Ort der Durchdringung auf den Seitenflächen von Stab I sichtbar zu machen. Hierzu wird an der Traufe, ausgehend vom Traufgrundpunkt von Stab II (Punkt *T2G*), eine waagerechte Linie rechtwinklig zur senkrechten Stab-Seitenfläche gezogen. Gleichzeitig wird, ausgehend vom Traufgrundpunkt von Stab I (Punkt *T1G*), eine waagerechte Linie in Verlängerung zu dessen senkrechter Stab-Seitenfläche gezogen.

Beide Linien liegen in der waagerechten Traufebene (rot schraffiert). Sie treffen sich in einem Punkt (*XUK*), der einerseits ein Punkt der Traufebene und andererseits auch ein Punkt der „Oberflächenebene" von Stab II ist.

Der entsprechende Vorgang wird nun an der Firstebene durchgeführt. Die rechtwinklig zur Stab I-Seitenfläche aus Firstpunkt *F2* gezogene Waagerechte schneidet sich in Punkt *YUK* mit der Verlängerung der waagerechten Seitenkantenlinie (UK) von Stab I. Dieser Punkt ist ein Punkt der „Oberflächenebene" von Stab II und der gemeinsamen Firstebene.

Die Verbindungslinie zwischen den Punkten *XUK* und *YUK* bildet demnach den Ort auf der **UK**-Kante von Stab I ab, wo die „Oberflächenebene" von Stab II den Stab I durchdringt.

Bild 133 zeigt den Vorgang für beide Seitenflächen von Stab I, die Punkte *XOK* und *YOK* liegen auf der **OK**-Kante von Stab I. Zur Verdeutlichung der Ebenen soll **Bild 134** dienen, dabei ist die Traufebene wieder rot, die Firstebene blau und die „Oberflächenebene" von Stab II grün schraffiert. Die Teilfläche auf Stab II, auf der Stab I aufliegt, ist wird durch eine dunklere Grünschraffur hervorgehoben. Für die Darstellung der Ansicht der Kerve von unten ist die sorgfältige Bezeichnung der Übertragungslinien erforderlich. Wie die Bezeichnung erfolgt, ist eigentlich egal, sie muss nur eindeutig sein.

Basiswissen Schiften

Roland Schumacher: Mandala-Dach

Die Verwendung von **„OK"** (Oberkante) und **„UK"** (Unterkante) hat sich für den Fall gut bewährt, wo das Modellholz zum Überreißen der Geometrie auf die Abbildungsebene (die Aufrissplatte) aufgelegt wird.

Bild 135 zeigt die Kerve im Profil (der Seitenansicht, gleichzeitig Abbildungsebene) und in der Ansicht von unten. Die Kerve selbst ist in **Bild 136** als Detail vergrößert.

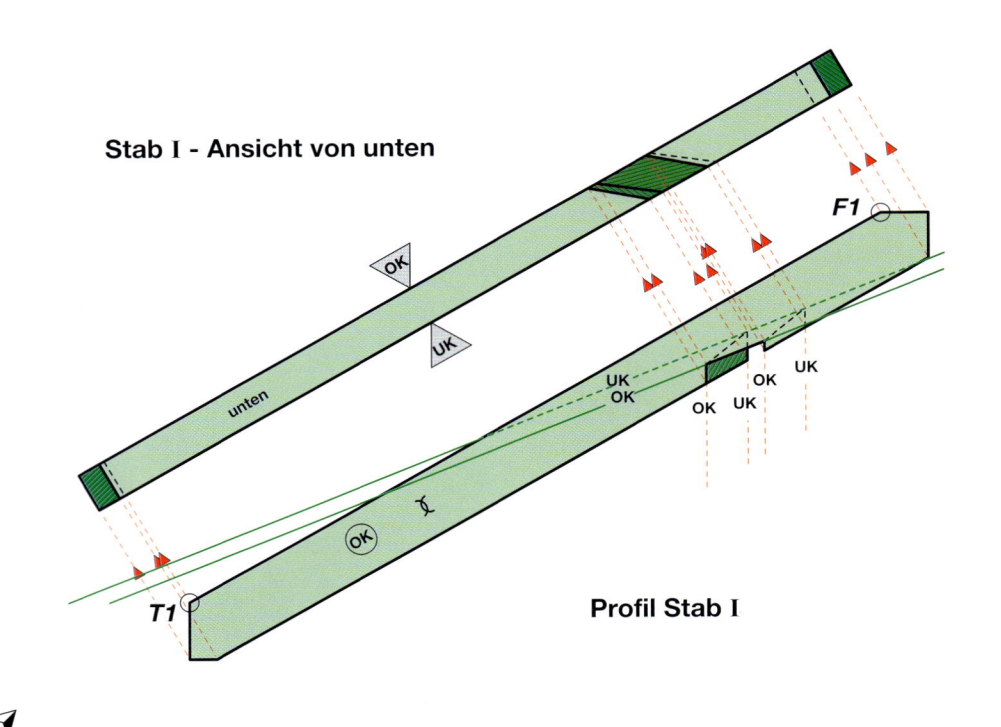

Bild 135: Ansicht der Kerve in Stab I von unten gesehen

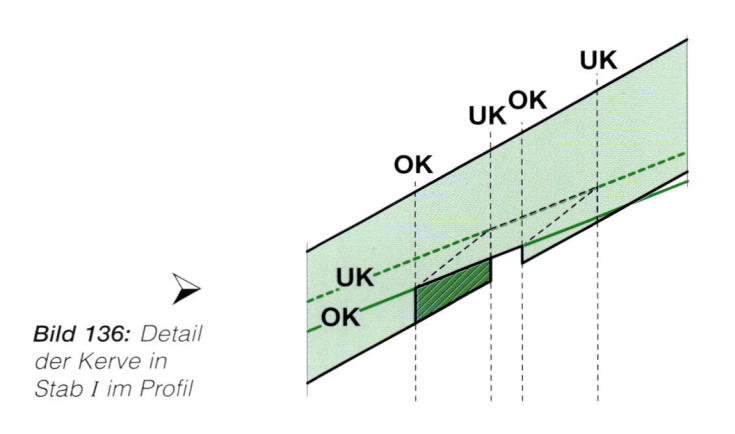

Bild 136: Detail der Kerve in Stab I im Profil

Bild 138: „Überreißen" der Maße von der Reißplatte auf das Holz. UK-Kante ist die Kante, die auf der Reißplatte aufliegt.

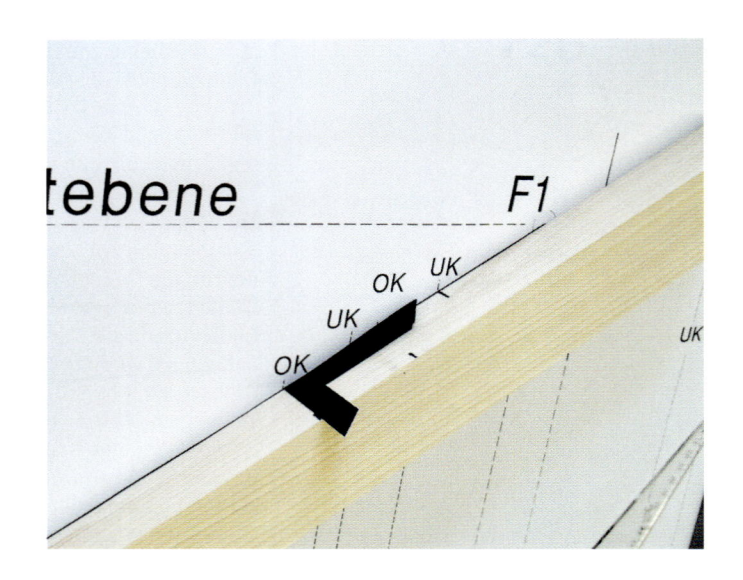

Das Reißen der Auflagefläche

Für das Aufrichten der Mandala-Dachkonstruktion ist es erforderlich, dass jeweils die Auflagefläche eines Stabes auf dem darunterliegenden Stab angerissen wird.

Der Anreißvorgang ist in **Bild 137** auf Seite 67 dargestellt. Um die Übersichtlichkeit zu bewahren, sind nur Stab I und der darauf liegende Stab VIII gezeichnet. Angerissen wird Stab I, der über dem Grundriss im Profil gezeichnet ist. Hierzu werden die Schnittpunkte der Stabaußenkanten aus dem Grundriss in das Profil übertragen und dort jeweils an **OK**-Kante beziehungsweise **UK**-Kante angemerkt.

Die Lage der Auflagefläche verdeutlicht die über dem Profil gerissene Obenansicht von Stab I.

Roland Schumacher: Mandala-Dach

Bild 137: Anreißen der Auflagefläche von Stab VIII auf Stab I

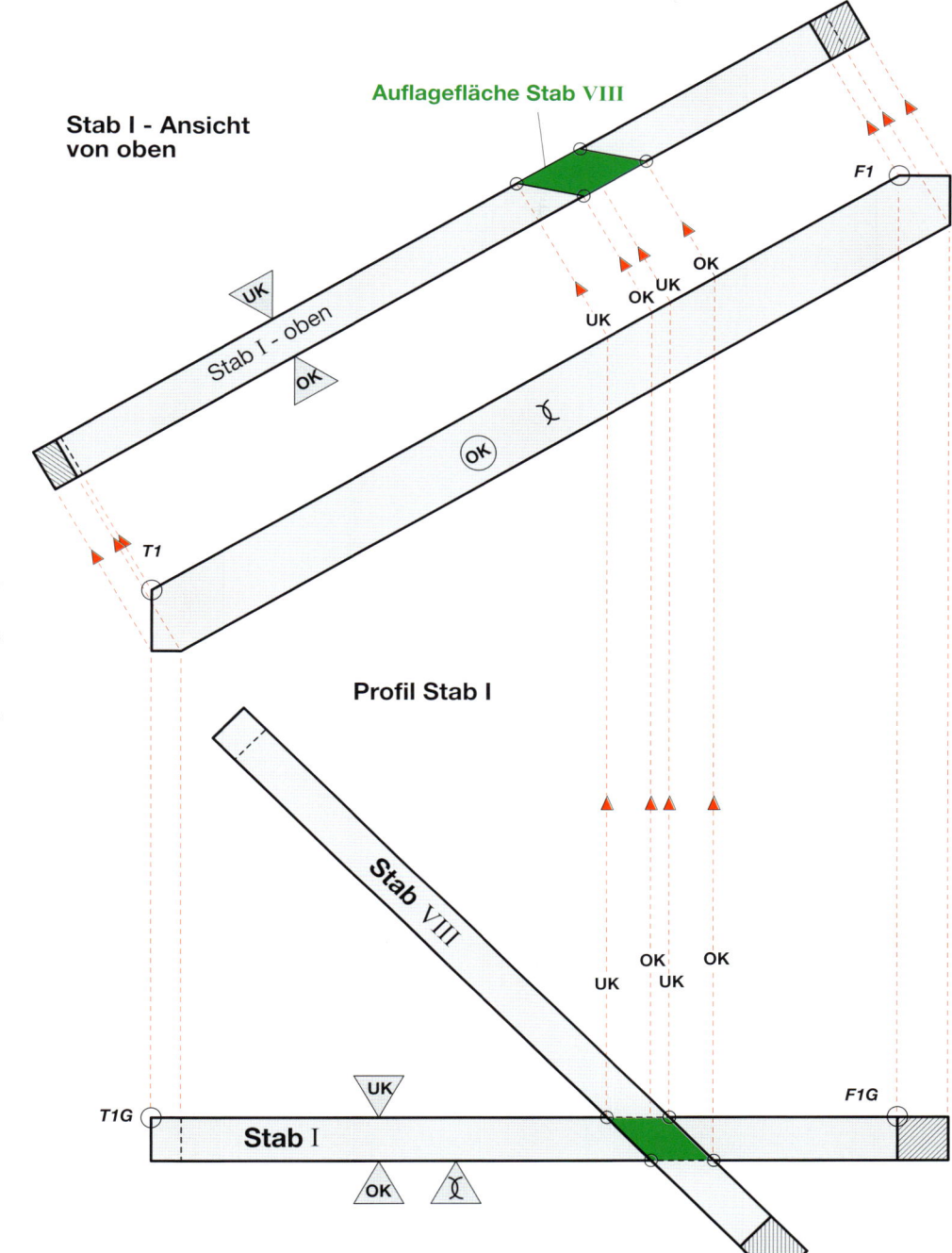

Stab I - Ansicht von oben

Auflagefläche Stab VIII

Profil Stab I

Übertragen des Aufrisses auf das Holz

Das Übertragen des Aufrisses auf das Holz geschieht nach bewährter Art und Weise. Das Holz wird auf die Abbildungsebene (den Reißboden oder die Reißplatte) gelegt und die Schnittpunkte der Übertragungslinien an den jeweiligen Kanten auf **OK**-Kante beziehungsweise **UK**-Kante rechtwinklig zur Abbildungsebene übertragen. Abbildungsebene ist im vorliegenden Beispiel die Profilebene, der anzureißende Stab wird mit seiner **UK**-Kante nach unten auf diese Ebene gelegt (**Bild 138**).

Bild 139 zeigt das angerissene Holz auf der Reißplatte und **Bild 140** den oberen Teil eines ausgeführten Mandaladaches.

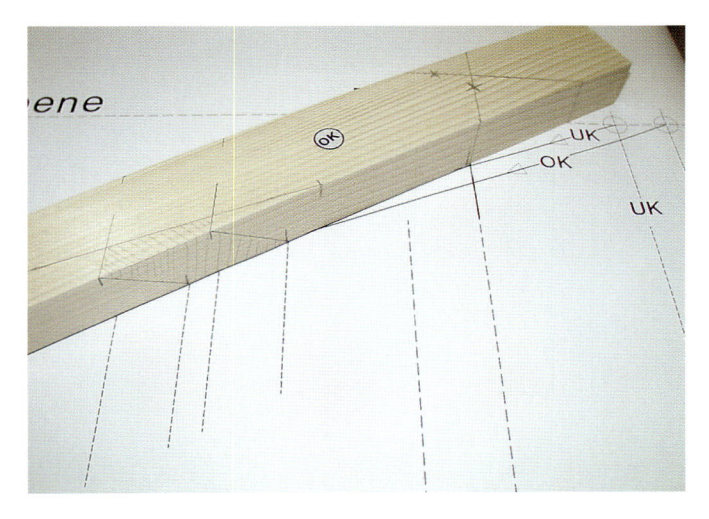

Bild 139: Das angerissene Holz liegt hier in Anreißposition auf der Reißplatte.

Bild 140: Blick in den oberen Teil eines ausgeführten Mandala-Daches (Zimmerer-Ausbildungszentrum Biberach a. d. Riss)

Basiswissen Schiften

Basiswissen Schiften

Modellprojekt Aufriss
Einführung und Holzliste

Das „Modellprojekt Aufriss" behandelt zwölf in sich abgeschlossene, mehr und weniger anspruchsvolle Schiftungen. Alle Maße und Holzdimensionen sind so ausgelegt, dass die Schiftungen ohne übermäßige Kosten am Modell nachvollzogen werden können.

Dabei bleibt es der oder dem Übenden überlassen, ob das ganze Modell oder nur Teile davon erstellt werden.

Die einzelnen Hölzer beziehungsweise Hölzergruppen sind in **Bild 141** in einer schematischen Draufsicht auf das Modell mit Positionsnummern versehen. Diese Positionen finden sich in der Holzliste (**Bild 142**) wieder.

Die Holzliste beginnt am „Unterbau". Zunächst werden – in roter Farbe – die Schwellen im Uhrzeigersinn aufgeführt (Positionen 1 bis 7), anschließend die Pfosten (Positionen 8 bis 11) und schließlich die beiden Firstpfetten (Positionen 12 und 13).

Grat- und Kehlsparren schließen sich – in grüner Farbe – mit den Positionen 14 bis 17 an.

Sparren, Schifter, Strahlenschifter und Wechsel sind – in blauer Farbe – in den Positionen 18 bis 37 aufgelistet. Für den Strahlenschifter (34, 35) und den Gratwechsel (36, 37) gibt es jeweils zwei Positionen, einmal für den senkrechten und zum anderen für den in die Dachfläche gekanteten Einbau.

Die Längen der Hölzer sind in der Regel so lang gewählt, dass ein bequemes Anreißen möglich ist. Die wichtigsten Grund- und Profilmaße für das Modell sind in den Teilen 1 und 2 aufgeführt. Zusätzliche Höhenmaße, Neigungsmaße und Winkel für die Abschiftung der Modellhölzer sind – wo erforderlich – in den jeweiligen Teilen angegeben.

Das Modell eignet sich sehr gut auch für den zusätzlichen „Einbau" weiterer Schiftungen wie beispielsweise unterschiedlicher Gauben.

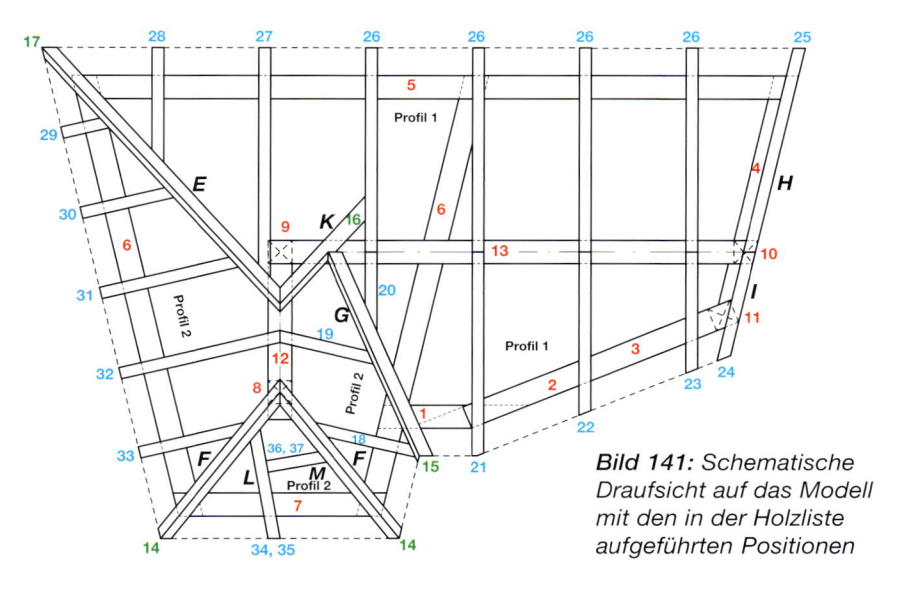

Bild 141: Schematische Draufsicht auf das Modell mit den in der Holzliste aufgeführten Positionen

Position		Bezeichnung	Stück	Breite b (cm)	Höhe h (cm)	Länge l (m)
1		Schwelle Profil 1	1	7	5	0,37
2		Schwelle Profil 1	1	7	3	0,80
3		Schwelle (steigend)	1	6,5	3	0,75
4		Schwelle Giebel	1	7	3	0,62
5		Schwelle Profil 1	1	7	5	1,55
6		Schwelle Profil 2	2	7	5	1,02
7		Schwelle Profil 2	1	7	5	0,48
8		Pfosten Profil 2	1	7	7	0,40
9		Pfosten Profil 2	1	7	7	0,30
10		Pfosten Giebel	1	7	7	0,26
11		Pfosten Giebel	1	7	7	0,15
12		Firstpfette geneigt Profil 2	1	7	9	0,60
13		Firstpfette Profil 1	1	7	9	1,04
14	F	Gratsparren Profil 2	2	3,5	5,5	0,63
15	G	Kehlsparren	1	3,5	6,5	0,70
16	K	Verfallgratsparren	1	3,5	7,5	0,55
17	E	Gratsparren Profil 1-2	1	3,5	7,5	0,95
18		Schifter Profil 2	1	2,5	4,5	0,43
19		Schifter Profil 2	1	2,5	4,5	0,46
20		Schifter Profil 1	1	2,5	4,5	0,28
21		Schifter Profil 1	1	2,5	4,5	0,60
22		Schifter Profil 1	1	2,5	4,5	0,48
23		Schifter Profil 1	1	2,5	4,5	0,37
24	I	Schräger Giebelsparren	1	2,5	4,5	0,35
25	H	Schräger Giebelsparren	1	2,5	4,5	0,63
26		Normalsparren Profil 1	4	2,5	4,5	0,60
27		Schifter Profil 1	1	2,5	4,5	0,65
28		Schifter Profil 1	1	2,5	4,5	0,35
29		Schifter Profil 2	1	2,5	4,5	0,18
30		Schifter Profil 2	1	2,5	4,5	0,35
31		Schifter Profil 2	1	2,5	4,5	0,50
32		Schifter Profil 2	1	2,5	4,5	0,60
33		Schifter Profil 2	1	2,5	4,5	0,39
34	L	Strahlenschifter senkrecht	1	2,5	6	0,60
35	L	Strahlenschifter gekantet	1	2,5	4,5	0,60
36	M	Gratwechsel senkrecht	1	2,5	13	0,25
37	M	Gratwechsel gekantet	1	2,5	4,5	0,25

Bild 142: Holzliste für die „Grundausführung" des Modelles. Die Buchstaben hinter den Positionsnummern entsprechen den zusätzlichen Bezeichnungen im Text.

Basiswissen Schiften

Roland Schumacher: Modellprojekt Aufriss

Hausgrund – Profile – Dachausmittlung

In einem Projekt werden anhand eines Dachmodelles Ausbildungsinhalte vom Aufreißen des Grundrisses und der Profile über Dachausmittlung, Einteilung der Hölzer bis hin zu schwirigen Schiftaufgaben behandelt. Dabei kommen verschiedene Schifttechniken zur Anwendung.

Das Modell

Das Modell (**Bild 143**) wurde von Zimmermeister Roland Schumacher für den Grundkurs im „Flächigen Schiften" am Zimmerer-Ausbildungszentrum in Biberach entwickelt. Es beinhaltet eine Vielzahl von Hölzern, deren Bearbeitung von „einfach" bis „anspruchsvoll" einzustufen ist. Die Anwendung von modernen Schiftmethoden lässt sich an diesem Modell ideal demonstrieren. Die Dimensionen der Hölzer sind so gewählt, dass einerseits das Anreißen ohne Behinderung erfolgen kann und andererseits nicht unnötig Holz verschwendet wird. Das Modell lässt sich komplett oder auch nur in Teilen ausführen und eignet sich so für Berufsschule und Ausbildungszentrum genauso wie für Zimmerleute, die sich im Schiften „fit" halten wollen.

Bild 143: Das fertige Modell

Der Hausgrund

Der Hausgrund (oder Hausgrundriss) ist bei dem Modell identisch mit der Vorderkante der Fußpfetten. Anders ausgedrückt: alle Fußpfetten liegen bündig Außenkante-Mauer. Den bemaßten Hausgrundriss zeigt **Bild 144**. Alle Maße sind in cm angegeben.

Die dreidimensionalen Darstellungen in diesem Bericht wurden mit Hilfe des CAD/CAM-Programmes **DICAM** der **Dietrich's AG** erstellt.

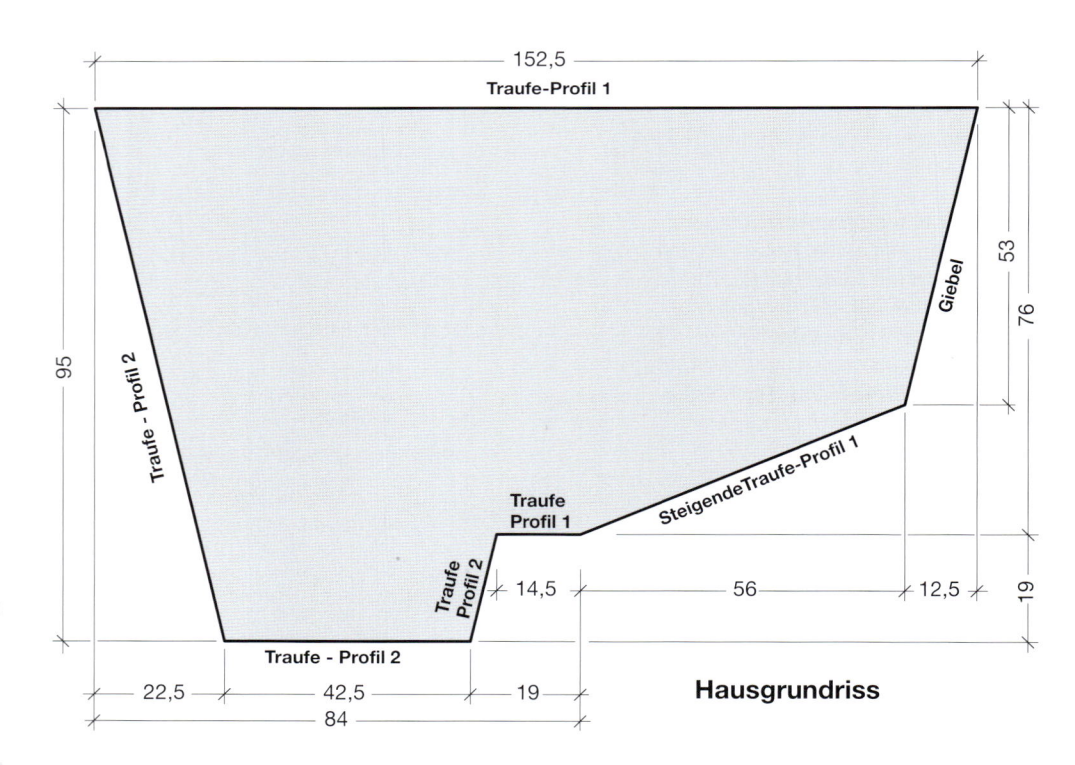

Bild 144: Der bemaßte Hausgrundriss für das Modell. Die Traufgrundlinien sind noch nicht eingezeichnet!

Basiswissen Schiften

Roland Schumacher: Modellprojekt Aufriss

Profile

Die Profile

Die beiden im Modell verwendeten Profile zeigt **Bild 145**. Das rechtwinklige Obholz beträgt bei beiden Profilen 3,5 cm. Der waagerechte Dachüberstand beträgt beim Profil 1 = 6 cm. Der Dachüberstand bei den Dachflächen, die nach Profil 2 geneigt sind, ergibt sich als das Grundmaß x (**Bild 145**) aus dem Schnittpunkt von Sparrenoberkante und waagerechter Trauflinie aus Profil 1. Die Entwicklung der Sparrenabschnittswinkel zeigt **Bild 146**.

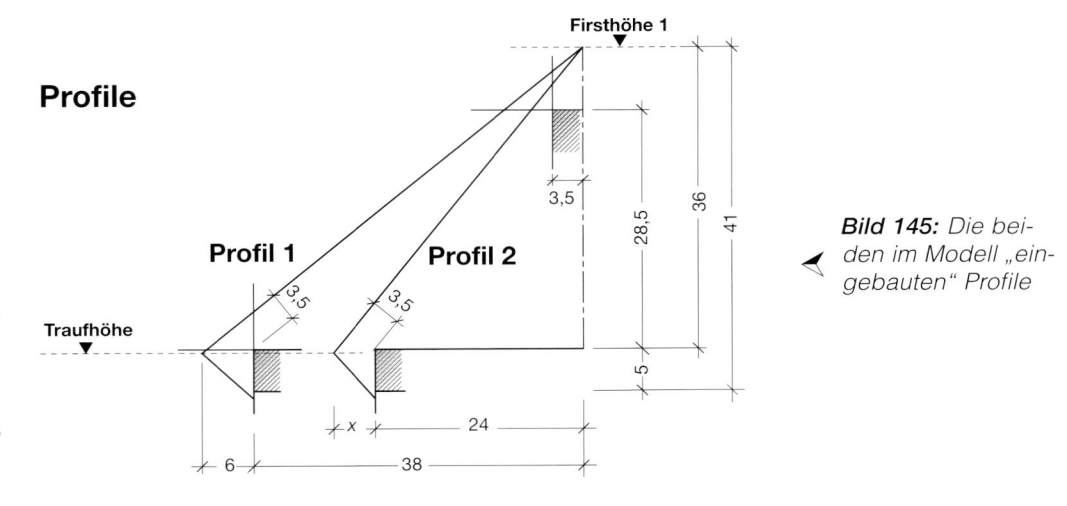

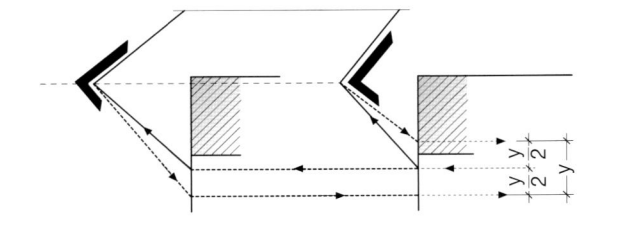

Bild 145: Die beiden im Modell „eingebauten" Profile

Bild 146: Die Abschnittswinkel an den Sparrenköpfen kommen zustande durch die mittlere Höhe der rechtwinkligen Hexenschnittlinien. Die so aufeinander abgestimmten Abschnittswinkel bringen Vorteile bei den Hexenschnitten an Grat- und Kehlsparren.

Dachausmittlung

Nach dem Aufreißen des Hausgrundrisses wird – wie zu Anfang jeder Schiftung – die Dachausmittlung ausgeführt. Bei unserem Modell haben wir es mit einem unregelmäßigen, nicht rechtwinkligen Grundriss und mit verschieden geneigten Dachflächen zu tun. Hinzu kommt, dass die waagerechten Dachüberstände an den Traufen aufgrund der ungleich großen Dachneigungen unterschiedlich ausfallen (**Bild 145**). Bei den Dachseiten mit der Zuweisung von Profil 1 ist demnach von den Hausgrundlinien rechtwinklig 6 cm Überstand anzutragen. Dies gilt auch für die steigende Traufe. Bei den Dachseiten, die nach Profil 2 geneigt sind, entspricht der Dachüberstand dem Maß x! An dem schrägen Giebel wird kein Dachüberstand ausgeführt (**Bild 147**).

Für die Dachausmittlung bietet sich die Höhenlinien-Methode an. Hierzu werden die beiden Profile mit den jeweiligen Trauf- und Firstpunkten aufgerissen und eine waagerechte Höhenlinie eingezeichnet. Es ergeben sich für beide Profile unterschiedlich große Höhenlinien-Grundmaße g_1 und g_2. Diese werden rechtwinklig zur jeweils zutreffenden Trauflinie angetragen und in ihren Endpunkten die Höhengrundlinien als Parallele zur Trauflinie eingezeichnet. Die Höhengrundlinien schneiden sich dort, wo die zugehörigen Dachflächen sich verschneiden. Demnach können die ersten Dachverschneidungsgrundlinien (Gratgrund- beziehungsweise Kehlgrundlinien) gerissen werden. Sie verlaufen von den Schnittpunkten der Traufgrundlinien über die Schnittpunkte der Höhengrundlinien.

— — Traufgrundlinie
········ Höhengrundlinie
◄—► Höhenlinien-Grundmaß

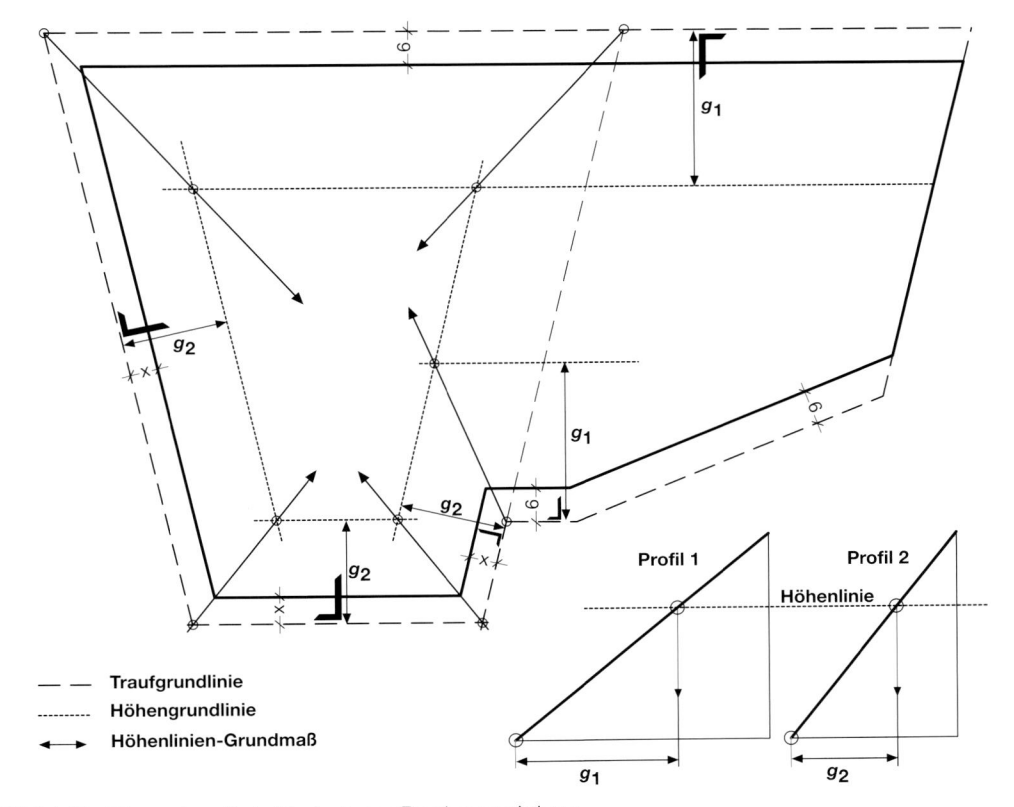

Bild 147: Die ersten Schritte bei der Dachausmittlung

Basiswissen Schiften

71

Roland Schumacher: Modellprojekt Aufriss

Die Firstgrundlinien ergeben sich aus der Ergänzung der beiden ineinander geschachtelten Dachkörper, die in **Bild 148** rechts unten unabhängig voneinander dargestellt sind.

Da jeweils an den gegenüberliegenden Traufen gleiche Dachneigungen auftreten, müssen die Firstgrundlinien in der Mitte zwischen den waagerechten Traufgrundlinien verlaufen. Die steigende Traufe wird dabei also nicht berücksichtigt!

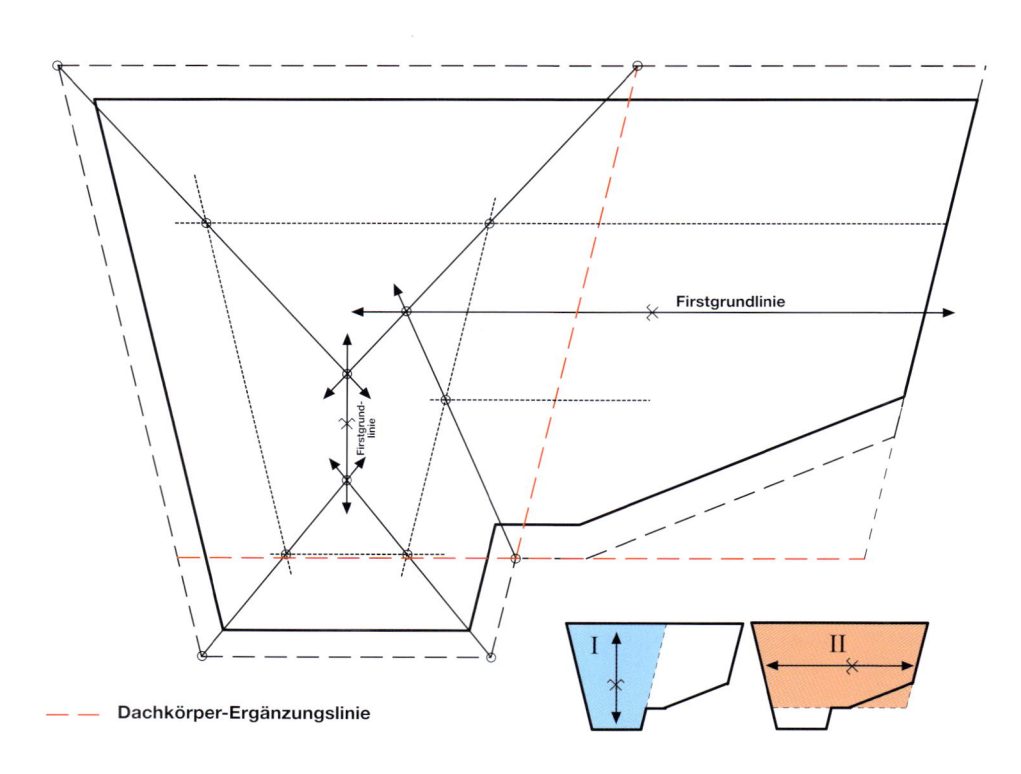

Bild 148: Der Dachkörper setzt sich aus zwei Teildachkörpern zusammen. Nach dem Einzeichnen der Firstgrundlinien „schließt" sich die Dachausmittlung.

Die Dachausmittlung ist damit abgeschlossen (**Bild 149**), die Dachverschneidungslinien liegen im Grundriss fest.

Im nächsten Schritt werden die Holzbreiten eingezeichnet und die Sparren und Schifter eingeteilt.

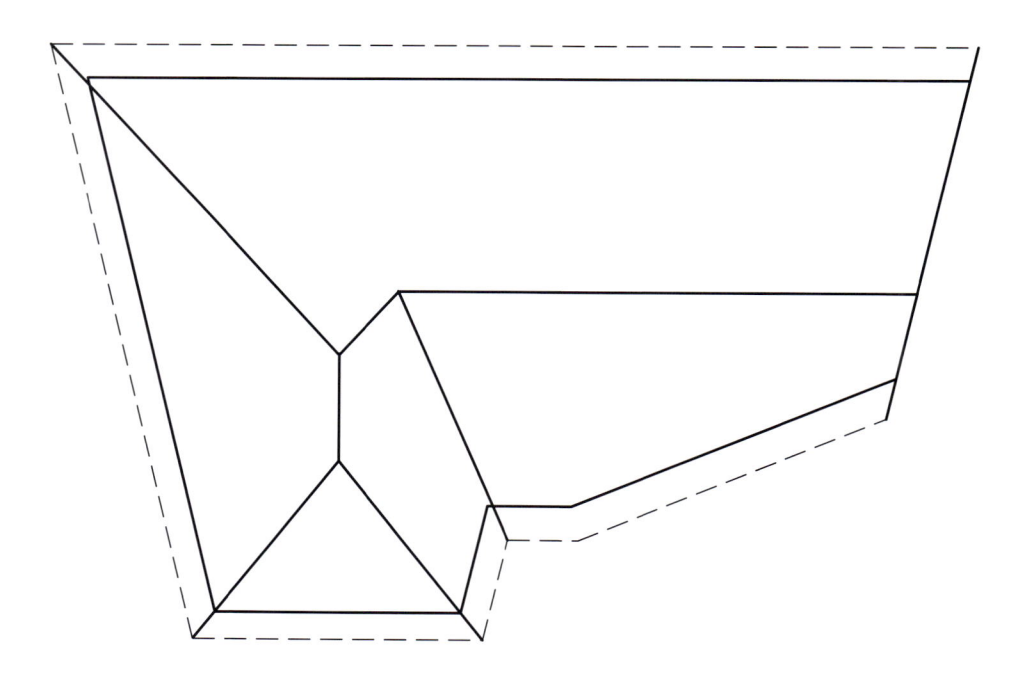

Bild 149: Die fertige Dachausmittlung für das Modell

Basiswissen Schiften

Holzdimensionen:
Pfettenlage – Grate und Kehlen – Sparren und Schifter

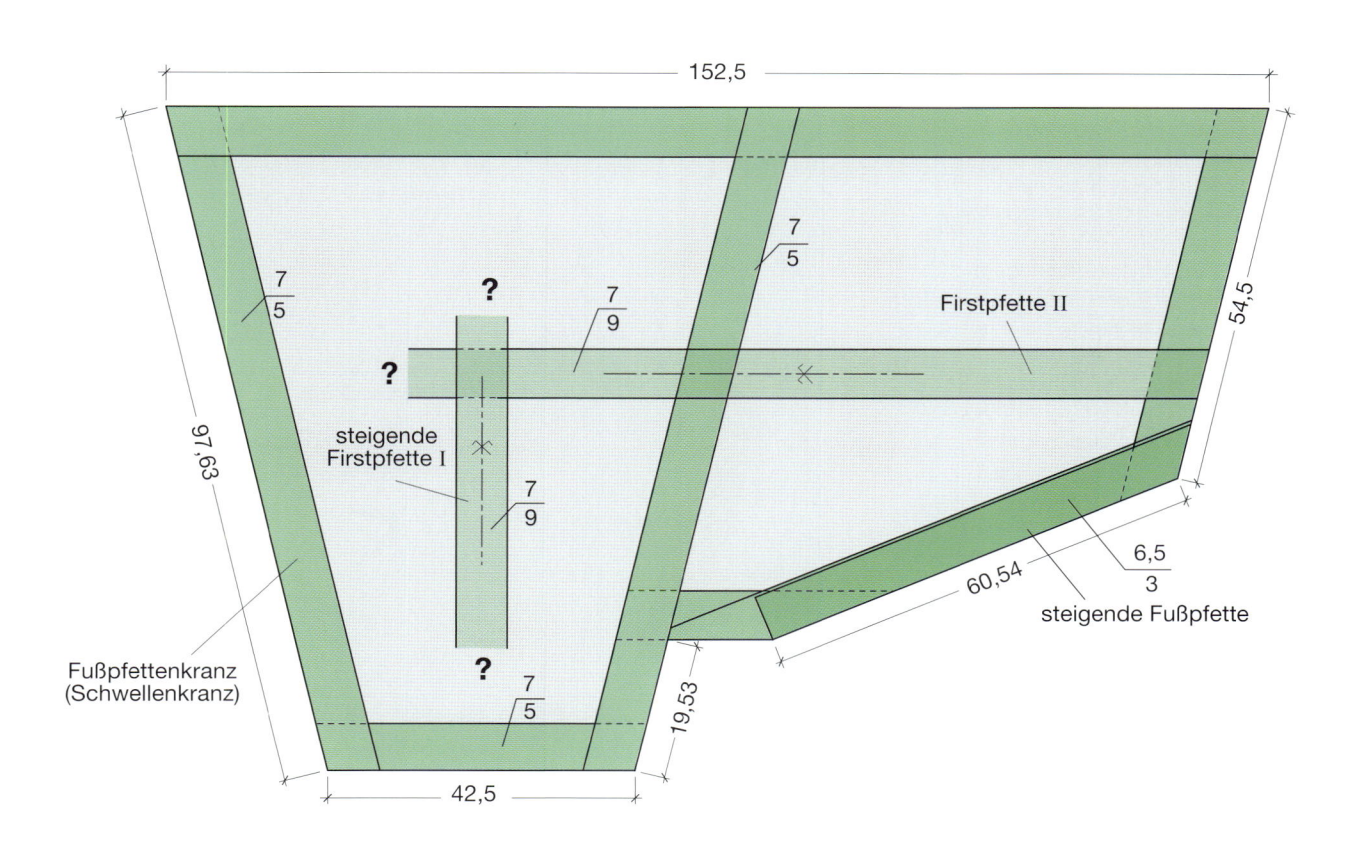

Bild 150: Lage der Fußpfetten, Schwellen und Firstpfetten im Grundriss. Die Abschnitte der Firstpfetten (siehe Fragezeichen) sind noch nicht ermittelt.

Nach erfolgter Dachausmittlung und der darin erfolgten Festlegung der Dachverschneidungslinien können nun die einzelnen Hölzer mit ihren Abmessungen in die Dachausmittlung eingefügt werden.

Die Pfetten

Das Modell weist einen Fußpfettenkranz aus Hölzern $b = 7$ cm, $h = 5$ cm und zwei Firstpfetten aus Hölzern $b = 7$ cm, $h = 9$ cm auf. Damit das Modell verwindungssteif, standfest und einfach transportierbar ist, empfiehlt sich der Zuschnitt des Hausgrundes aus einem Plattenwerkstoff nach den Maßen in **Bild 144**. Auf dieser Platte werden die an ihren Stößen überblattenden Fußpfetten zum Fußpfettenkranz zusammengefügt und später auch die Pfosten unter die Firstpfetten befestigt.

Bild 150 zeigt Lage und Bemaßung der Pfetten im Grundriss. Dabei wird jetzt noch nicht sichtbar, ob und gegebenenfalls wie die einzelnen Pfetten steigen oder fallen.

Die Fußpfetten

Die Hölzer des Fußpfettenkranzes liegen alle waagerecht auf der Platte auf. Zu der steigenden Traufe im Profil 1 des Dachteilkörpers II (siehe **Bild 143** und **Bild 144**) gehört eine steigende Pfette mit den Dimensionen $b = 6{,}5$ cm, $h = 3$ cm. Diese schmiegt sich auf der einen Seite auf den Pfettenkranz (der hier eigentlich dann Schwelle heißen muss) und liegt im Bereich des Giebels auf einem Pfosten auf.

Firstpfette Dachkörper II

Da die Traufen des Dachkörpers II waagerecht und parallel zueinander liegen (**Bild 148**), liegt auch seine Firstlinie und damit die Firstpfette waagerecht. Sie ist auf der einen Seite am Giebel in der Giebelflucht und auf der anderen Seite in der Flucht der Außenkante der Firstpfette des Dachkörpers I abgeschnitten.

Firstpfette Dachkörper I

Da die Traufen des Dachkörpers I waagerecht und nicht parallel zueinander liegen (**Bild 148**), liegt seine Firstlinie zwar mittig zwischen den Trauflinien, aber sie steigt vom „engeren" zum „weiteren" Grundrissbereich. Demzufolge muss auch – bei gleichem rechtwinkligem Obholz der Sparren – die Firstpfette steigen.

Basiswissen Schiften

Roland Schumacher: Modellprojekt Aufriss

Die Abschnitte der Firstpfette sollen hier übungshalber jeweils in der Ebene der Walmfläche liegen. Ihre Ermittlung zeigt **Bild 151**. Die schrittweise Vorgehensweise kann wie folgt aussehen:

1. Rechtwinklig zur Traufe werden durch die beiden Firstpunkte (Gratanfallpunkte) **FP1** und **FP2** zwei Normalprofil-Grundlinien gelegt. Sie schneiden die Pfetten-Außenkante in den Punkten **PF1** und **PF2**.
2. Außerhalb des Grundrisses (hier oben) wird das zugehörige Profil (Profil 2) mit seiner Grundlinie rechtwinklig zur Traufe gerissen. Die Firstpunkte **FP1** und **FP2** liegen auf OK-Sparren, die Pfettenpunkte **PF1** und **PF2** auf der Obholzlinie. Damit stehen die Höhen dieser Punkte fest.
3. Diese Höhen werden übertragen in den Längsschnitt A-A durch die Pfettenachse, wo sie mit Hilfe der Verbindungslinien aus dem Grundriss wiederum höhenmäßig festgelegt werden.
4. Es ergeben sich die (gleichen) Steigungen von Firstlinie (**FP1–FP2**) und Pfettenoberkante (**PF1–PF2**). Die Strecke **PF1–PF2** wird nach beiden Seiten verlängert und mit den Neigungslinien (OK Sparren) der Profile 1 und 2 zum Schnitt gebracht.
5. Wird nun noch die Höhe der steigenden Firstpfette mit 9 cm nach unten abgetragen, können die Abschnittflächen an den Pfettenenden im Grundriss dargestellt werden.

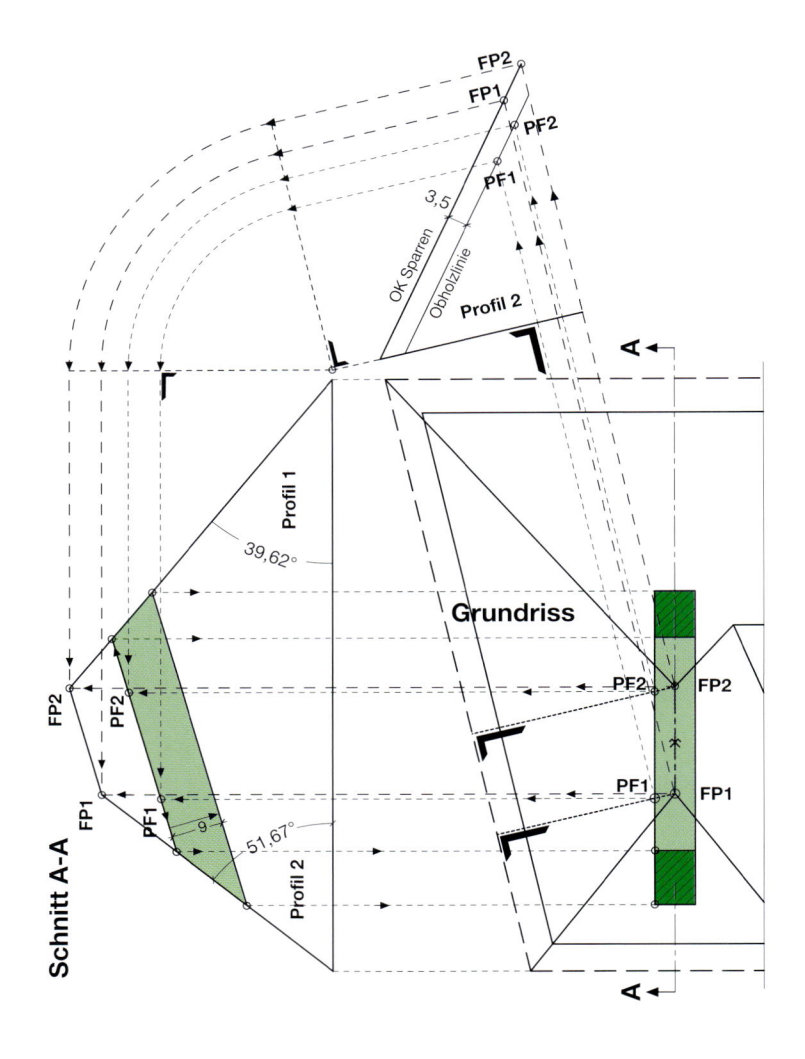

Bild 151: Ermittlung der Abschnitte der Firstpfette II in den Ebenen der Walmdachflächen

Gratsparren F

Die beiden Gratsparren ($b = 3{,}5$ cm, $h = 5{,}5$ cm) mit der Bezeichnung **F** (ein „linker" und ein „rechter") liegen zwischen Dachflächen gleicher Neigung und deshalb mit der Gratgrundlinie in der Winkelhalbierenden zwischen den Traufen (**Bild 152**). Die Abgratungen sind beiderseits gleich, es findet keine Gratgrundverschiebung statt.

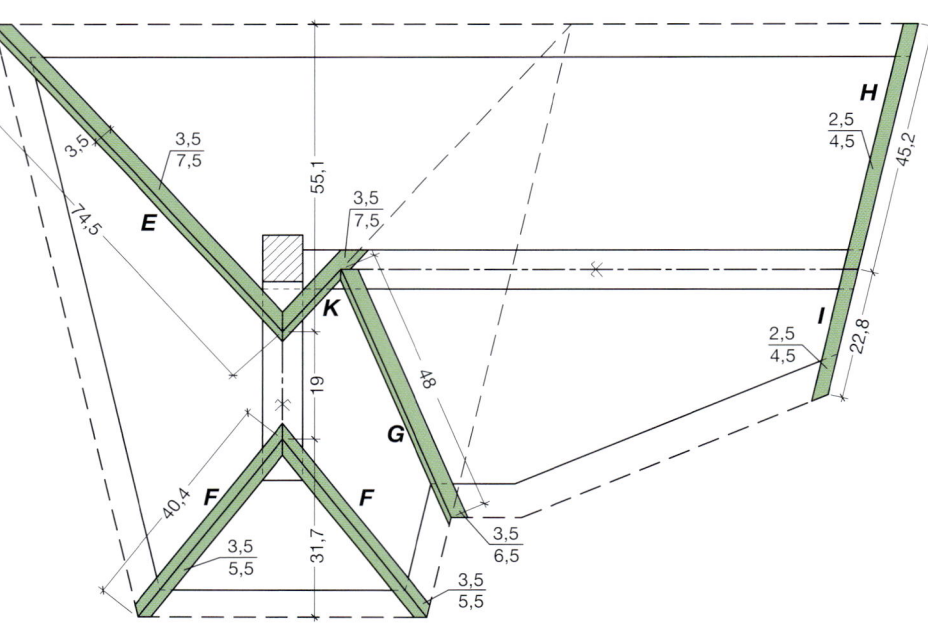

*Bild 152: Dimensionen und Kontroll-Grundmaße der Gratsparren **E** und **F**, des Verfallgratsparrens **K**, des Kehlsparrens **G** und der schrägen Giebelsparren **I** und **K***

Roland Schumacher: Modellprojekt Aufriss

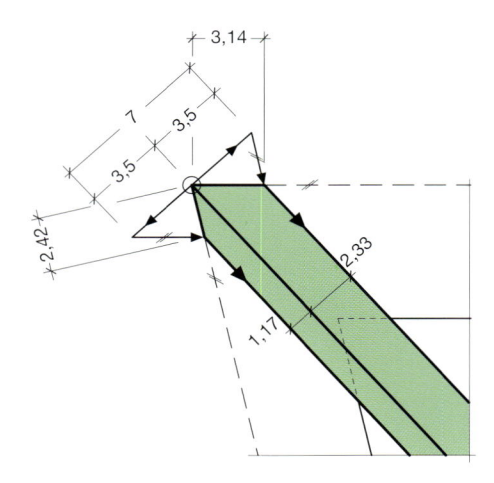

Bild 153: Gratgrundverschiebung am Gratsparren E mit der „Parallelogramm-Methode". Die Gratgrundverschiebung des Verfallgratsparrens K geschieht – spiegelverkehrt – auf die gleiche Weise.

Bild 154: Gratgrundverschiebung am Kehlsparren G mit der „Parallelogramm-Methode"

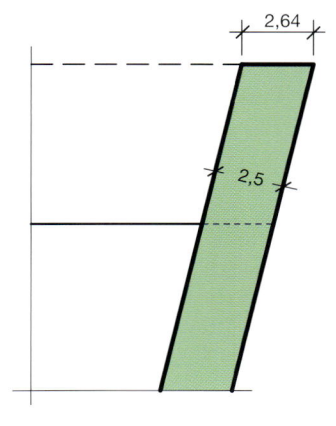

Bild 155: Bemaßtes Detail am Anschlusspunkt von Traufe und Ortgang mit dem schrägen Giebelsparren

Gratsparren E

Der Gratsparren **E** ($b = 3{,}5$ cm, $h = 7{,}5$ cm) liegt zwischen Dachflächen ungleicher Neigung und wird im Grund verschoben (**Bild 152**). Den Vorgang verdeutlicht **Bild 153**.

Verfallgrat K

Der Verfallgrat **K** ($b = 3{,}5$ cm, $h = 7{,}5$ cm) ist das „gekürzte" Gegenstück zu Gratsparren **E** und wird wie dieser im Grund verschoben (**Bild 153**).

Kehlsparren G

Auch der Kehlsparren **G** ($b = 3{,}5$ cm, $h = 6{,}5$ cm) wird im Grund verschoben. Den Vorgang zeigt **Bild 154**.

Schräge Giebelsparren

Die schrägen Giebelsparren ($b = 2{,}5$ cm, $h = 4{,}5$ cm) liegen mit ihrer Außenkante bündig zum Hausgrund. Das bemaßte Detail an der Traufe zeigt **Bild 155**.

```
160,3 – 3,14 – 2,64      = 154,52
+ 1 Sparrenbreite           2,50
=                         157,02
geteilt durch 7 Felder =   22,43
```

(Die Schiftereinteilung auf dieser Seite wurde in dieser Weise ausgeführt, damit auf der Gegenseite ein Schifter am Beginn des Anstieges der Traufe liegt)

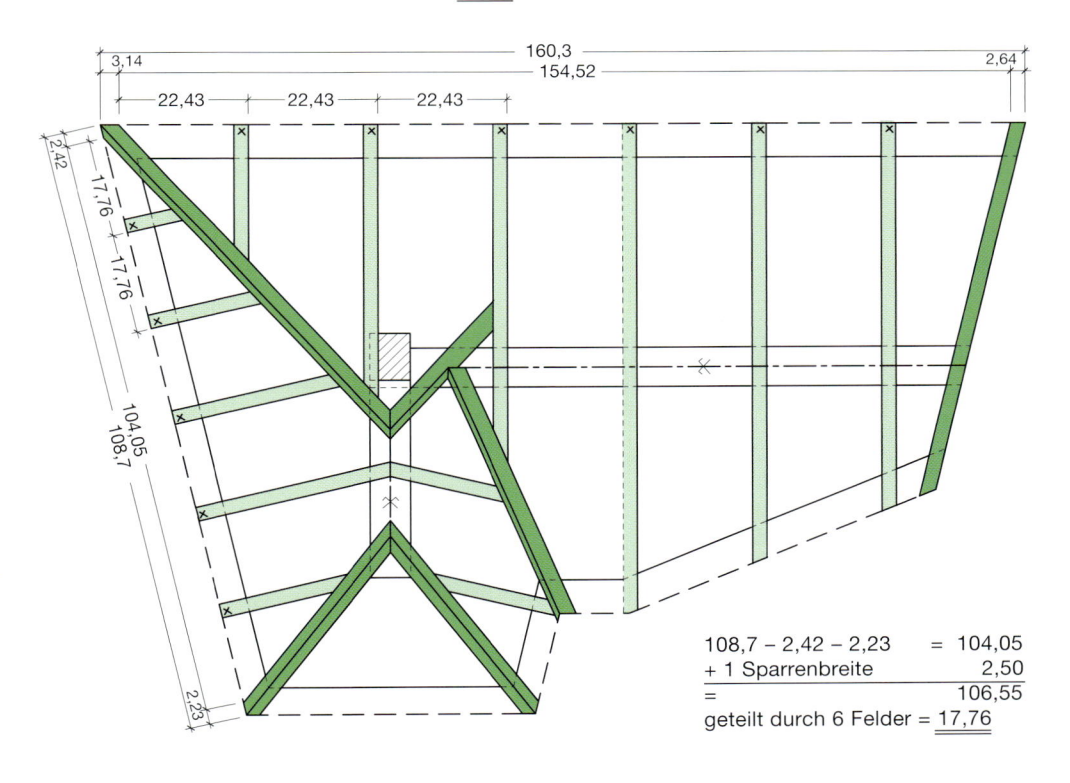

```
108,7 – 2,42 – 2,23      = 104,05
+ 1 Sparrenbreite           2,50
=                         106,55
geteilt durch 6 Felder =   17,76
```

Bild 156: Einteilung der Sparren und Schifter, für 7 Felder bei Profil 1 und für 6 Felder bei Profil 2 mit den zugehörigen Maßen und Rechengängen. Der Verfallgrat ist nun bis zum nächsten Sparren verlängert.

Schifter

Die Einteilung der Schifter geht aus von den jeweils einzigen „vollständigen" (und längsten) Traufen von Profil 1 und Profil 2 und wird jeweils auf der anderen Dachkörperseite übernommen. Die vermaßte Sparren- beziehungsweise Schiftereinteilung zeigt **Bild 156**.

Damit ist die Einteilung der wichtigsten Hölzer im Grundriss fertiggestellt. Die nächsten Tätigkeiten werden darin bestehen, die einzelnen Hölzer auszutragen und anzureißen.

Basiswissen Schiften

Kehlsparren bei ungleich geneigten Dachflächen

Als erster Einzelstab soll hier der Kehlsparren G zwischen den Profilen 1 und 2 abgehandelt werden.

Kehlsparren G

Der Kehlsparren mit der Bezeichnung **G** hat die Dimensionen $b = 3{,}5$ cm und $h = 6{,}5$ cm. Er stellt das Verbindungsholz unter der einzigen Kehllinie zwischen den beiden Dachkörpern dar.

Die beiden hier aneinanderstoßenden Dachflächen weisen unterschiedliche Profile (nämlich Profil 1 und Profil 2) auf und sind unterschiedlich geneigt. Um gleiche Abgratungshöhen zu erhalten, wurde der Kehlsparren bereits im Grund „verlegt" (**Bild 154**).

Um den Gratsparren anreißen zu können, muss er so in eine Zeichnungsebene „gebracht" werden, dass seine wahren Maße sichtbar und damit übertragbar werden.

Dieser Vorgang soll unmittelbar in unserer Grundrisszeichnung durch eine „Abklappung" in die Zeichenebene Grundriss erfolgen. Das heißt nichts anderes, als dass das Profil (das „Kehlprofil") neben den Grundriss gezeichnet wird.

Ausgangslage ist demnach der Grundriss des Kehlsparrens (**Bild 157**). Die Abklappung erfolgt rechtwinklig zur Traufgrundlinie. Damit stehen sämtliche Grundmaße des Kehlsparrens unmittelbar zur Verfügung. Die Höhenmaße h_F zwischen Traufhöhe und Firsthöhe, h_S zwischen OK Schwelle und Firsthöhe und h_P zwischen OK Schwelle und OK Firstpfette müssen aus den Profilen 1 und 2 (**Bild 145**) entnommen und in die Abklappung übertragen werden.

Der Traufabschnitt des Kehlsparrens soll zunächst senkrecht erfolgen. Der Hexenschnitt ist Thema einer weiteren Folge. **Bild 158** zeigt den fertigen und im Modell eingebauten Kehlsparren.

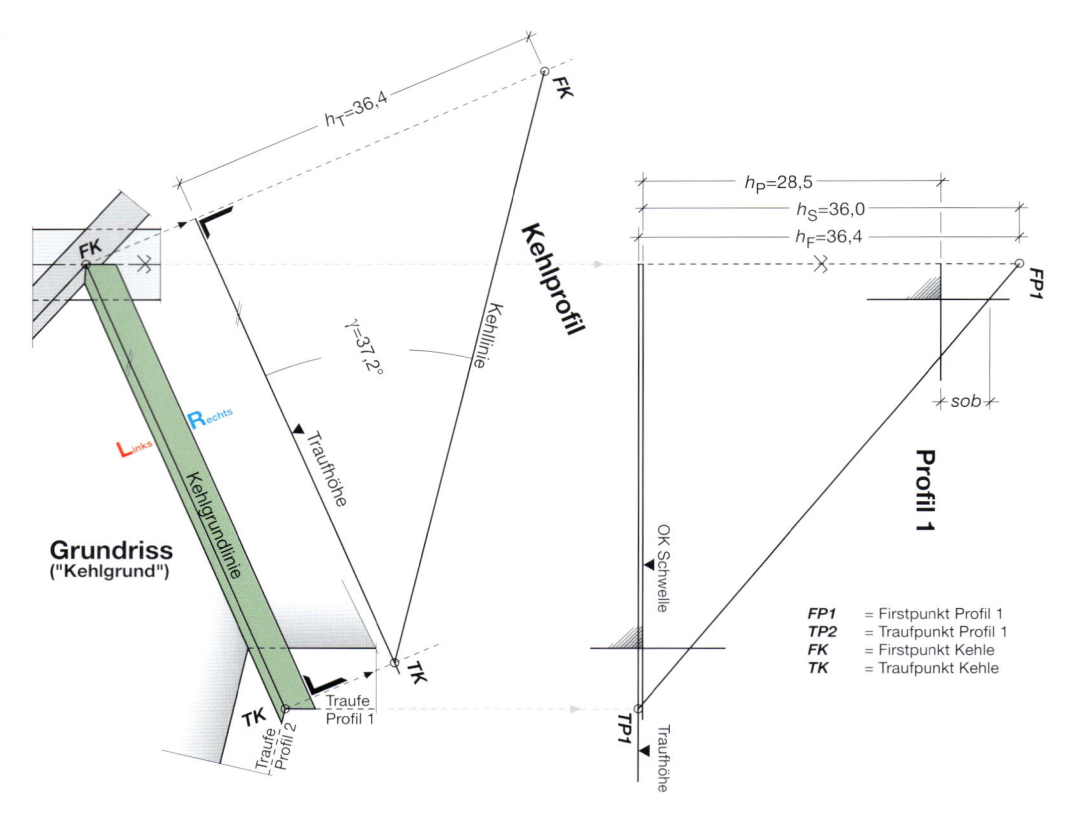

Bild 157: Das Kehlprofil wird rechtwinklig zur Kehlgrundlinie ausgetragen („abgeklappt"). Damit stehen alle Grundmaße unmittelbar zur Verfügung. Die Höhenmaße kommen aus Profil 1.

Bild 158: Der fertige Kehlsparren, eingebaut in das Modell

Die Vorgehensweise

Die Vorgehensweise kann schrittweise folgendermaßen aussehen:

1. Reißen der Traufhöhe parallel zur Kehlgrundlinie.

2. Reißen der Firsthöhe parallel zur Kehlgrundlinie im Abstand h_F.

3. Reißen der Oberkante Schwelle (OK Schwelle) parallel zur Kehlgrundlinie im Abstand h_S zur Firsthöhe.

4. Reißen von Oberkante Firstpfette (OK Firstpfette) parallel zur Kehlgrundlinie im Abstand h_P zur OK Schwelle.

5. Bezeichnen der Seiten des Kehlsparrens im Grund – hier beispielsweise mit rechts „R" und links „L".

6. Übertragen des Firstsenkels (*FK–FK*) aus dem Grundriss in die Abklappung (in das Kehlprofil).

7. Übertragen des Traufsenkels (*TK–TK*) aus dem Grundriss in die Abklappung.

8. Die Strecke *TK–TK* im Kehlprofil ist die Kehllinie. Diese Kehllinie liegt innerhalb des Holzes und nicht an den Seitenflächen des Kehlsparrenholzes! Sie wird am Kehlsparrenholz erst dann sichtbar, wenn die Auskehlung ausgearbeitet ist.

9. Die „Höherlegung" (mancherorts auch als „Auskehlungslinie" oder „Überhöhung" bezeichnet) ergibt sich aus den „Vorwüchsen" des Kehlsparrens an den Traufgrundlinien im Grundriss (**Bild 159**).

10. Wie aus dem Grundriss eindeutig ersichtlich ist, erhält der Kehlsparren an der Firstpfette eine sogenannte „Schleifkerve" (auch als

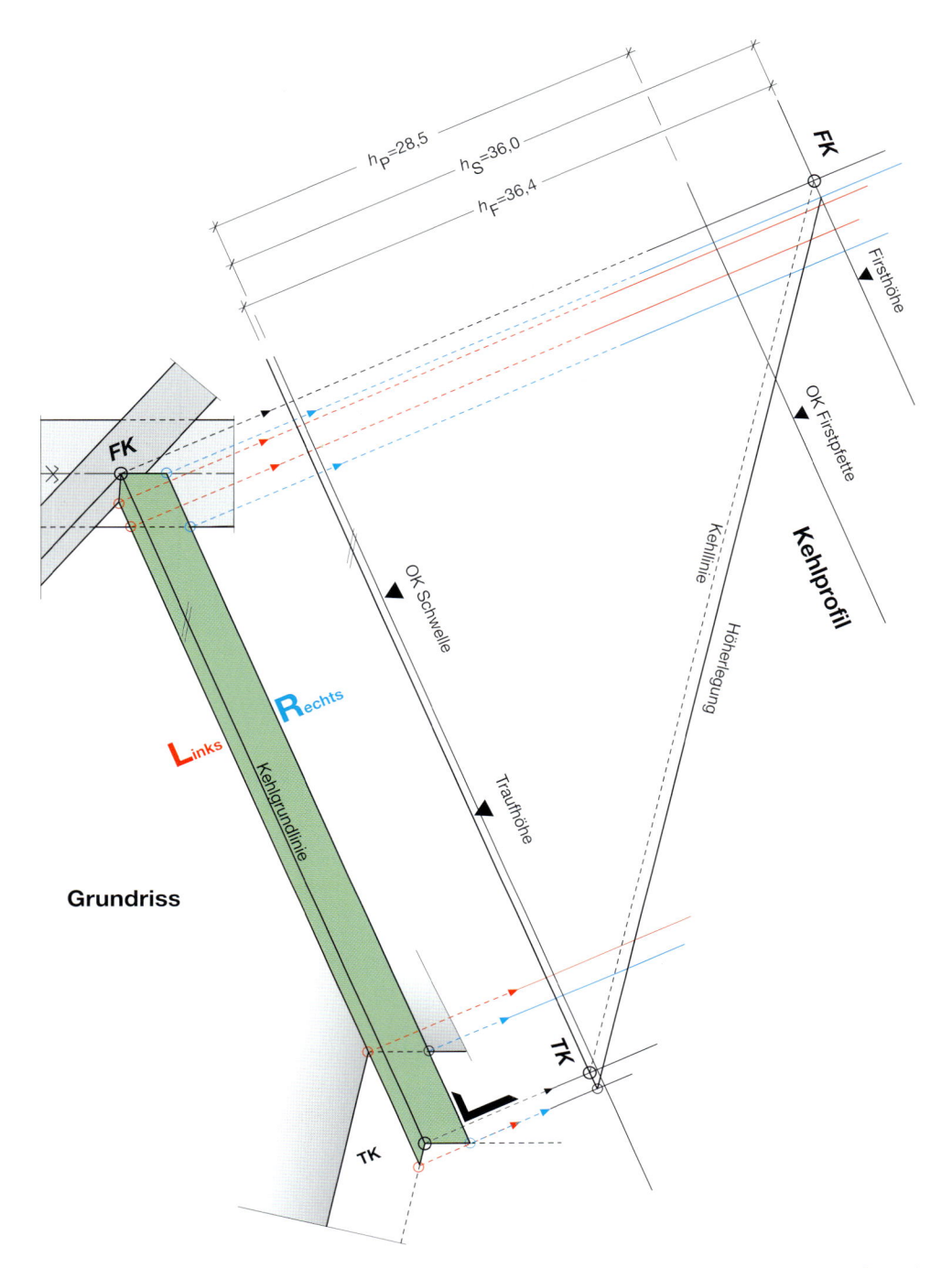

Bild 159: Die Höherlegung ergibt sich aus den „Vorwüchsen" des Kehlsparrens im Grundriss. Weil der Kehlsparren im Grund verlegt ist, liegen beide in der gleichen Ebene, nämlich der oberen Kantenfläche des rohen Kehlsparrenholzes.

„Rutschklaue" oder „Rutschkerbe" bezeichnet). Dies bedeutet, dass der Kehlsparren nur auf einer Pfette aufliegt und deshalb die Pfettenkante gerade durch das Kehlsparrenholz hindurch verläuft. Da die Pfettenkanten waagerecht beziehungsweise senkrecht liegen, kann die Kerve im Kehlprofil mit je einem senkrechten und einem waagerechten Riss auf jeder Seitenfläche („L$_{inks}$" und „R$_{echts}$") eindeutig festgelegt werden. Die Waagerisse wurden bereits im 3. und 4. Schritt im Kehlprofil eingezeichnet.

11. An der Schwelle (Fußpfette) ist die Situation nicht ganz eindeutig. Der Schnittpunkt der beiden Schwellen liegt in unmittelbarer Nähe der linken Außenkante des Kehlsparrens. Da der geringe Abstand (rechnerisch rund 0,00034 m) beim Aufriss auf der Reißplatte keine Rolle spielt, wird auch an der Schwelle eine durchgehende Kerve wie an der Firstpfette ausgeführt.

Roland Schumacher: Modellprojekt Aufriss

12. **Bild 160** zeigt die Situation beim Anreißen des Kehlsparrenholzes. Das Holz wird auf das Kehlprofil aufgelegt und die Pfetten-Senkelrisse und die Pfetten-Waagerisse an den jeweiligen Seiten angemerkt. Kantet man das Holz auf und verbindet die jeweiligen Punkte, wird die Pfettenrichtung erkennbar. Spätestens beim Übertragen und Zusammenführen der Punkte wird klar, wieso die eindeutige Bezeichnung mit „R" oder „L" so wichtig ist! **Bild 161** zeigt die fertig ausgearbeitete Kerve von der rechten Seite aus gesehen. Deutlich sichtbar: der Waageriss (im Aufriss = OK Firstpfette) und der Senkelriss (im Aufriss = R). Zur Kontrolle: Das senkrechte Obholz muss genauso groß sein wie im Profil 1!

13. Ermitteln und Anreißen des Abschnittes an der Traufe (**Bild 162**): Beim senkrechten Abschnitt müssen lediglich die Traufrichtungen bis zur anderen Seite des Kehlsparrens durchgezogen und senkrecht in das Kehlprofil übertragen werden.

14. Die Kehllinie verläuft innerhalb des Kehlsparrenholzes und tritt erst nach erfolgter Auskehlung zu Tage. Ihre Lage ergibt sich als Schnittpunkt aus dem Senkel durch den Kehltraufpunkt TK und aus der waagerechten Traufhöhe (**Bild 163**).

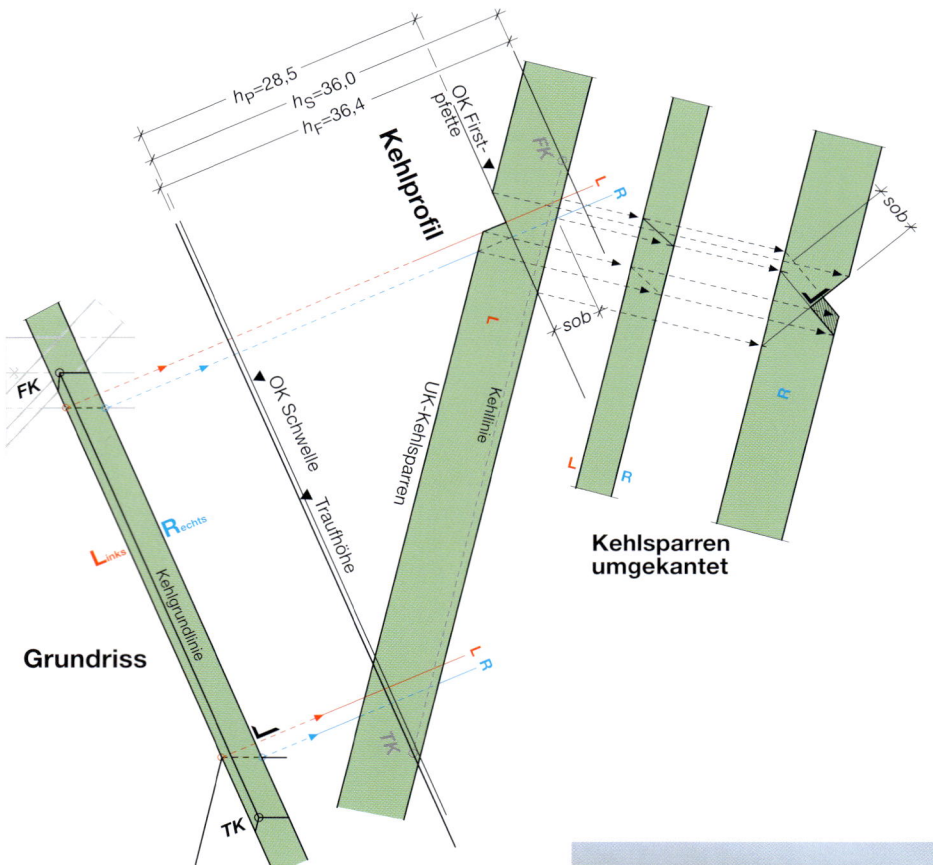

Bild 160: Anreißen der Pfettenkerven am aufgelegten Kehlsparrenholz. Die Waage- und Senkelrisse an den Seitenflächen und die Verbindungsrisse auf der oberen und unteren Kantenfläche des Kehlsparrenholzes beschreiben die Kerve.

Bild 161: Die fertig ausgearbeitete Firstpfettenkerve von „R" gesehen

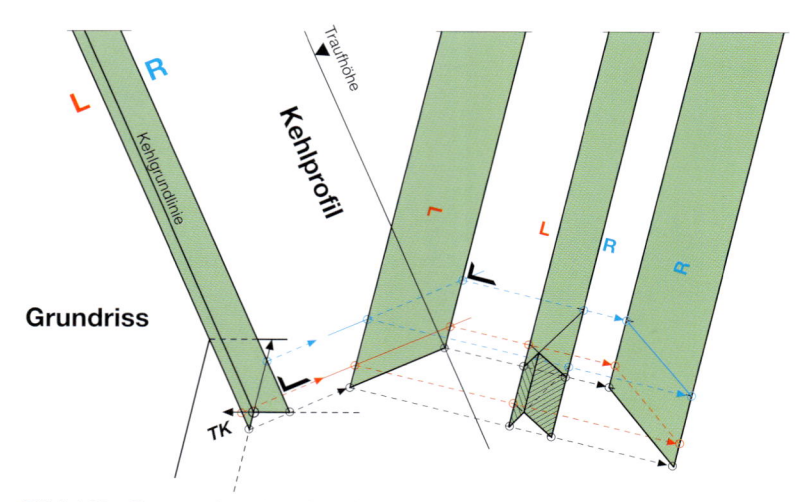

Bild 162: Der senkrechte Traufabschnitt

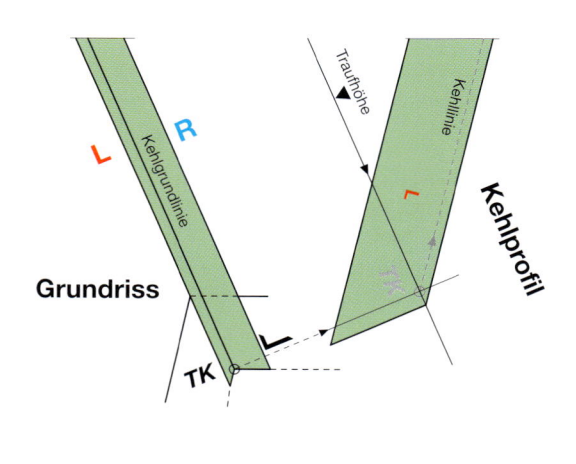

Bild 163: Lage der Kehllinie

Basiswissen Schiften

Roland Schumacher: Modellprojekt Aufriss

15. Ermitteln und Anreißen des Abschnittes am First: Auch hier haben wir einen senkrechten Abschnitt, der auf die gleiche Art und Weise wie an der Traufe angerissen und ausgeführt wird.

Zunächst werden die beiden Abschnittslinien im Grundriss bis zur gegenüberliegenden Außenkante des Kehlsparren verlängert (**Bild 164**).

16. Die jeweiligen Endpunkte, jeweils einer auf der linken und einer auf der rechten Seite, werden in das Kehlprofil übertragen.

17. Werden die Risse richtig miteinander verbunden, entstehen wieder zwei „Abschnittsebenen" durch das Kehlsparrenholz (**Bild 165** und **Bild 166**).
Die waagerechte Firstlinie entsteht am Holz erst dann, wenn die Auskehlung erfolgt ist.

Bild 167 zeigt das Firstdetail vom Anbau her. Die Firstlinie geht gerade bis zum Anfallspunkt am Verfallgratsparren durch. **Bild 168** zeigt die Situation aus der anderen Richtung.

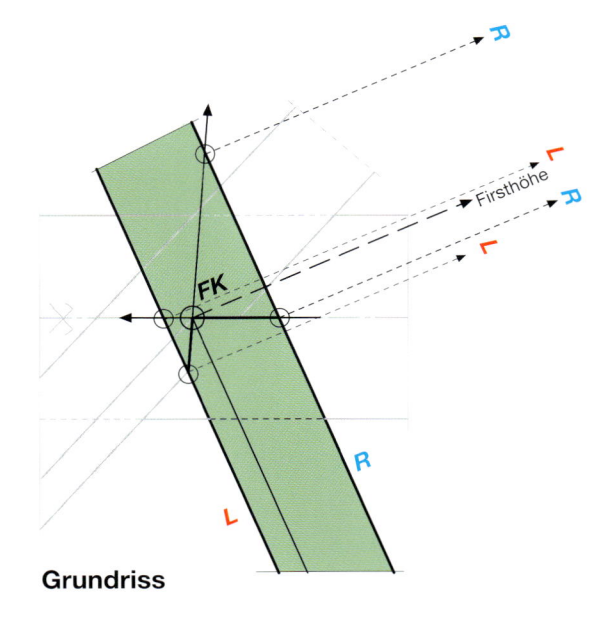

Bild 164: Um die Richtung der Abschnitte auf beiden Seiten des Kehlsparrenholzes anreißen zu können, werden die Abschnittsrisse im Grundriss bis zur gegenüberliegenden Kante verlängert.

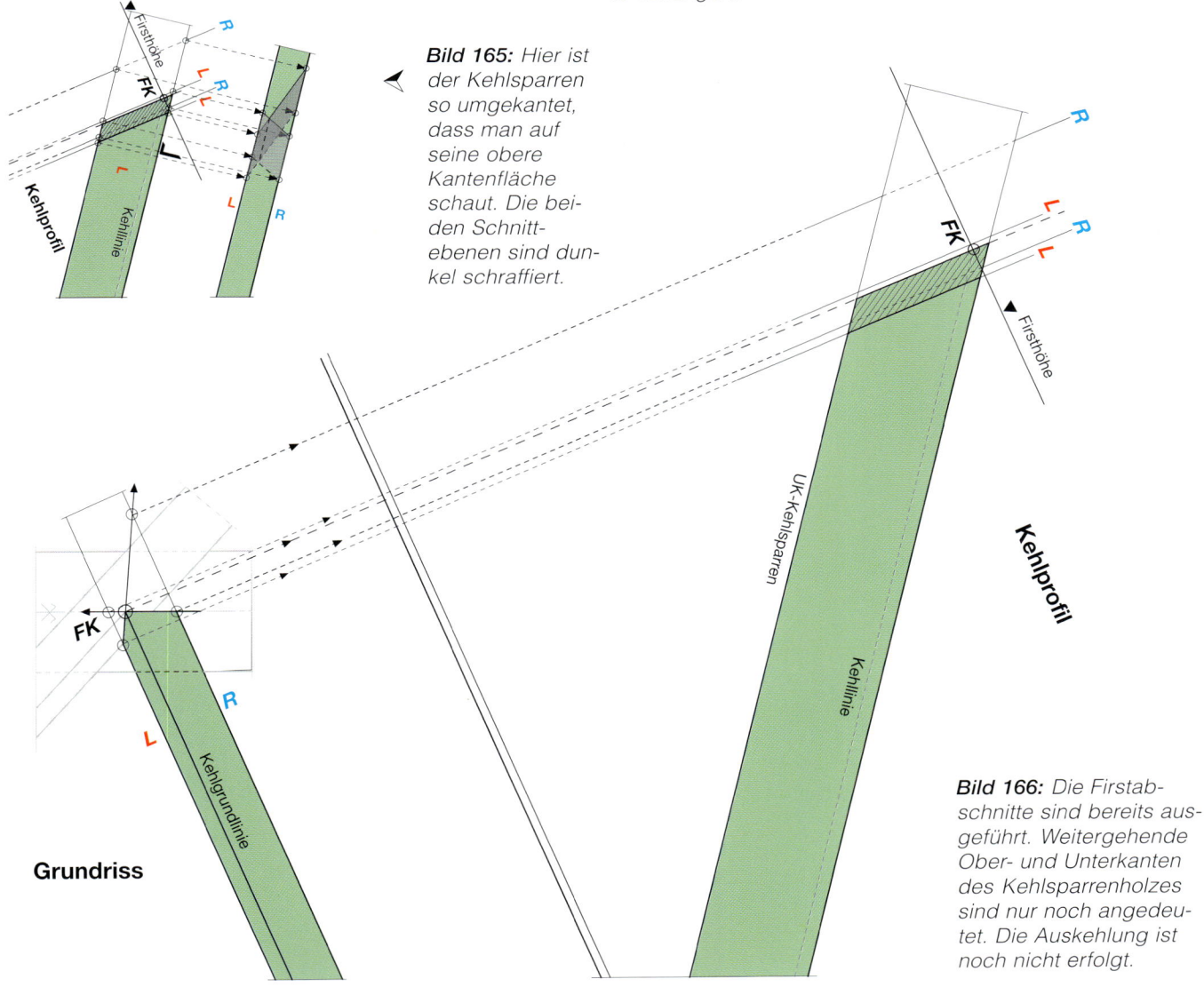

Bild 165: Hier ist der Kehlsparren so umgekantet, dass man auf seine obere Kantenfläche schaut. Die beiden Schnittebenen sind dunkel schraffiert.

Bild 166: Die Firstabschnitte sind bereits ausgeführt. Weitergehende Ober- und Unterkanten des Kehlsparrenholzes sind nur noch angedeutet. Die Auskehlung ist noch nicht erfolgt.

Basiswissen Schiften

Roland Schumacher: Modellprojekt Aufriss

Bild 167: Der Firstabschnitt des Kehlsparrenholzes vom Anbau aus gesehen

Bild 168: Der Firstabschnitt des Kehlsparrenholzes von der gegenüberliegenden Dachseite aus gesehen

Hexenschnitt beim Kehlsparren mit ungleicher Neigung

Als Hexenschnitt wird der Vorgang bezeichnet, mit dem der Traufabschnitt des Grat- oder Kehlsparrens an den Traufabschnitt der Sparren der angrenzenden Dachseiten (Profile) angepasst wird. Anreißvorgang und Ausführung werden am Kehlsparren des Modells gezeigt.

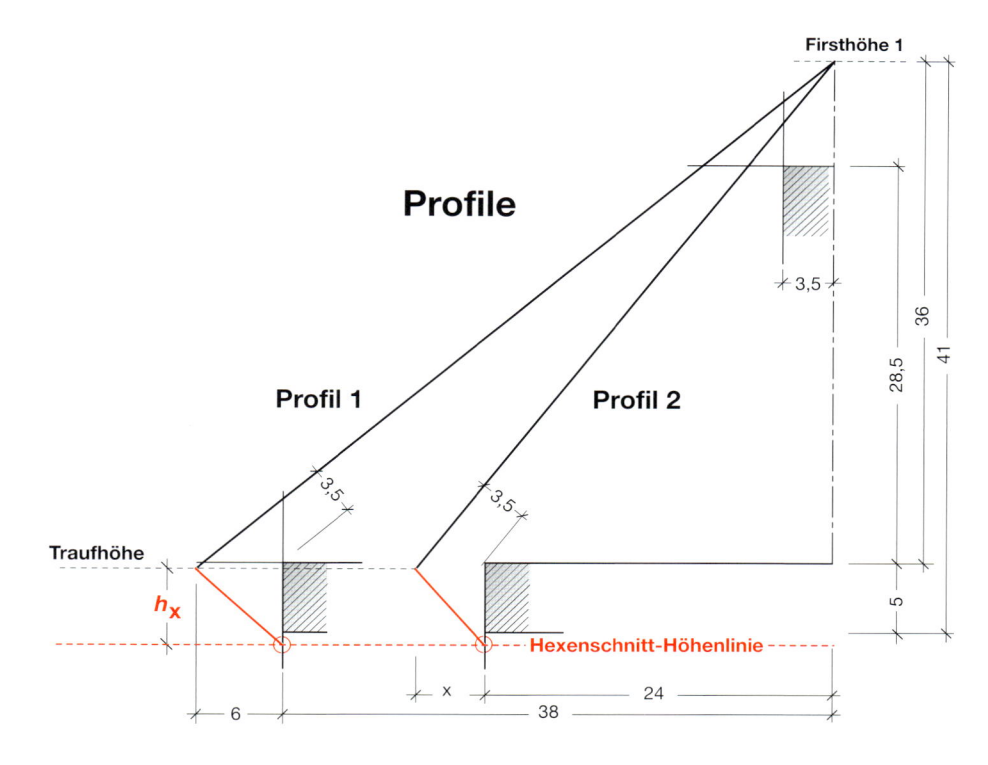

Bild 169: Die Traufabschnitte bei den beiden Profilen des Modells

Die Sparrenabschnitte

Bei senkrechten und waagerechten Traufabschnitten bei den Normalsparren gibt es keinen Hexenschnitt. Dann wird der Kehlsparren (alle hier genannten Grundsätze beziehen sich auch auf den Gratsparren) folgerichtig auch senkrecht oder waagerecht abgeschnitten.

Bei allen anderen Traufabschnittswinkeln wird der Kehlsparrenabschnitt in der Regel mit dem Hexenschnitt angepasst. Dies zum einen, weil es fachgerecht ist und „schöner" aussieht und zum zweiten, wenn Traufstirnbretter angebracht und am Kehlsparren befestigt werden sollen.

Wenn der Hexenschnitt angewendet wird, ist der Traufabschnitt des Kehlsparrens also abhängig von den Traufabschnitten der Sparren der anschließenden Profile. Unterscheiden sich die Neigungen der anschließenden Dachflächen erheblich, kann es vorkommen, dass der Traufabschnitt am Kehlsparren sehr ungleichmäßig gerät und die Verschneidungslinie der Abschnittsebenen in eine der Seitenkanten des Kehlsparrenholzes hinausläuft.

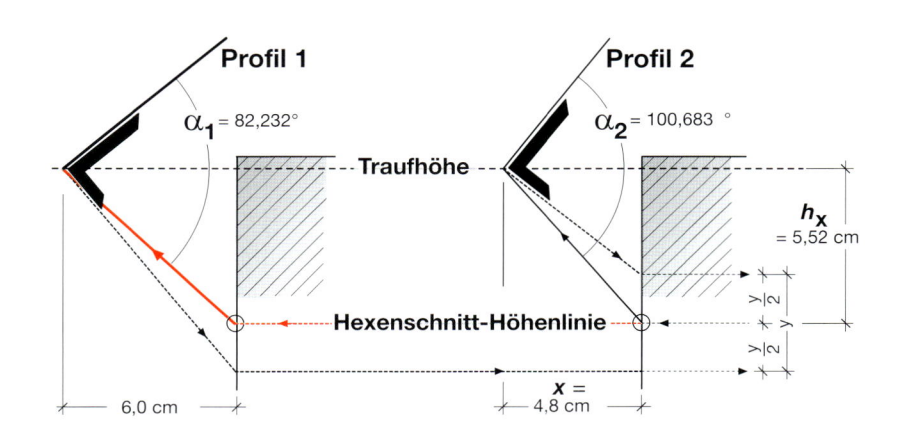

Bild 170: Entwicklung des „angepassten Hexenschnitts" und Festlegung der dabei erforderlichen Hexenschnitt-Höhenlinie

Um dies zu verhindern, bietet sich der „angepasste Hexenschnitt" (**Bild 170**) an, der auf Seite 71 nur kurz angedeutet wurde. Er soll hier noch einmal ausführlicher beschrieben werden.

Bild 169 zeigt, wie die Traufabschnittslinien der beiden Profile zustande kommen: Zu beiden Neigungslinien wird die rechtwinklige Abschnittslinie bis zur Hauskante geführt. Durch den Punkt, der genau in der Mitte zwischen den beiden Auftreffpunkten liegt, werden die neuen Abschnittslinien beider Profile gezogen. Durch ihn verläuft auch die waagerechte Hexenschnitt-Höhenlinie.

Basiswissen Schiften

Roland Schumacher: Modellprojekt Aufriss

Ansicht auf die obere Kantenfläche des Kehlsparrens

Kehlprofil · Höherlegung · Kehllinie · Traufhöhe · h_x · Hexenschnitt-Höhenlinie · S · P_L · R · L

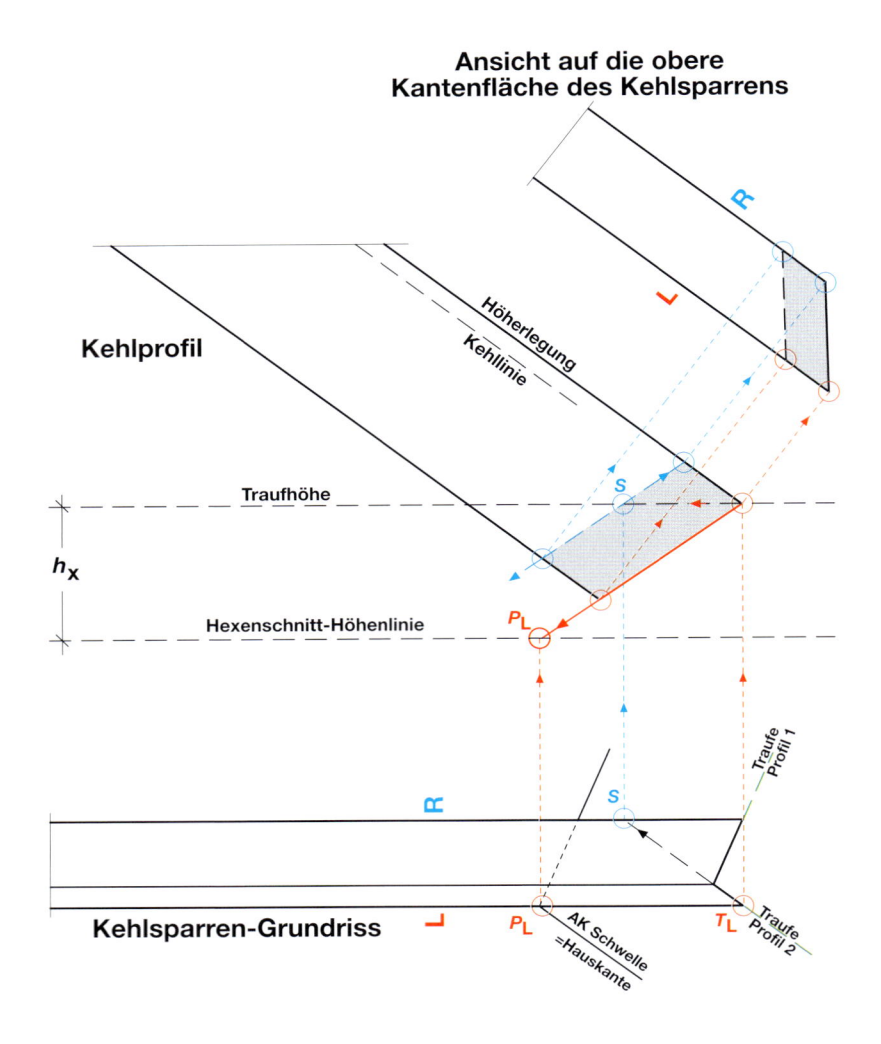

Kehlsparren-Grundriss · R · S · L · P_L · AK Schwelle =Hauskante · T_L · Traufe Profil 1 · Traufe Profil 2

Bild 171: Hier ist der vollständige Hexenschnitt mit dem Sparrenabschnitt von **Profil 2** durch den Kehlsparren hindurch dargestellt. Die dunkel angelegten Flächen sind die Schnittflächen in den verschiedenen Ansichten.

Der Hexenschnitt

Für das Anreißen des Hexenschnittes gibt es einige Methoden, die hier aber nicht alle dargestellt werden können. Wichtig ist, dass grundsätzlich verstanden wird, um was es beim Hexenschnitt geht. Im vorliegenden Beispiel wird schrittweise gezeigt, wie der Hexenschnitt von beiden angrenzenden Dachseiten aus entsteht.

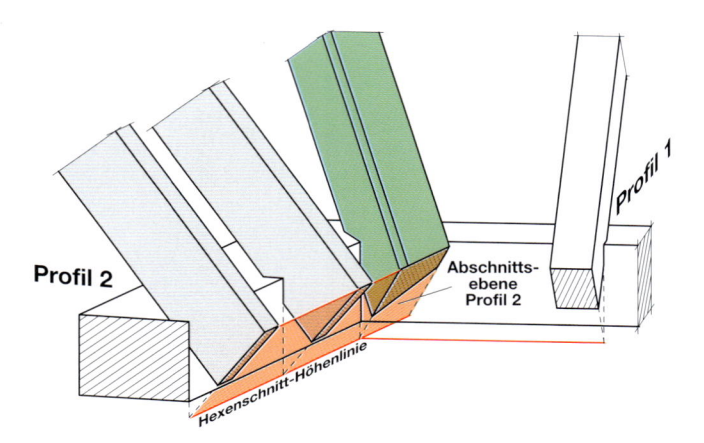

Bild 172: Der durchgehende Hexenschnitt mit dem Traufabschnittswinkel aus Profil 2 ist hier in der dreidimensionalen Ansicht dargestellt. Die von den Traufabschnittsflächen der Normalsparren in Profil 2 gebildete Ebene schneidet den Kehlsparren.

Bei der gezeigten Methode werden die Hexenschnittschmiegen jeweils gegenüber auf der Traufhöhe verschoben. Den Vorgang für die Seite mit **Profil 2** verdeutlichen die **Bilder 171** und **172**:

- Die Hexenschnittschmiege ergibt sich aus folgender Überlegung: Wenn die Traufabschnittslinie des Sparrens vom Traufpunkt bis zur Höhenlinie an der Hauskante verläuft, so muss dies die Abschnittslinie am Kehlsparren auch tun. Das bedeutet, dass die Abschnittslinie im Grundriss von Punkt T_L bis Punkt P_L verläuft und dass P_L auf der Hexenschnitthöhenlinie liegt.
- Wird P_L nun nach oben im Kehlprofil mit der Höhenlinie zum Schnitt gebracht, liegt die Richtung der Hexenschnittschmiege für Profil 2 (L=Links) bereits fest.
- Um die Schnittlinien anreißen zu können, wird die Schmiege auch auf der anderen Seite des Kehlsparrens benötigt. Deshalb wird die „anlaufende" Trauflinie bis zur gegenüberliegenden Seite (R=Rechts) des Kehlsparrens verlängert. Der Schnittpunkt S liegt in Traufhöhe, deshalb kann er senkrecht nach oben übertragen und auf der Traufhöhenlinie markiert werden. Durch diesen Punkt verläuft nun die Hexenschnittschmiege auf der anderen Seite des Kehlsparrens. Das Kehlsparrenholz kann nun aufgelegt, die Anfallspunkte der Schmiegen auf die entsprechenden Seiten übertragen und auf dem Holz miteinander verbunden werden. Damit ist die Schnittebene von Profil 2 angerissen.

Basiswissen Schiften

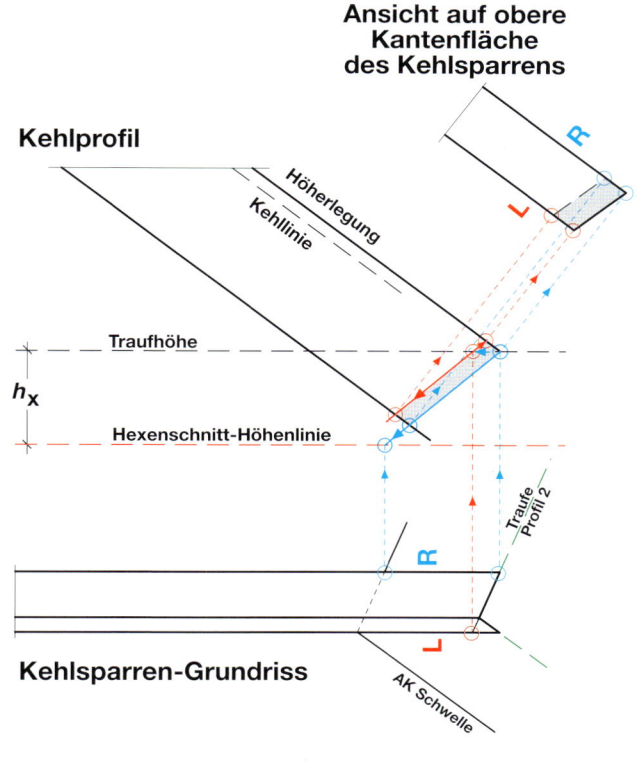

Roland Schumacher: Modellprojekt Aufriss

Ansicht auf obere Kantenfläche des Kehlsparrens

Kehlprofil

Höherlegung
Kehllinie
Traufhöhe
h_x
Hexenschnitt-Höhenlinie
Traufe Profil 2

Kehlsparren-Grundriss

AK Schwelle

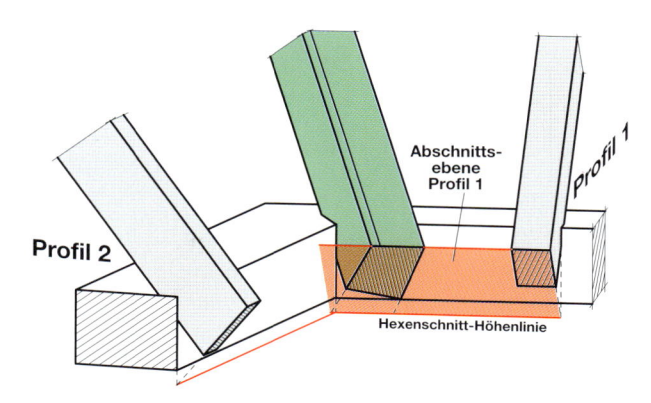

Profil 2
Abschnittsebene Profil 1
Profil 1
Hexenschnitt-Höhenlinie

Die Vorgehensweise für **Profil 1** ist grundsätzlich die gleiche wie eben für **Profil 2** gezeigt. Die **Bilder 173** und **174** veranschaulichen den Vorgang.

Bild 174: Der Vorgang von Bild 172 mit der Traufabschnittsebene aus **Profil 1**.

Bild 173: Hier ist der vollständige Hexenschnitt mit dem Sparrenabschnitt von **Profil 1** durch den Kehlsparren hindurch dargestellt. Die dunkel angelegten Flächen sind die Schnittflächen in den verschiedenen Ansichten.

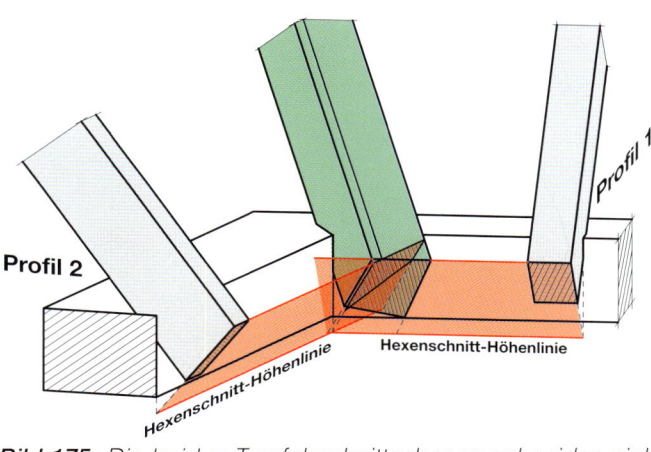

Bild 175: Die beiden Traufabschnittsebenen schneiden sich innerhalb des Kehlsparrens.

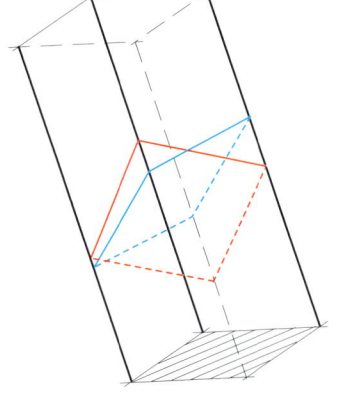

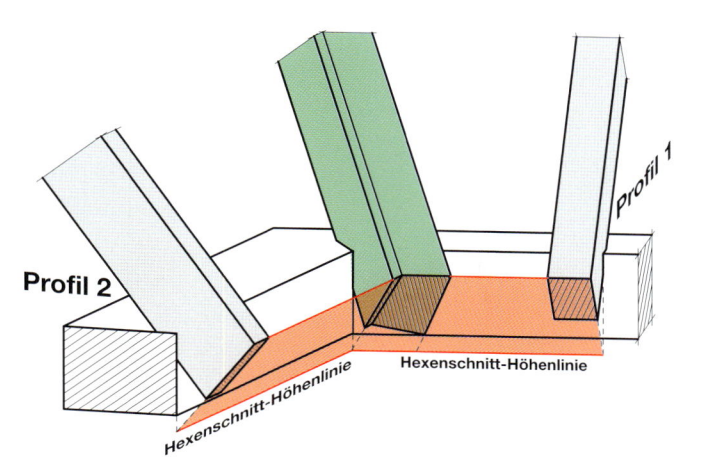

Bild 176: Die Verschneidungslinie verläuft durch den Traufpunkt. Dieser liegt auf der Trauflinie, die erst sichtbar wird, wenn die Auskehlung ausgearbeitet ist.

Bild 177: Das angerissene Kehlsparrenholz. Die blauen, rund um das Holz verlaufenden Risse beschreiben die Abschnittsebene von Profil 2, die roten Risse jene von Profil 1.

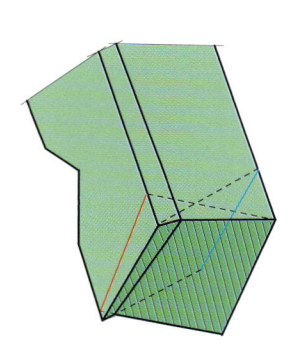

Zeichnet man beide Schnittebenen in die dreidimensionale Ansicht, so sieht das aus wie in **Bild 175** gezeigt. In **Bild 176** hingegen sind die Schnittebenen nur bis zu der Linie gezogen, die auf beiden Ebenen liegt und damit die Verschneidungslinie zwischen den beiden Ebenen bildet.

Das angerissene aber noch nicht ausgearbeitete „transparente" Kehlsparrenholz zeigt

Bild 178: Der fertig ausgearbeitete Traufabschnitt des Kehlsparrens mit den gestrichelt angedeuteten Abschnittsrissen, die bei der Auskehlung weggefallen sind

Bild 177. Die Abschnittsebene von Profil 2 ist blau eingezeichnet, die Abschnittsebene von Profil 1 dagegen rot. In **Bild 178** schließlich wird deutlich, wie die Verschneidungslinie verläuft und wie wichtig die Anwendung des „angepassten Hexenschnittes" war: Von beiden Seiten (Profilen) her ist genügend Auflagefläche für das etwaige Anbringen von Stirnbrettern am Kehlsparrenkopf.

Basiswissen Schiften

Roland Schumacher: Modellprojekt Aufriss

Der verkantete schräge Giebelsparren

Für das Schiften der beiden schrägen Sparren mit den Bezeichnungen *H* und *I* gibt es verschiedene Möglichkeiten. In diesem Abschnitt soll der Vorgang des Verkantens am Beispiel des schrägen Giebelsparrens *H* gezeigt werden.

Schräge Sparren

Schräge Sparren können in zwei „Typen" unterschieden werden:

1. Der schräge Giebelsparren als Abschluss einer Dachfläche an einem nicht rechtwinklig zur Traufe verlaufenden Ortgang (**Bild 179**).

2. Der schräge Flugsparren als Abschluss eines giebelseitigen Dachüberstandes, bei dem die Firstpfette weiter auskragt als die Fußpfette (**Bild 180**).

Verkanten oder Abgraten?

Unter dem **Verkanten** eines Konstruktionsholzes ist ganz allgemein zu verstehen, dass seine Seitenflächen nicht mehr senkrecht stehen (**Bild 181**). Bezogen auf unser Modell kommt eine Verkantung des schrägen Giebelsparrens *H* dann zustande, wenn er um den Firstpunkt *F* so gedreht wird, dass seine obere Kantenfläche in der Dachfläche liegen bleibt.

Die Vorteile des Verkantens liegen darin, dass die obere Kantenfläche nicht abgegratet werden muss. Zudem verlaufen die Pfettenkerven gerade durch das Sparrenholz, da die obere (die Dachflächenebene) und untere Kantenfläche des Sparrens in Parallelebenen zu der Ebene zwischen den Pfettenkanten verlaufen (**Bild 182**). Mit dem Verkanten wird Arbeit gespart, weil die Abgratung wegfällt und die Pfettenkerven mit der gleichen Kervenfräseneinstellung wie die Normalsparren erzeugt werden können.

Das Verkanten macht vor allem bei einzelnen oder symmetrischen schrägen Flugsparren Sinn.

Von **Abgraten** sprechen wir dann, wenn eine Kante eines Sparrens durch seine Schräglage über die Dachfläche hinausragt und dieser Grat abgenommen werden muss, damit beispielsweise die Schalung oder Lattung korrekt aufliegen kann. Bezogen auf unser Modell wird eine Abgratung des schrägen Giebelsparrens *H* (vergleiche **Bild 152** auf Seite 74) dann erforderlich, wenn er um die Senkrechte durch *F* gedreht wird und dabei seine Seitenflächen senkrecht bleiben (**Bild 183**). Der schräge Giebelsparren kann dann auch als „halber Gratsparren" angesehen werden.

Die Abgratung macht dann Sinn, wenn die Sparren-Seitenflächen am Giebel senkrecht stehen sollen (zum Beispiel zum Anbringen eines Ortgangbrettes) oder wenn keine Symmetrie vorliegt und die verkanteten schrägen Sparren zweier Dachseiten am First nicht sauber „zusammenlaufen" würden (siehe hierzu auch **Bild 187** auf Seite 86).

In der Folge wird der schräge Giebelsparren *H* als verkanteter schräger Sparren ausgeführt. Die dabei im Zusammenhang mit der gegenüberliegenden Dachseite entstehenden „Probleme" werden zeigen, dass an dieser Stelle der abgegratete schräge Sparren besser geeignet ist. Die Ausführung des abgegrateten, mit seinen Seitenflächen senkrecht stehenden, schrägen Sparrens wird später anhand des schrägen Giebelsparrens mit der Bezeichnung *I* gezeigt.

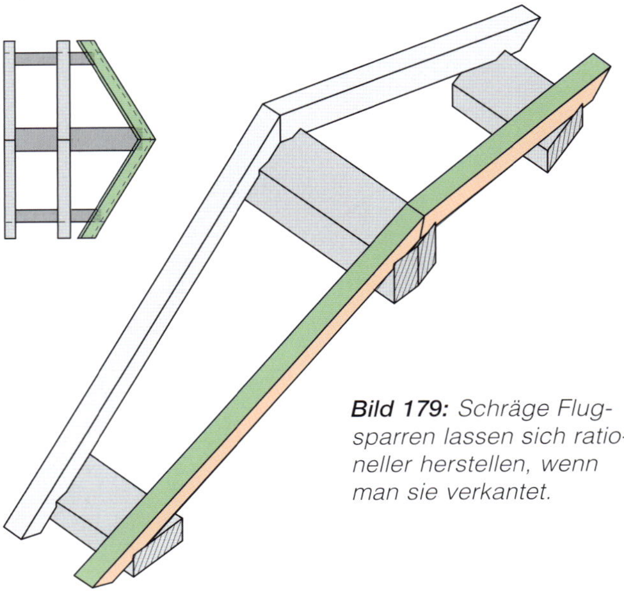

Bild 179: Schräge Flugsparren lassen sich rationeller herstellen, wenn man sie verkantet.

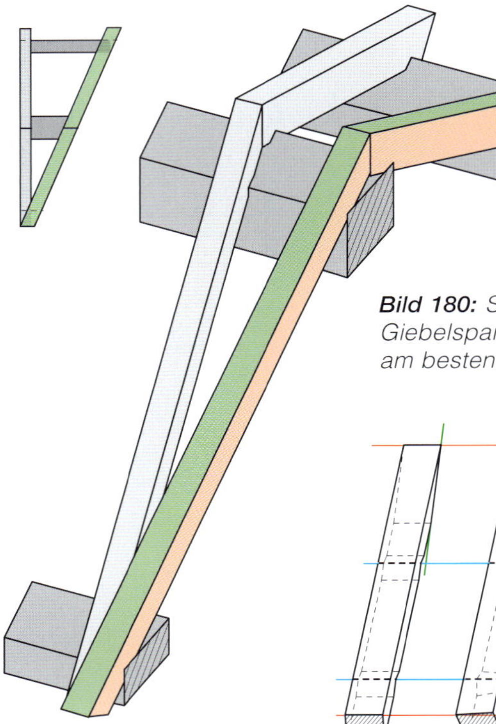

Bild 180: Schräge Giebelsparren werden am besten abgegratet.

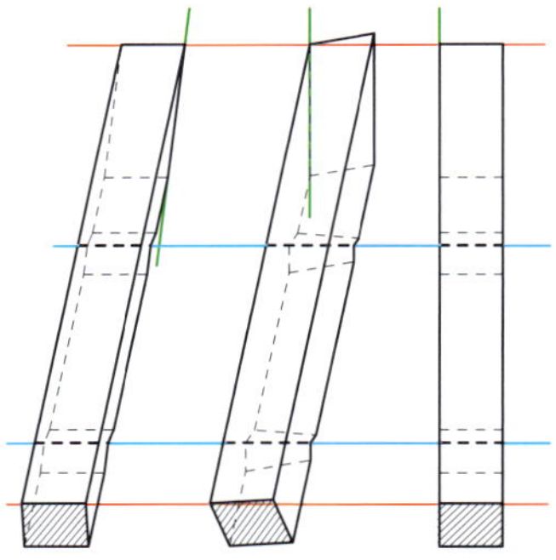

Bild 181: Vorderansichten von Sparren. Rechts: Normalsparren; Mitte: Schräger Sparren, nicht verkantet (Seitenflächen senkrecht, muss abgegratet werden); Links: Schräger Sparren, verkantet (Seitenflächen nicht senkrecht, obere Kantenflächen in Dachfläche)

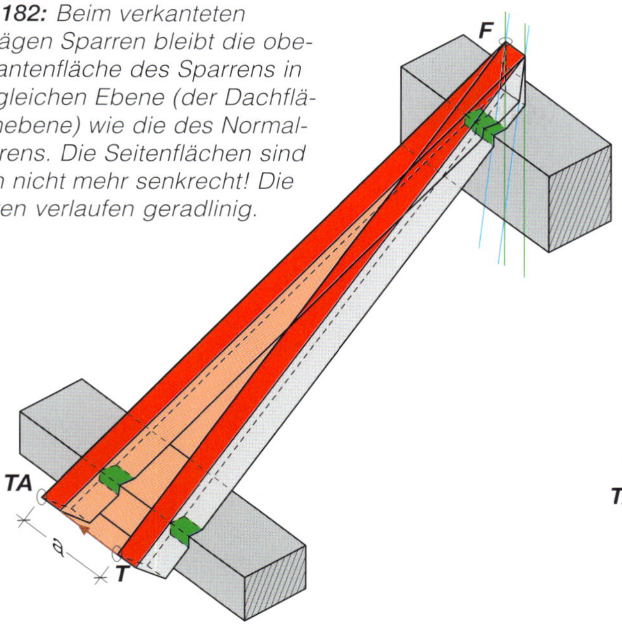

Roland Schumacher: Modellprojekt Aufriss

Bild 182: Beim verkanteten schrägen Sparren bleibt die obere Kantenfläche des Sparrens in der gleichen Ebene (der Dachflächenebene) wie die des Normalsparrens. Die Seitenflächen sind dann nicht mehr senkrecht! Die Kerven verlaufen geradlinig.

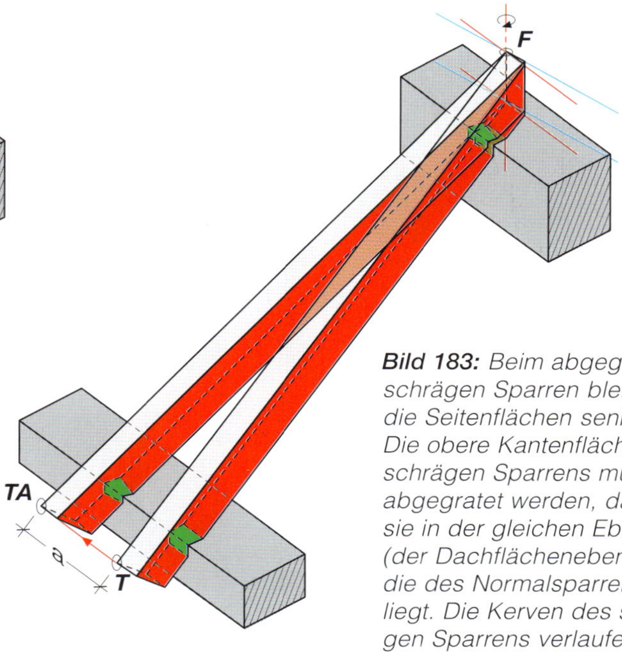

Bild 183: Beim abgegrateten schrägen Sparren bleiben die Seitenflächen senkrecht. Die obere Kantenfläche des schrägen Sparrens muss abgegratet werden, damit sie in der gleichen Ebene (der Dachflächenebene) wie die des Normalsparrens liegt. Die Kerven des schrägen Sparrens verlaufen nicht geradlinig.

Wird der schräge Sparren verkantet, so entspricht seine Breite in der Draufsicht nicht mehr seiner wahren Breite (vergleiche **Bild 181**). Da die obere Kantenfläche jedoch unverändert in der Dachflächenebene verbleibt, kann der verkantete schräge Sparren in der Flächenansicht (der Draufsicht auf die Dachfläche, oft auch als „Flächenprofil" bezeichnet) in seiner wahren Breite gerissen werden. Eine Möglichkeit für die Ermittlung des Abgratungs- beziehungsweise Verschiebungsmaßes *v* über den Traufsenkel zeigt **Bild 184**:

1. Im Normalprofil wird aus dem Traufpunkt *T* eine Waagerechte durch die Unterkante des Normalsparrens (*P0*) bis zum Schnittpunkt *P1* mit dem Firstsenkel gezogen.
2. Rechtwinklig zur Profilneigung wird aus dem Schnittpunkt *P1* eine Linie bis zur Normalsparren-Oberkante gezogen (*P2*).
3. Aus diesem Punkt ist eine Senkrechte in den Grundriss zu ziehen, die dort die Außenkante des schrägen Sparrens in *P3* schneidet.
4. Rechtwinklig zur Traufgrundlinie wird aus *P3* eine Linie bis zu Punkt *P4* auf der Firstgrundlinie gezogen.
5. Nun ist die Verbindung zwischen *P4* und *TA* zu reißen.
6. Aus dem Punkt *P0* auf der Unterkante des Normalsparrens wird ein Senkelriss gezogen. Er schneidet die Linie *P4–TA* in *P6*.
7. Aus *P0* wird rechtwinklig zur Oberkante des Sparrens und zur Klappachse eine Linie in die Ausklappung gezogen, wo an der Außenkante des schrägen Sparrens Punkt *P7* entsteht. Er entspricht *P6* im Grundriss.

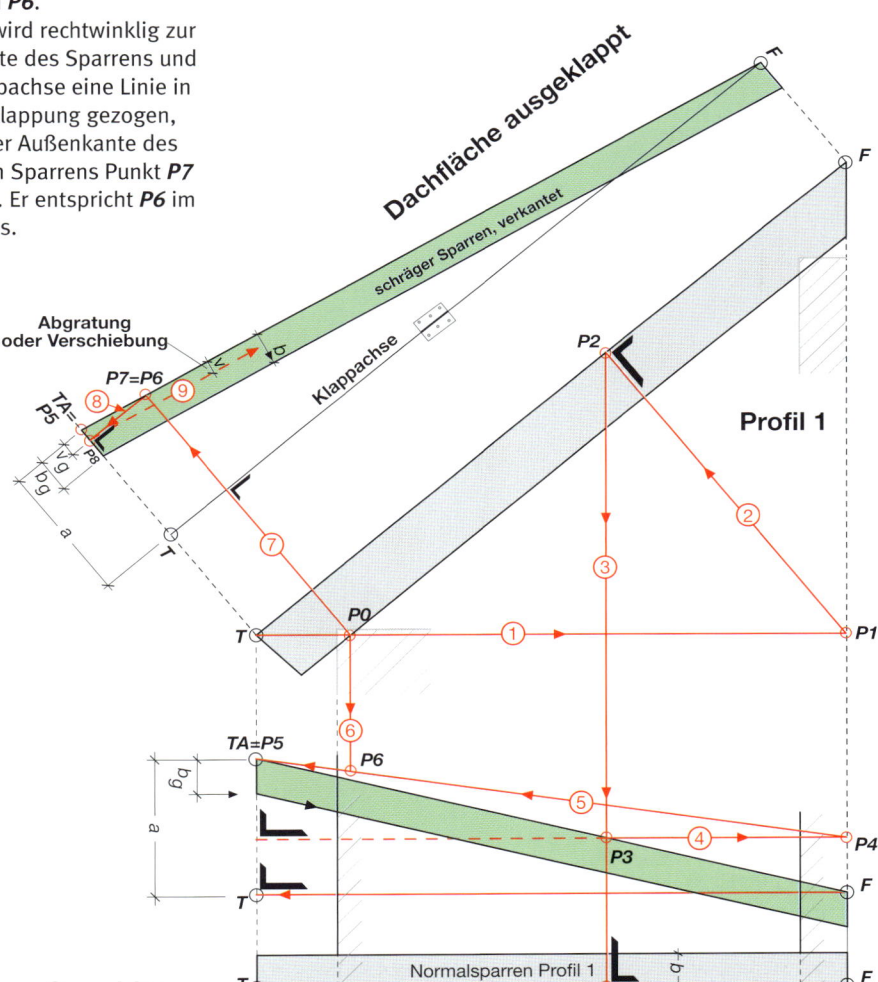

Bild 184: Ermittlung des Maßes v, um das der verkantete schräge Sparren seitlich abgegratet oder verschoben werden muss.

Basiswissen Schiften

Roland Schumacher: Modellprojekt Aufriss

Traufdetail
Dachfläche ausgeklappt

Bild 185

Bild 185 zeigt die Situation im Bereich des Fußpunktes des ausgeklappten schrägen Sparrens etwas deutlicher in einer Vergrößerung.

8. Aus **P7** wird auf die Trauflinie eine Lotrechte bis Punkt **P8** gezogen (**Bild 185**).
9. Der Abstand zwischen **P8** und **PA** ist das Grundmaß v_g der Verschiebung beziehungsweise Abgratung. Aus **P8** kann deshalb die Abgratungslinie (auf der Unterkante des schrägen Sparrens) als Parallele zu seiner Außenkante gerissen werden.

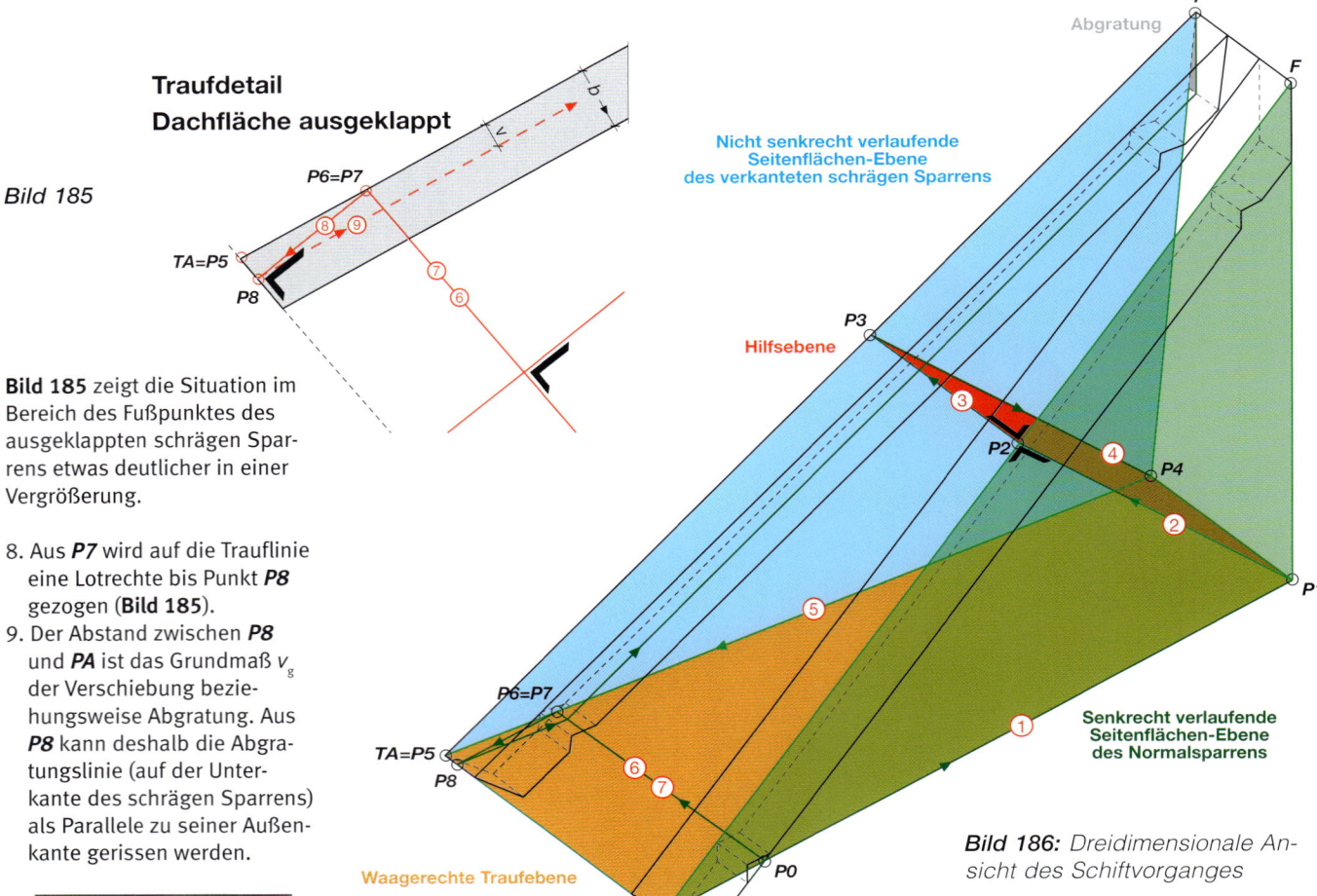

Bild 187: Der verkantete schräge Sparren ist hier bereits um das Maß v verschoben.

Was bei diesem Vorgang passiert, verdeutlicht **Bild 186** in einer dreidimensionalen Ansicht. Die dabei entstehenden und beteiligten Ebenen sind verschieden farbig angelegt: Grün ist die senkrechte Seitenflächenebene des Normalsparrens, gelb die waagerechte Traufebene, rot die Ebene rechtwinklig zur Oberflächenebene der Sparren, blau die Seitenflächenebene des verkanteten schrägen Sparrens.

Bild 187 zeigt den verkanteten schrägen Sparren, wenn er um das Maß v verschoben ist.

Bild 186: Dreidimensionale Ansicht des Schiftvorganges

Die Pfettenkerben

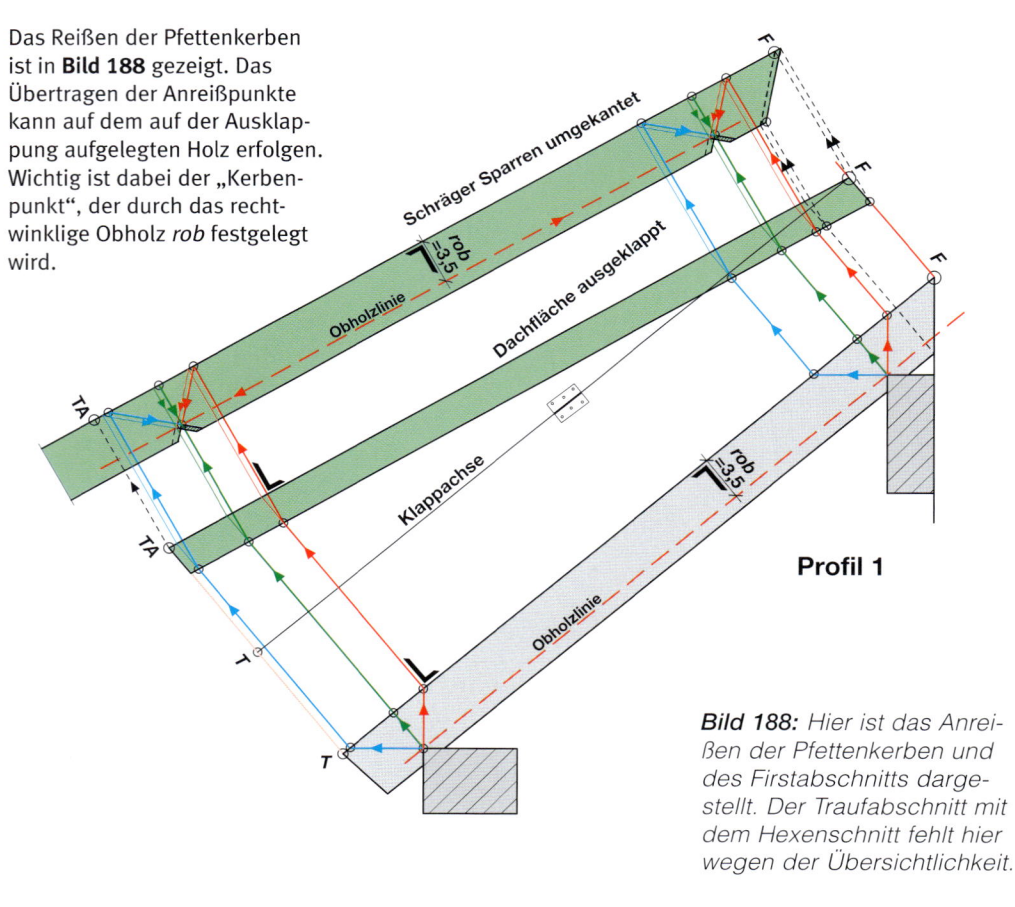

Das Reißen der Pfettenkerben ist in **Bild 188** gezeigt. Das Übertragen der Anreißpunkte kann auf dem auf der Ausklappung aufgelegten Holz erfolgen. Wichtig ist dabei der „Kerbenpunkt", der durch das rechtwinklige Obholz *rob* festgelegt wird.

Profil 1

Bild 188: Hier ist das Anreißen der Pfettenkerben und des Firstabschnitts dargestellt. Der Traufabschnitt mit dem Hexenschnitt fehlt hier wegen der Übersichtlichkeit.

Basiswissen Schiften

Roland Schumacher: Modellprojekt Aufriss

Hexenschnitt

Den Weg zum Anreißen des Hexenschnitts zeigt **Bild 189**. Wie bei der Pfettenkerbe in **Bild 188** wird vom Profil ausgegangen. Oberer und unterer Traufabschnittspunkt werden in die Ausklappung übertragen und können von dort aus am Holz angerissen werden. Die Lage der einzelnen Anfallspunkte verdeutlicht schließlich die in **Bild 189** oben gezeichnete Umkantung des Sparrens.

Bild 189: Der Hexenschnitt

Pfettenabschnitt

Die Vorgehensweise zur Ermittlung des Pfettenabschnitts in Richtung der verkanteten Seitenflächen-Ebene des schrägen Sparrens kann wie folgt aussehen (**Bild 190**):

1. Hilfsprofil zum Normalprofil rechtwinklig anlegen
2. Pfettenprofil mit vorhandenen Dimensionen einreißen
3. Oberkante-Pfette bis Profil-1-Neigungslinie und Hilfsprofil-Neigungslinie verlängern
4. Unterkante-Pfette bis Profil-1-Neigungslinie und Hilfsprofil-Neigungslinie verlängern
5. Schnittpunkte aus Profil 1 bis Außenkante/Oberkante schräger Giebelsparren in Grundriss übertragen
6. Schnittpunkte aus Hilfsprofil bis Normalprofil-Grundlinie durch Firstpunkt **F** ziehen
7. Zusammengehörige Schnittpunkte verbinden
8. Pfetten-Außenkanten aus Profil 1 bzw. Hilfsprofil in Grundriss übertragen
9. Die Pfette kann nun auf den Grundriss gelegt und angerissen werden.

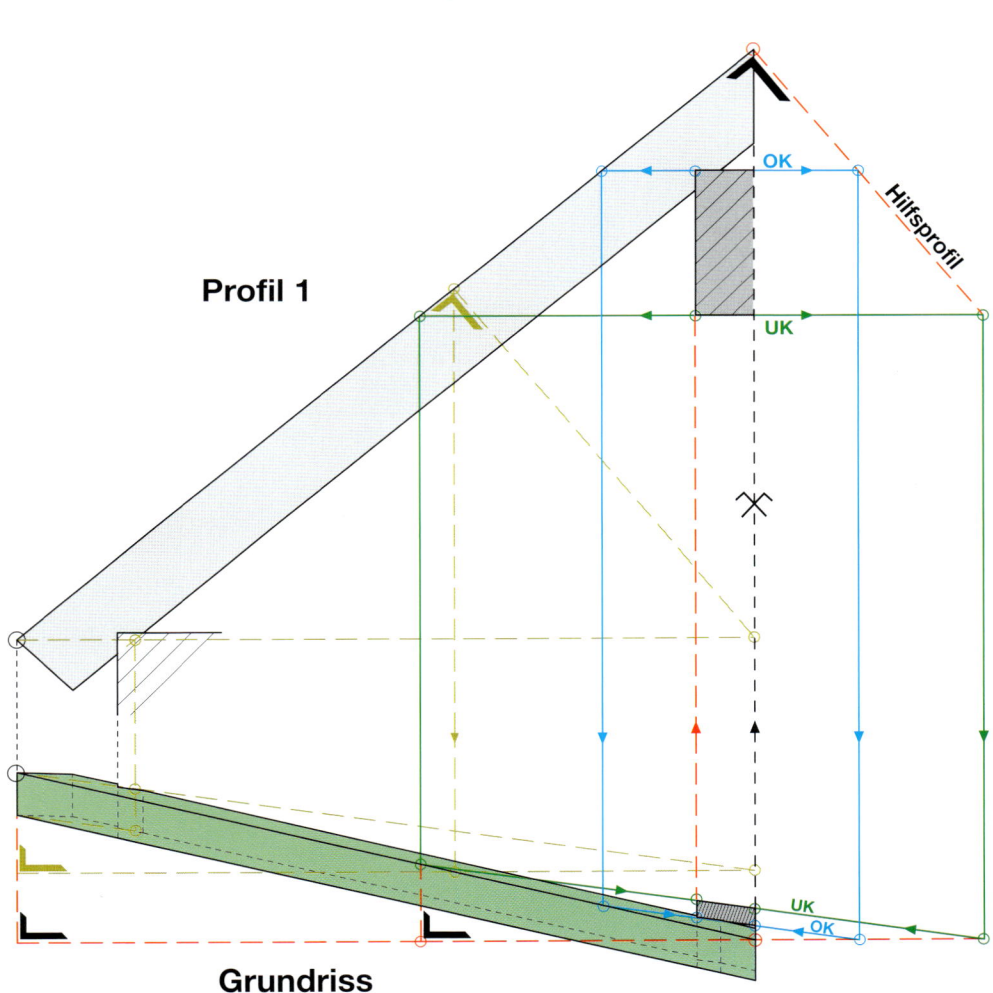

Bild 190: Ermittlung des Pfettenabschnitts durch Anlegen eines Hilfsprofils. Die Methode entspricht grundsätzlich der Vorgehensweise bei der Ermittlung des Verstichmaßes v, wie sie in Bild 184 und in Bild 186 gezeigt wurde und hier zum Vergleich gelb eingezeichnet ist.

Basiswissen Schiften

Sparrenkerve bei steigender Schwelle und Traufabschnitt bei steigender Traufe

Anordnung des Aufrisses

Für die Ermittlung der Sparrenkerbe und des Hexenschnittes beim Sparren mit steigender Schwelle und steigender Traufe sind drei verschiedene Ansichten erforderlich (**Bild 191**):

- Der Grundriss des Bereiches der steigenden Traufe, der steigenden Schwelle und der auf die steigende Schwelle aufliegenden Sparren,
- das Profil der steigenden Schwelle,
- Das Normalprofil der Sparren (in diesem Falle ist dies Profil 1 des Modells).

Die steigende Schwelle

Die steigende **S**chwelle liegt **u**nten mit einer Schmiege auf der waagerechten Schwelle auf. Der Anfallspunkt **Su** liegt auf dem Knickpunkt des Hausgrundes. Am Giebel wird die steigende Schwelle bündig mit der Ortganglinie abgeschnitten. Die steigende **S**chwelle tritt **o**ben am Punkt **So** aus dem Sparren heraus.

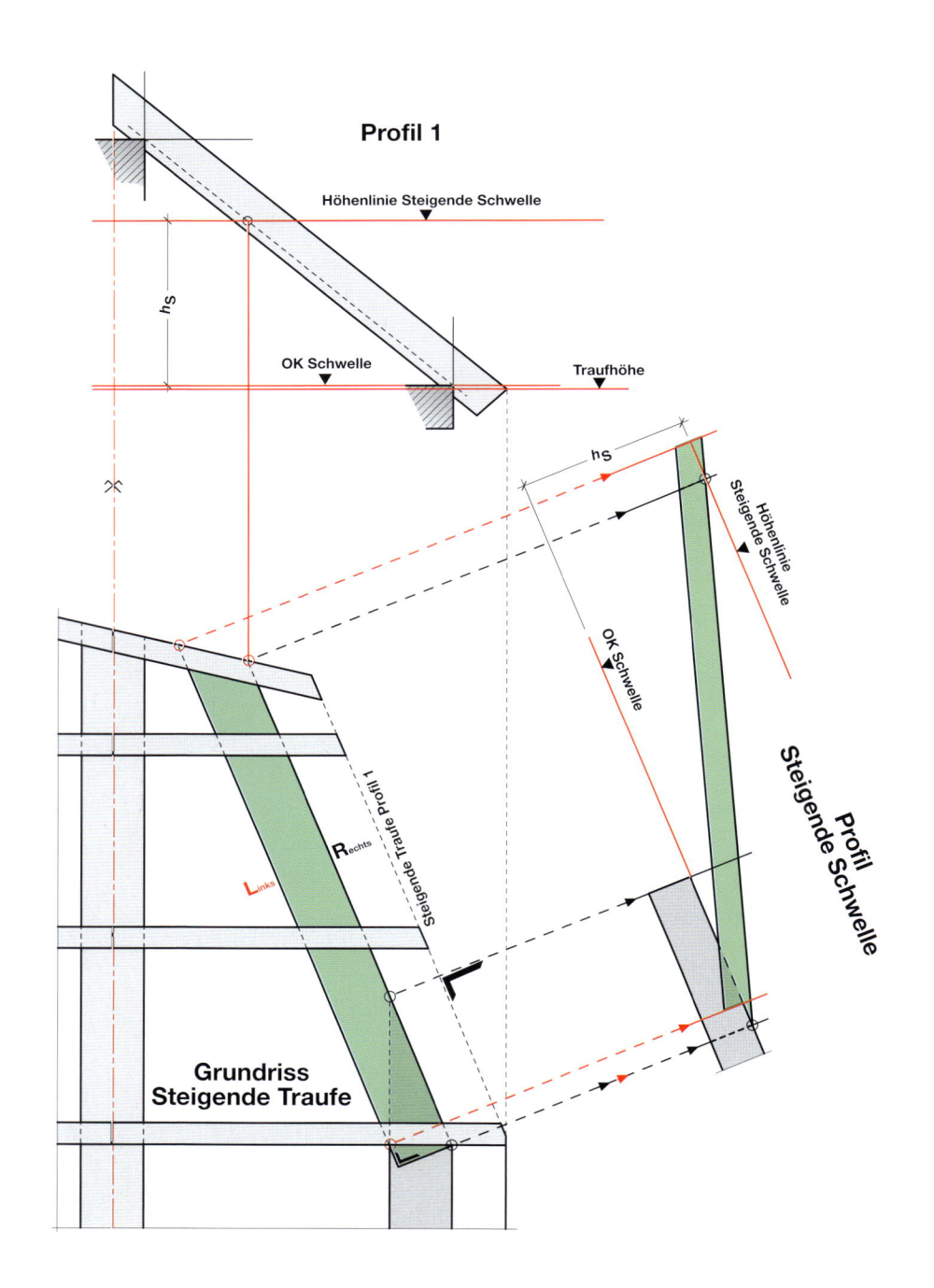

Bild 191: Eine mögliche Anordnung von Grundriss und Profilen zur Ermittlung der Abbundmaße an der steigenden Schwelle und an den Sparren

Roland Schumacher: Modellprojekt Aufriss

Bild 192: Der Bereich der steigenden Traufe beziehungsweise steigenden Schwelle am Modell. Die steigende Schwelle liegt mit einer Klaue auf der waagerechten Schwelle auf. Die weniger hohe Schwelle auf der Holzwerkstoffplatte kann auch weggelassen werden. Dann stehen die Pfosten unmittelbar auf der Grundplatte auf.

Wie aus **Bild 192** und **Bild 193** ersichtlich ist, wird die waagerechte Schwelle weitergeführt und nach dem „Knickpunkt" bündig mit der Vorderkante des Hausgrundes abgeschnitten. Dadurch erhält die steigende Schwelle eine Klaue. Die Länge der steigenden Schwelle und die Klaue lässt sich am Schwellenholz anreißen, indem dieses auf das Profil der steigenden Schwelle (**Bild 191**) aufgelegt und die Senkel- beziehungsweise Waagerisse auf die jeweilige Seite des Holzes übertragen werden.

Bei dem gezeigten Modell ist eine weniger hohe waagerechte Schwelle unterbaut. Diese kann auch weggelassen werden, wenn der als Unterbau verwendete Plattenwerkstoff stabil genug ist (dann stehen die Pfosten im Giebelbereich unter der Firstpfette und unter der steigenden Schwelle unmittelbar auf der Platte auf).

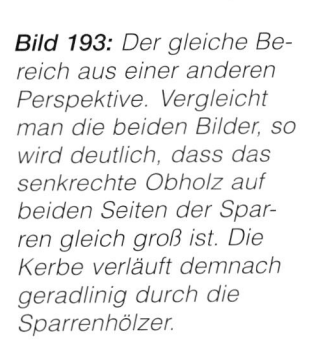

Bild 193: Der gleiche Bereich aus einer anderen Perspektive. Vergleicht man die beiden Bilder, so wird deutlich, dass das senkrechte Obholz auf beiden Seiten der Sparren gleich groß ist. Die Kerbe verläuft demnach geradlinig durch die Sparrenhölzer.

Basiswissen Schiften

Roland Schumacher: Modellprojekt Aufriss

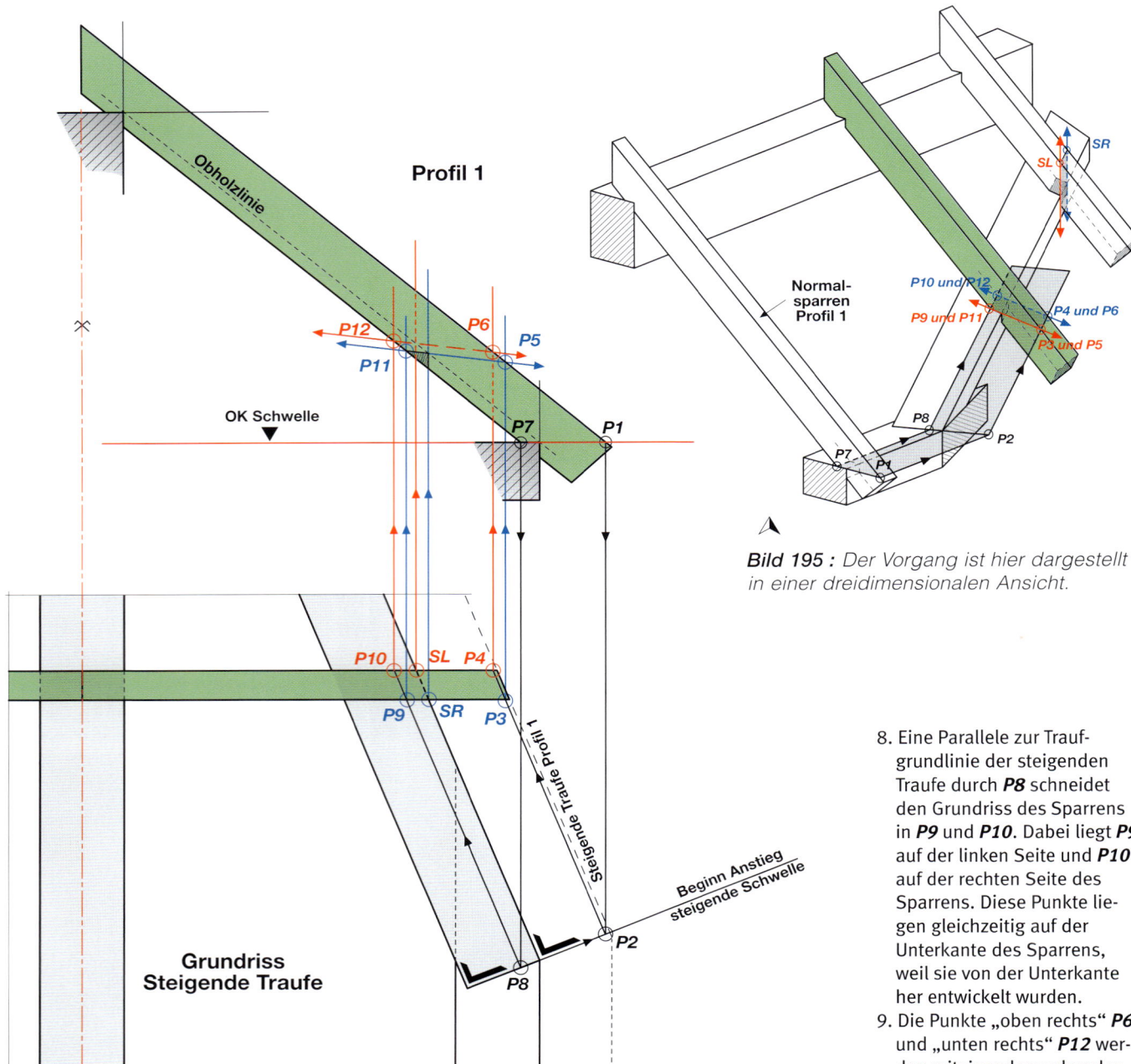

Bild 194: So kann die Kerbe des Sparrens auf steigender Schwelle zeichnerisch entwickelt werden. Das Anreißen des Sparrenholzes erfolgt durch Auflegen auf das Profil und Übertragen der Risse.

Bild 195: Der Vorgang ist hier dargestellt in einer dreidimensionalen Ansicht.

Die Sparrenkerbe

Die Ermittlung der Sparrenkerbe bei der steigenden Schwelle kann in diesen Schritten erfolgen (**Bild 194** und **Bild 195**):

1. Grundriss der steigenden Schwelle reißen
2. Normalprofil Profil 1 „darüber" reißen
3. OK Schwelle in Profil 1 schneidet die Profilneigungslinie (OK Sparren) in **P1**.
4. Rechtwinklige Abschnittslinie am Beginn der steigenden Schwelle nach außen verlängern („Beginn Anstieg steigende Schwelle")
5. Die senkrechte Linie aus **P1** schneidet die Verlängerung der unteren Schwellen-Abschnittslinie in **P2**.
6. Eine Parallele zur Traufgrundlinie der steigenden Traufe durch **P2** schneidet den Grundriss des Sparrens in **P3** und **P4**. Dabei liegt **P3** auf der linken Seite und **P4** auf der rechten Seite des Sparrens. Diese Punkte liegen gleichzeitig auf der Oberkante des Sparrens, weil sie von der Oberkante her entwickelt worden sind.
7. Die Unterkante des Sparrens schneidet die Oberkante der Schwelle in **P7**. Eine Senkrechte aus **P7** schneidet die rechtwinklige Abschnittskante der steigenden Traufe in **P8**.
8. Eine Parallele zur Traufgrundlinie der steigenden Traufe durch **P8** schneidet den Grundriss des Sparrens in **P9** und **P10**. Dabei liegt **P9** auf der linken Seite und **P10** auf der rechten Seite des Sparrens. Diese Punkte liegen gleichzeitig auf der Unterkante des Sparrens, weil sie von der Unterkante her entwickelt wurden.
9. Die Punkte „oben rechts" **P6** und „unten rechts" **P12** werden miteinander verbunden. Diese Linie ist strichliert auszuführen, weil sie nicht sichtbar ist.
10. Die Punkte „oben links" **P5** und „unten links" **P11** werden miteinander verbunden. Diese Linie kann durchgezogen werden, weil sie sichtbar ist.
11. Die Kervensenkel der steigenden Schwelle werden unmittelbar aus dem Grundriss, ausgehend von den Punkten **SL** und **SR** in das Profil übertragen.
12. Nun kann das Sparrenholz auf das Profil aufgelegt und die Kervenrisse können übertragen werden.

Basiswissen Schiften

Roland Schumacher: Modellprojekt Aufriss

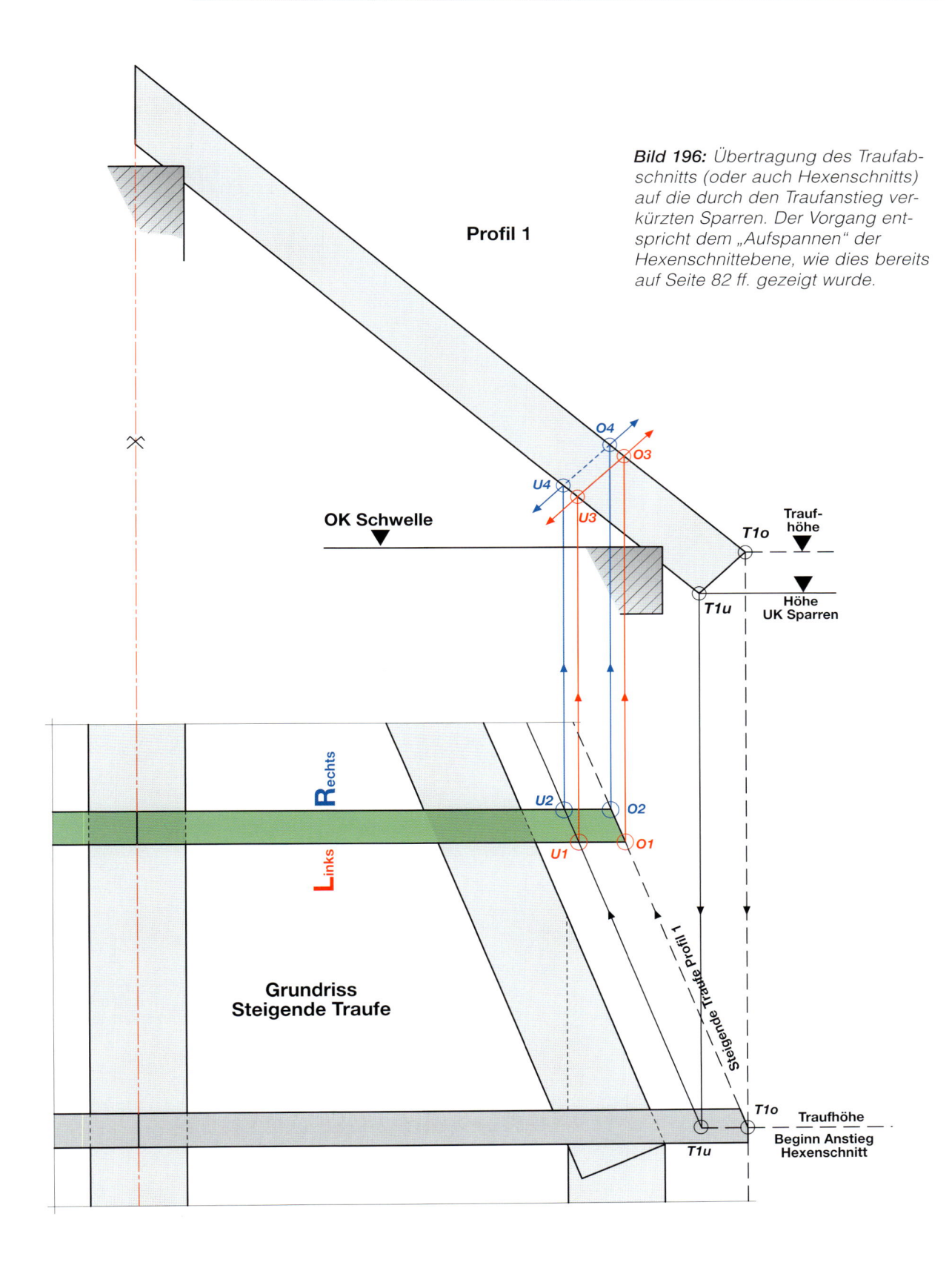

Bild 196: Übertragung des Traufabschnitts (oder auch Hexenschnitts) auf die durch den Traufanstieg verkürzten Sparren. Der Vorgang entspricht dem „Aufspannen" der Hexenschnittebene, wie dies bereits auf Seite 82 ff. gezeigt wurde.

Der Traufabschnitt

Die Übertragung des nicht rechtwinkligen oder waagerechten Traufabschnitts des Normalprofils auf den Traufabschnitt der durch das Ansteigen der Traufe verkürzten Sparren geschieht durch das „Aufspannen" der Hexenschnitt-Abschnittsebene (**Bild 196** und **Bild 197** auf Seite 92).

Siehe hierzu auch noch einmal die Ausführungen ab Seite 82.

Die Vorgehensweise kann wie folgt aussehen:
1. Der „obere" Traufpunkt **T1o** von Profil 1 entspricht dem Traufpunkt **T1o** im Grundriss.

Basiswissen Schiften

Roland Schumacher: Modellprojekt Aufriss

2. In diesem Punkt beginnt der „Anstieg" der Trauflinie und damit gleichzeitig des Traufabschnitts an der Oberkante der Sparren.

3. Um im Grundriss den Punkt zu ermitteln, an dem der Anstieg des Traufabschnitts an der Unterkante des Sparrens beginnt, muss aus dem „unteren Traufpunkt" *T1u* im Profil 1 eine Senkrechte in den Grundriss gezogen werden. Sie schneidet sich mit einer im Grundriss rechtwinklig zur waagerechten Traufgrundlinie gerissenen Linie durch den Traufpunkt *T1o*. Dieser Punkt entspricht dem „unteren Traufpunkt" *T1u* des Profils und soll deshalb ebenfalls *T1u* heißen.

4. Die Anstiege der „oberen" Trauflinie und der „unteren" Trauflinie (oder auch der „Hexenschnittlinie") verlaufen parallel. Die Parallele im Grundriss zur (steigenden) Trauflinie durch *T1u* schneidet den Schiftergrundriss in den Punkten *U1* und *U2*. Weil sie aus dem unteren Traufpunkt entwickelt wurden, liegen sie auf der Unterkante des Sparrens auf.

5. Die „oberen" Traufpunkte *O1* und *O2* des Sparrens entstehen durch den Schnitt der Grundlinie der steigenden Traufe mit dem Grundriss des Sparrens.

6. Überträgt man die Punkte *O1* und *U1* beziehungsweise *O2* und *U2* senkrecht an Ober- beziehungsweise Unterkante des Sparrens im Normalprofil (Profil 1), so erhält man die Punkte *O3* und *U3* beziehungsweise *O4* und *U4*.

7. Diese jeweils miteinander verbunden ergeben die Abschnittsrisse für den Traufabschnitt. Sie werden über die Schifterkanten hinausgezogen. Nun kann das Sparrenholz mit seiner Seitenfläche auf das Profil aufgelegt werden. Das Übertragen der Abschnittsrisse ist nun kein Problem mehr.

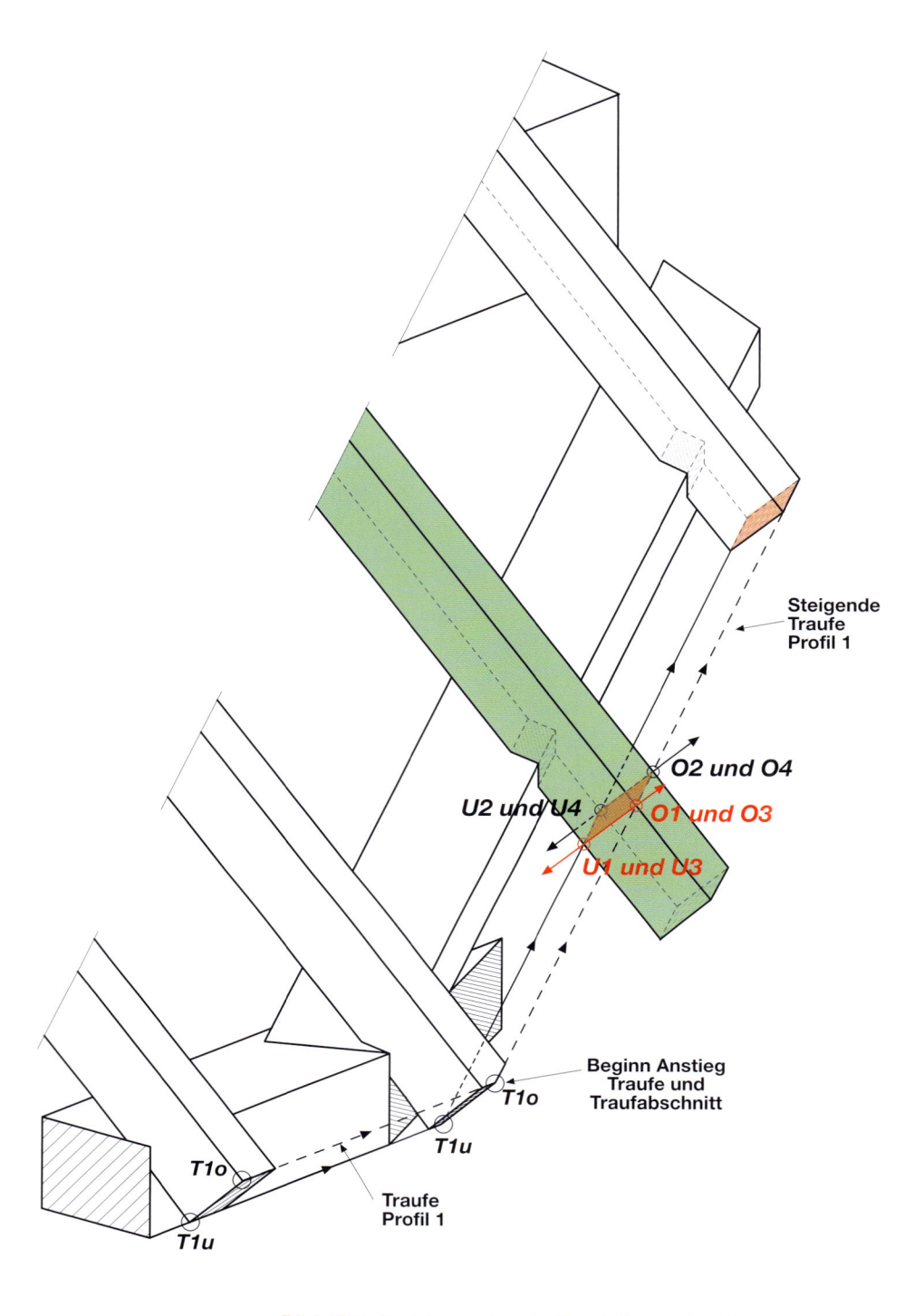

Bild 197: Dreidimensionale Darstellung des Vorganges

Schräger Giebelsparren bei steigender Traufe

In diesem Abschnitt geht es um den schrägen Sparren mit der Bezeichnung „l", der den Abschluss der Dachfläche am Giebel bildet.

Voraussetzungen

Da der schräge Giebelsparren (**Bild 198**) in der gleichen Dachfläche liegt wie die bereits „erledigten" Normalsparren, wird zunächst die gleiche Aufrissanordnung wie in **Bild 191** (auf Seite 88) mit dem Grundriss der steigenden Traufe, dem Profil der steigenden Schwelle und dem Normalprofil Profil 1 benötigt.

Das Profil des schrägen Giebelsparrens entspricht durch die Schrägstellung im Grundriss nicht mehr dem Normalprofil! Es muss also neu angelegt werden. Dies geschieht in **Bild 199**, wobei nun gegenüber **Bild 191** das Profil der steigenden Schwelle weggelassen und nur noch der Grundriss des am weitesten außen liegenden „normalen" Sparrens gezeichnet wurde.

Für das Aufreißen des Profils des schrägen Giebelsparrens ist die waagerechte Traufgrundlinie von Profil 1 erforderlich, ihre Herkunft zeigt **Bild 191**.

Beim Aufreißen des Profils des schrägen Giebelsparrens ist wichtig, dass dies rechtwinklig zur Außenkante des schrägen Giebelsparrens im Grundriss geschieht.

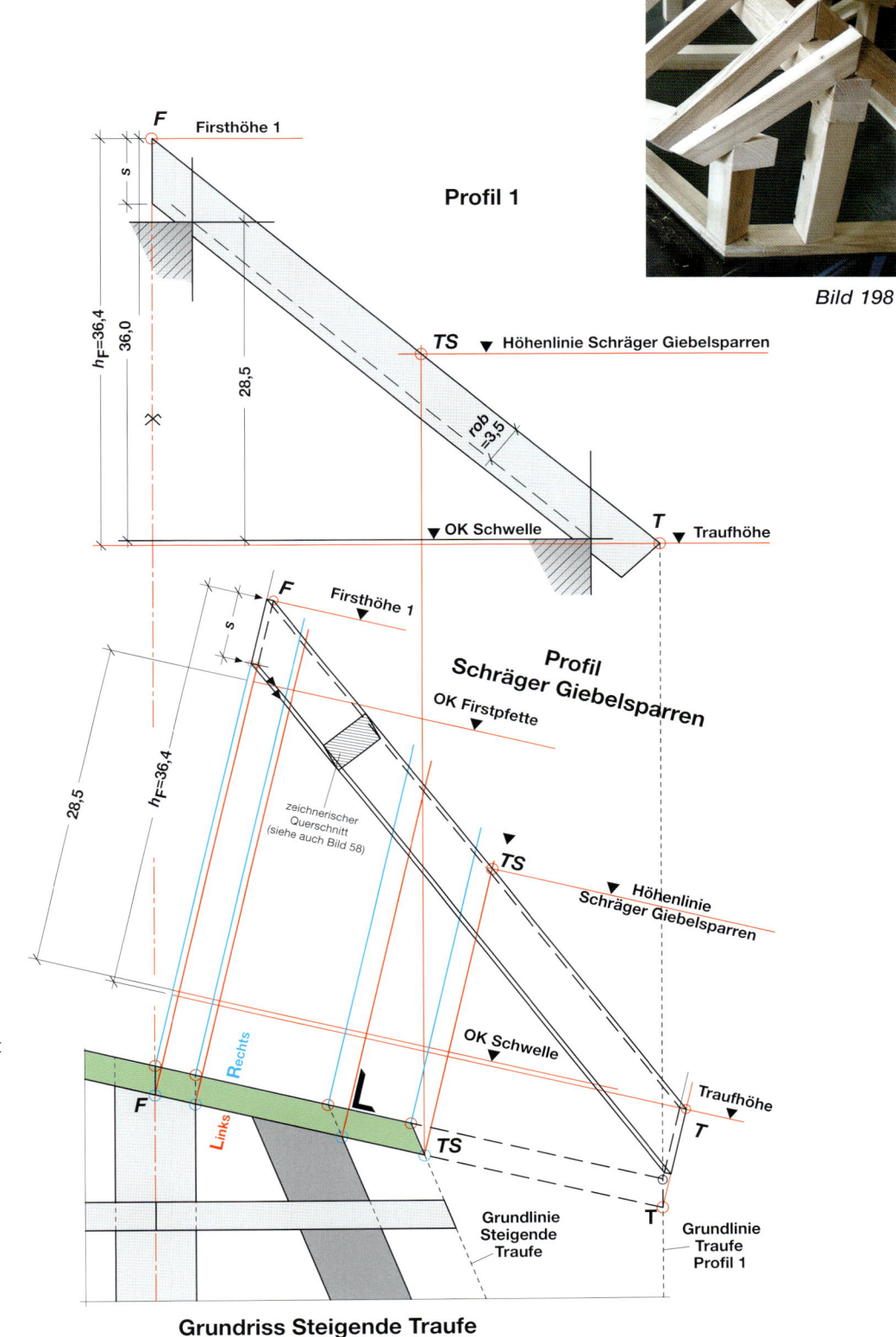

Bild 198

Bild 199: Für die Ermittlung der Abschnitte und Kerven am schrägen Giebelsparren wird dessen Profil benötigt. Es wird rechtwinklig zu seinen Grundriss-Seitenkanten angelegt. Die untere Kantenfläche des schrägen Giebelsparrens ist hier durch Übertragung der Senkelhöhe s aus Profil 1 geschehen.

Basiswissen Schiften

Roland Schumacher: Modellprojekt Aufriss

Dabei wird er zunächst so gezeichnet, als reiche er bis zur Traufhöhe des Normalsparrens hinunter. Die Höhe des Firstpunktes **F** ist gegeben durch die Höhe h_F = 36,4 cm aus Profil 1 (vergleiche **Bild 157** auf Seite 76). Die Grundmaße ergeben sich im Grundriss aus den Schnittpunkten der Sparren-Außenkanten mit der Firstgrundlinie beziehungsweise der Traufgrundlinie von Profil 1. Die Abschnittspunkte auf der Oberkante des schrägen Giebelsparrens werden durch die Schnittpunkte der Traufgrundlinie der steigenden Traufe mit den Sparren-Außenkanten festgelegt (alles noch **Bild 199**).

Für die zeichnerische Ermittlung des Firstabschnitts, der Firstpfettenkerve und der Kerve der steigenden Schwelle sind Profil und Grundriss des schrägen Giebelsparrens in **Bild 200** größer herausgezeichnet.

Firstabschnitt

Wie aus dem Profil des schrägen Giebelsparrens in **Bild 199** bereits deutlich erkennbar, wird durch die Schrägstellung eine Abgratung erforderlich. Der Grund: Bei der Schrägstellung ist der Sparren um die senkrechte Achse durch den Firstpunkt **F** gedreht worden. Das bedeutet, dass seine Seitenflächen senkrecht bleiben und die nach innen, zur Dachfläche hin, gedrehte Oberkante in der Dachflächenebene bleibt und die äußere sich über die Dachfläche erhebt und abgegratet werden muss.

Die Abgratungshöhe ergibt sich letztendlich aus dem Grundverstichmaß v_G (**Bild 200**). Der Abschnitt am First wird durch die Firstsenkellinien sf_L (links) und sf_R (rechts) festgelegt.

Firstpfettenkerve

Da die Firstpfette waagerecht liegt, verläuft auch die Firstpfettenkerve waagerecht durch den schrägen Giebelsparren. Die Kerve ergibt sich beim Anreißen des aufgelegten Sparrenholzes aus den Firstpfettensenkeln fps_L (links) und fps_R (rechts) und den links und rechts in gleicher Höhe angetragenen Waagerechten fpw durch die Firstpfetten-Oberkante (**Bild 200**).

Die Kerve der steigenden Schwelle

Diese Kerve wird prinzipiell angerissen wie dies beim „normalen" Sparren in **Bild 194** (auf Seite 90) geschehen ist (die Bezeichnung der Punkte wurde zur Erleichterung eines Vergleiches übernommen).

Dabei werden die untere Kantenfläche des schrägen Giebelsparrens und die obere Kantenfläche der steigenden Schwelle miteinander verschnitten (**Bild 200**). Es wird ausgegangen von einem waagerechten Schnitt durch den Normalsparren. Hierfür bietet sich im Normalprofil die Ebene „Oberkante Schwelle" an. Sie verläuft im gezeigten Beispiel von Punkt **P7** nach Punkt **P1**.

Die waagerechte Ebene reicht bis zum Anstieg der steigenden Schwelle in Punkt **P8** (Unterkante) und **P2** (Oberkante) und verläuft von dort parallel zur Außenkante der steigenden Schwelle in deren Steigung zu Punkt **P9** an der Unterkante und **P3** an der Oberkante des schrägen Giebelsparrens.

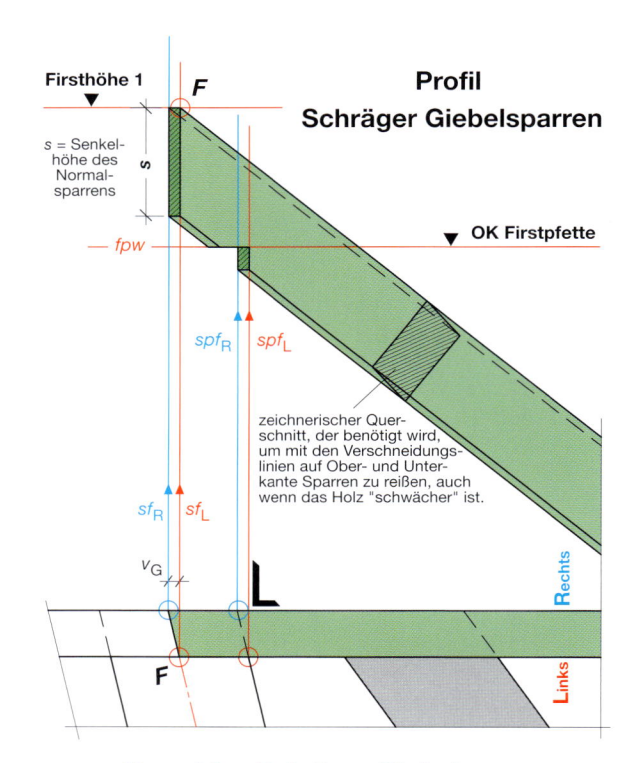

Bild 200: Für die Ermittlung der Abschnitte und Kerven am schrägen Giebelsparren wird dessen Profil benötigt. Es wird rechtwinklig zu seinen Grundriss-Seitenkanten angelegt. Die untere Kantenfläche des schrägen Giebelsparrens kann man ermitteln, indem man die Senkelhöhe s vom Normalprofil (Profil 1) überträgt.

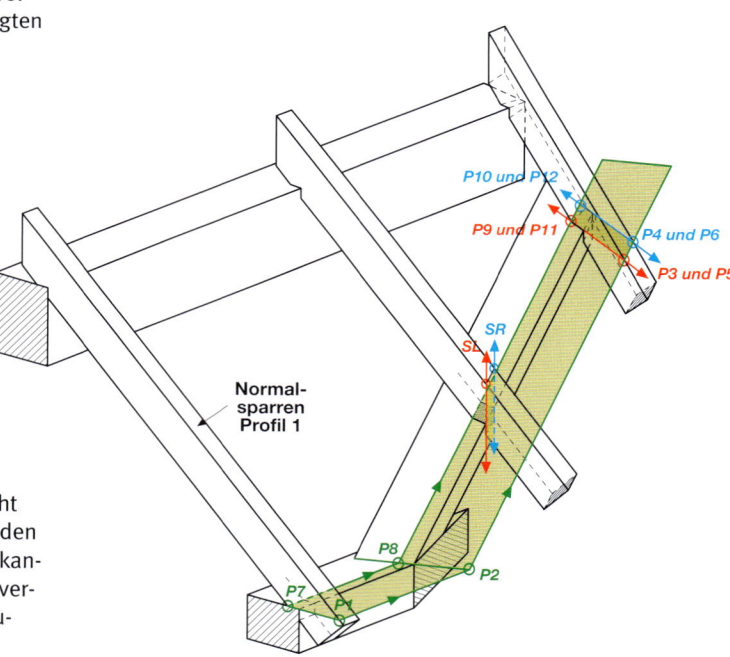

Bild 201: Dreidimensionale Übersicht über die Methode der Flächenverschneidung zur Ermittlung der Kerve an der steigenden Schwelle des schrägen Giebelsparrens

Basiswissen Schiften

Roland Schumacher: Modellprojekt Aufriss

Der Vorgang und die Zusammenhänge sind in **Bild 201** und in **Bild 202** verdeutlicht. Die Vorgehensweise kann so aussehen:

1. Grundriss der steigenden Schwelle mit Grundriss des schrägen Giebelsparrens reißen. Vorteilhaft für das Verständnis ist es, den schrägen Giebelsparren zunächst bis zur Traufhöhe des Normalprofils „durchlaufen" zu lassen.
2. Normalprofil Profil 1 „darunter" reißen
3. OK Schwelle in Profil 1 schneidet die Profilneigungslinie (OK Sparren) in **P1**.
4. Rechtwinklige Abschnittslinie am Beginn der steigenden Schwelle nach außen verlängern („Beginn Anstieg steigende Schwelle")
5. Die senkrechte Linie aus **P1** schneidet die Verlängerung der unteren Schwellen-Abschnittslinie in **P2**.
6. Eine Parallele zur Außenkante steigende Schwelle (oder der Traufgrundlinie der steigenden Traufe) durch **P2** schneidet den Grundriss des schrägen Giebelsparrens in **P3** und **P4**. Dabei liegt **P3** auf der linken Seite und **P4** auf der rechten Seite des schrägen Giebelsparrens.
7. Die Unterkante des Sparrens schneidet im Profil 1 die Oberkante der Schwelle in **P7**. Eine Senkrechte aus **P7** schneidet die rechtwinklige Abschnittskante der steigenden Traufe im Grundriss in **P8**.
8. Eine Parallele zur Außenkante steigende Schwelle (oder der Traufgrundlinie der steigenden Traufe) durch **P8** schneidet den Grundriss des Sparrens in **P9** und **P10**. Dabei liegt **P9** auf der linken Seite und **P10** auf der rechten Seite des Sparrens. Diese Punkte liegen gleichzeitig auf der Unterkante des Sparrens, weil sie von der Unterkante her entwickelt wurden.
9. Die Punkte „oben rechts" **P6** und „unten rechts" **P12** werden miteinander verbunden. Diese Linie ist gestrichelt auszuführen, weil sie nicht sichtbar ist.
10. Die Punkte „oben links" **P5** und „unten links" **P11** werden miteinander verbunden. Diese Linie kann durchgezogen werden, weil sie sichtbar ist.
11. Die Kervensenkel der steigenden Schwelle werden unmittelbar aus dem Grundriss, ausgehend von den Punkten **SL** und **SR** in das Profil übertragen.
12. Nun kann das Sparrenholz auf das Profil aufgelegt und die Kervenrisse können übertragen werden.

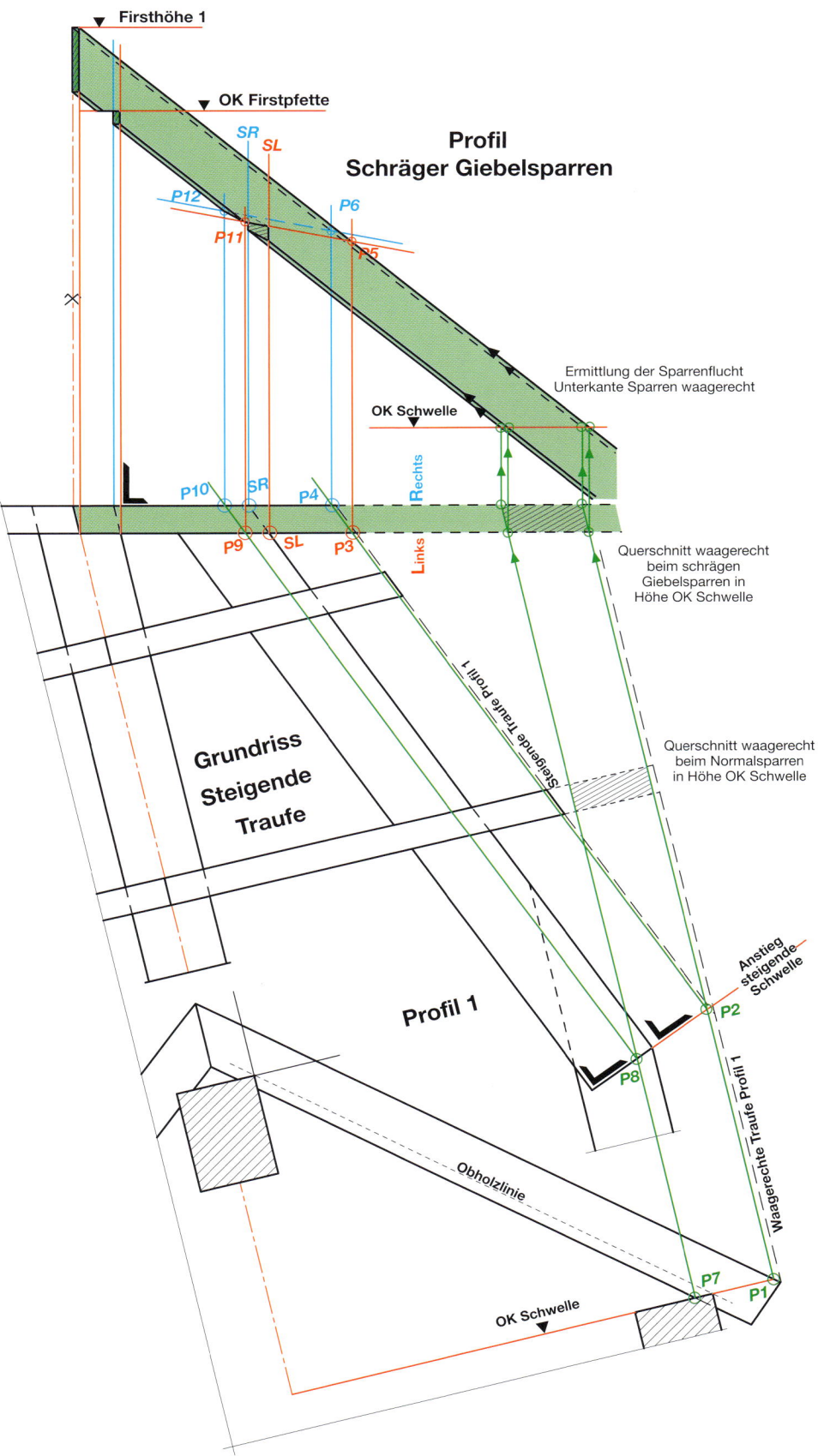

Bild 202: Die Methode der Flächenverschneidung zur Ermittlung der Kerve an der steigenden Schwelle des schrägen Giebelsparrens ist hier mit allen Zusammenhängen dargestellt. Der schräge Giebelsparren läuft noch über die waagerechte Trauflinie des Normalprofils hinaus. Der Traufabschnitt erfolgt später!

Basiswissen Schiften

Roland Schumacher: Modellprojekt Aufriss

Der Hexenschnitt

Der Traufabschnitt am schrägen Giebelsparren ist als „Hexenschnitt" zu bezeichnen, weil der schräge Giebelsparren nicht parallel zu den „normalen" Sparren verläuft (**Bild 203**). Deswegen ist er aber noch lange kein Hexenwerk, wie der Vorgang in **Bild 204** verdeutlicht:

1. Der „obere" Traufpunkt **T1o** von Profil 1 entspricht dem Traufpunkt **T1o** im Grundriss.
2. In diesem Punkt beginnt der „Anstieg" der Trauflinie und damit gleichzeitig des Traufabschnitts an der Oberkante der Sparren.
3. An der Unterkante des Sparrens beginnt der Anstieg im „unteren Traufpunkt" **T1u** (Profil 1). Eine senkrecht in den Grundriss gezogene Linie schneidet sich mit einer im Grundriss rechtwinklig zur waagerechten Traufgrundlinie gerissenen Linie durch den Traufpunkt **T1o**. Dieser Punkt entspricht dem „unteren Traufpunkt" **T1u** des Profils und soll deshalb ebenfalls **T1u** heißen.
4. Die Anstiege der „oberen" Trauflinie und der „unteren Trauflinie" verlaufen parallel. Die Parallele im Grundriss zur (steigenden) Trauflinie durch **T1u** schneidet den Grundriss des schrägen Giebelsparrens in den Punkten **U1** und **U2**.
5. Die „oberen" Traufpunkte **O1** und **O2** des schrägen Giebelsparrens entstehen durch den Schnitt der Grundlinie der steigenden Traufe mit dem Grundriss des schrägen Giebelsparrens.
6. Überträgt man die Punkte **O1** und **U1** beziehungsweise **O2** und **U2** senkrecht an Ober- beziehungsweise Unterkante (Achtung: richtige Kanten wählen!) im Profil des schrägen Giebelsparrens, so erhält man die Punkte **O3** und **U3** beziehungsweise **O4** und **U4**.
7. Diese jeweils miteinander verbunden ergeben die Abschnittsrisse für den Traufabschnitt. Sie werden über die Schifterkanten hinausgezogen. Nun kann das Sparrenholz mit seiner Seitenfläche auf das Profil aufgelegt und die Abschnittsrisse können übertragen werden.

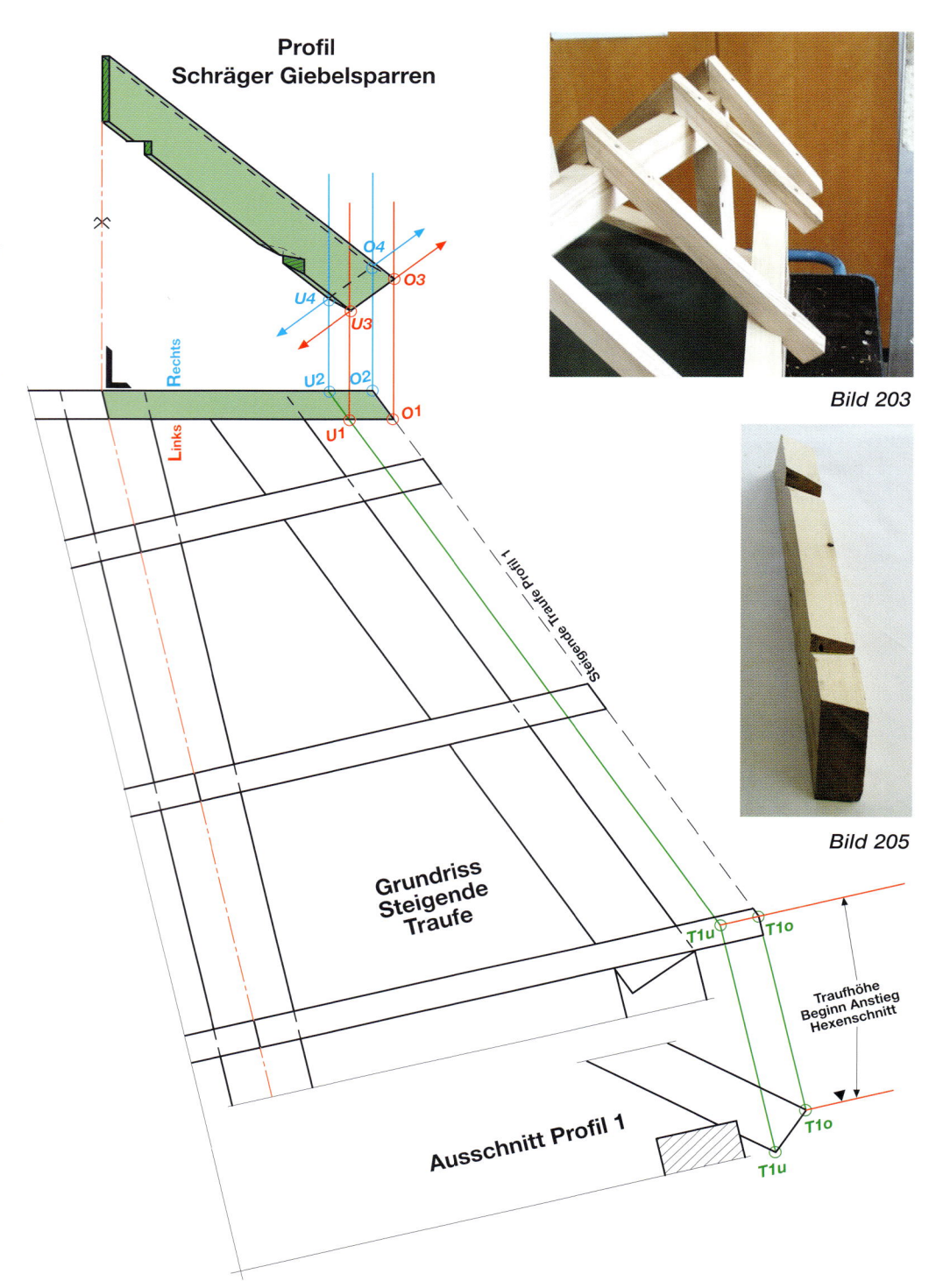

Bild 203

Bild 205

Bild 204: Der Hexenschnitt am schrägen Giebelsparren mit steigender Traufe. Die Bezugslinien kommen aus dem Normalprofil (Profil 1).

Zum besseren Verständnis und zur Vergleichbarkeit wurde diese Methode ab Seite 91 (Bild 196) auch für die durch die steigende Traufe verkürzten Normalsparren angewendet. Dies ist bei den verkürzten Normalsparren natürlich nicht erforderlich, weil sie nicht schräg liegen und deshalb die Abschnittsrichtung unmittelbar vom Normalsparrenprofil übernommen werden kann!

Bild 205 zeigt den fertig ausgearbeiteten schrägen Giebelsparren.

Roland Schumacher: Modellprojekt Aufriss

Firstpfette bei geneigter Firstlinie
Pfettenneigung zu Profil 2

Eine Möglichkeit der Ermittlung der Lage und der Abschnitte der geneigten Firstpfette wurde bereits auf Seite 74 behandelt. In diesem Abschnitt wird ein anderer Weg beschritten, der auch später in Verbindung mit dem Anreißen des Sparrens von Interesse ist.

Voraussetzungen

Es werden benötigt:
- Grundriss der geneigten Firstpfette (wir wollen hier statt „steigend" oder „fallend" den allgemeinen Begriff „geneigt" verwenden);
- Grundriss des Teildachkörpers mit den Traufgrundlinien von Profil 1 und Profil 2;
- Grundriss des Normalsparrens von Profil 2.

Zur Verdeutlichung der Situation zeigt **Bild 206** das fertige Modell mit dem Dachteil, in dem die geneigte Firstpfette liegt. **Bild 207** zeigt nur noch die „beteiligten" Hölzer, **Bild 208** stellt in einer dreidimensionalen Ansicht den Reißvorgang dar, der wiederum in **Bild 209** ausführlich dargestellt ist.

Das Prinzip

Das Prinzip des hier vorgestellten Reißvorganges zur Ermittlung der Lage der geneigten Firstpfette und der Steigung dieser Pfette zum Profil 2: Die Lage bestimmter Punkte des Normalsparrens wird durch einen waagerechten Schnitt in die Ebene der oberen Kantenfläche der geneigten Pfette übertragen und dort in der Steigung der Pfette (parallel zur Pfettenkante) wieder zum Sparren zurückgeführt (**Bild 208**).

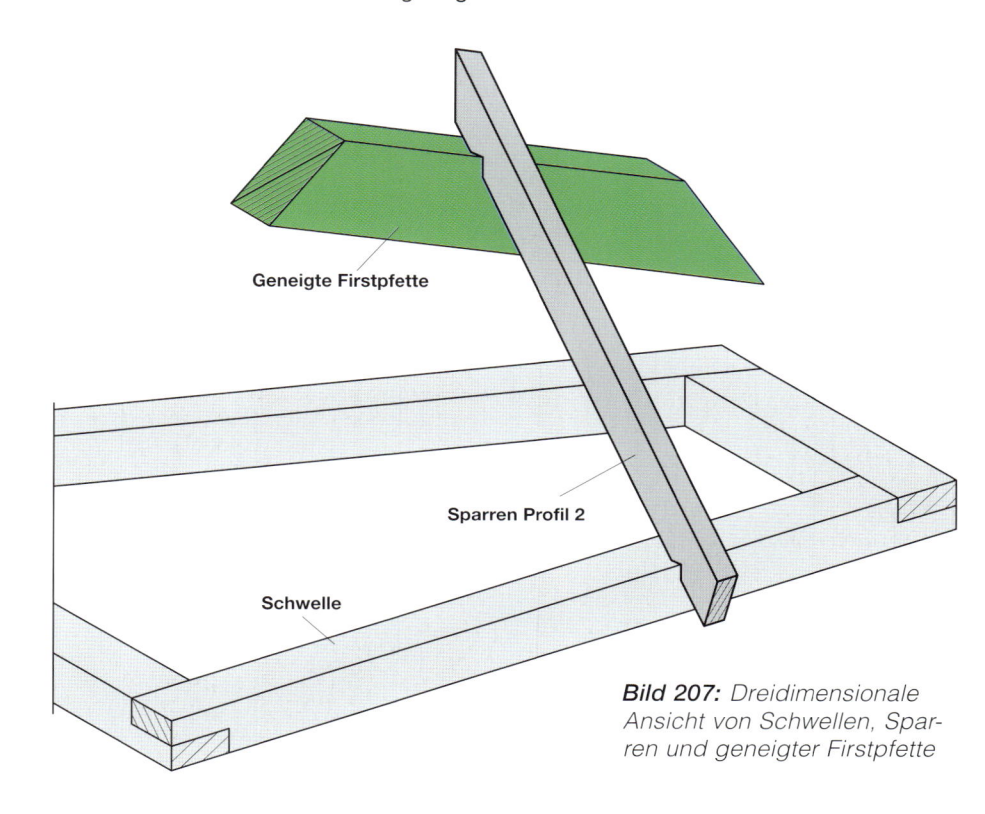

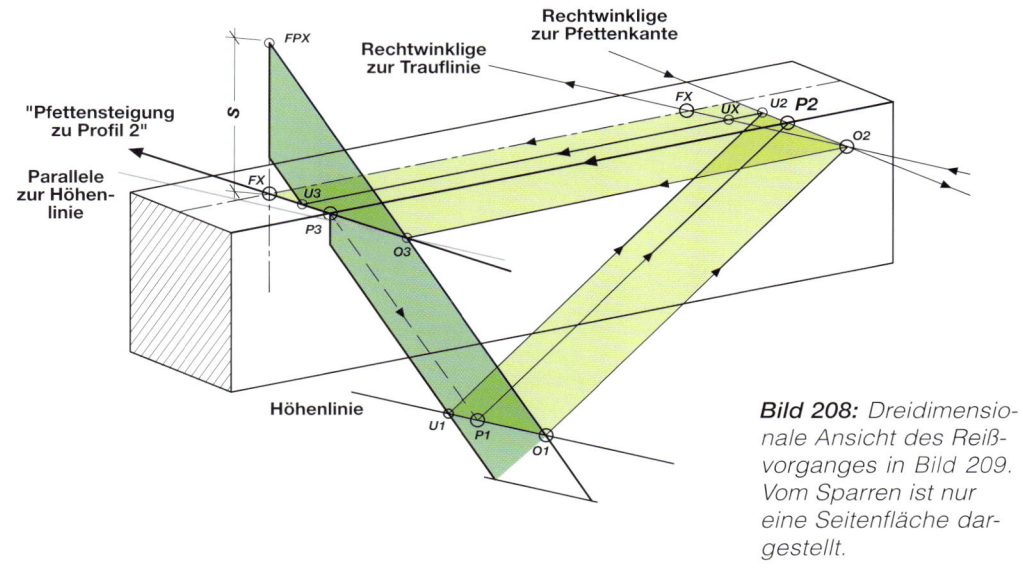

Bild 207: Dreidimensionale Ansicht von Schwellen, Sparren und geneigter Firstpfette

Bild 206

Bild 208: Dreidimensionale Ansicht des Reißvorganges in Bild 209. Vom Sparren ist nur eine Seitenfläche dargestellt.

Basiswissen Schiften

Roland Schumacher: Modellprojekt Aufriss

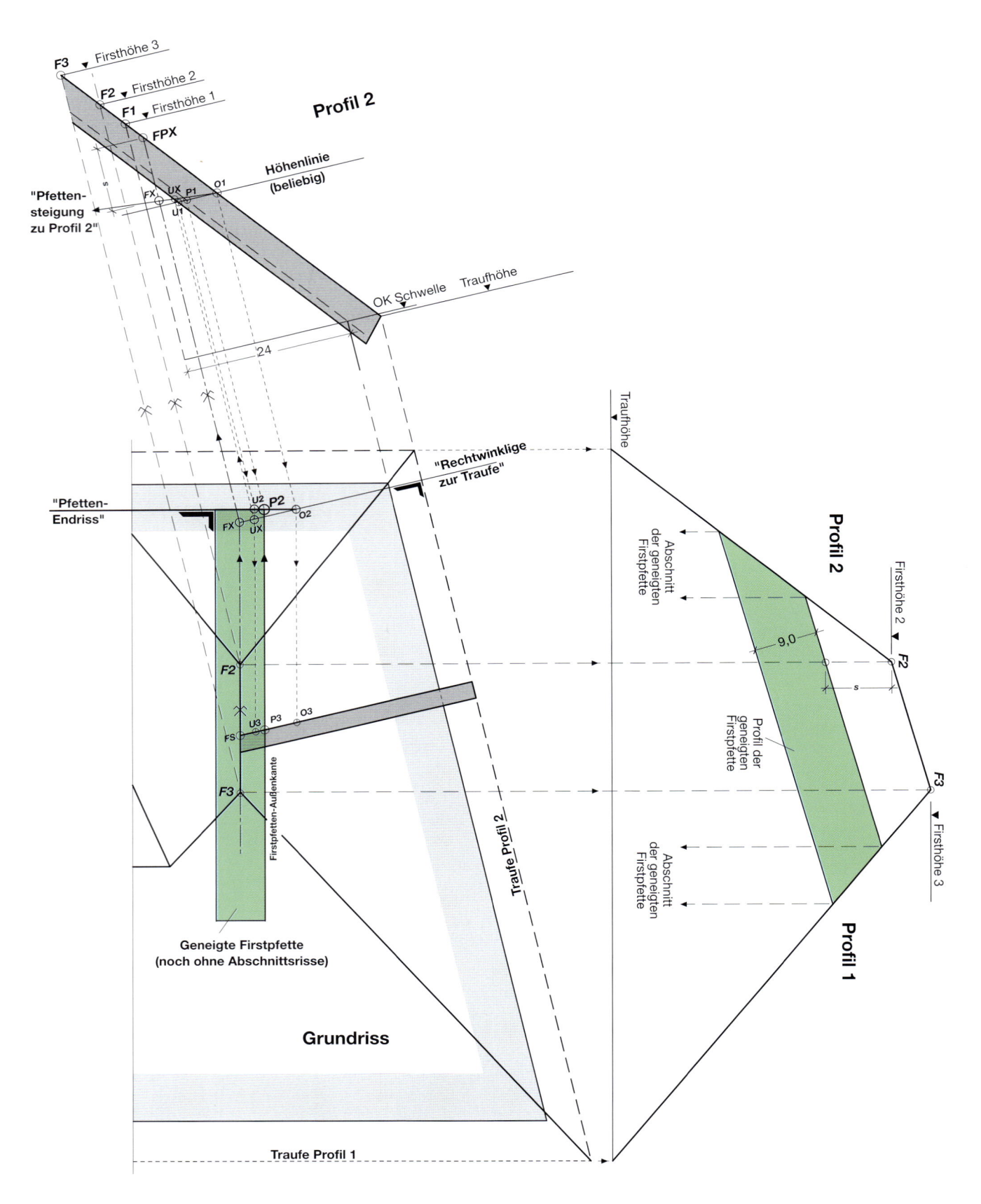

Bild 209: Reißvorgang zur Ermittlung der Lage der geneigten Firstpfette und der Pfettensteigung zu Profil 2

Basiswissen Schiften

Roland Schumacher: Modellprojekt Aufriss

Bild 210: Abschnitt der geneigten Firstpfette an der breiteren Seite des Teildachkörpers (Profil 1).

Der Reißvorgang in Schritten

1. Grundriss und darüber Normalprofil Profil 2 reißen
2. Beliebige (waagerechte) Höhenlinie in das Profil ziehen
3. Diese Höhenlinie schneidet UK Sparren in **U1**, die Obholzlinie in **P1** und OK Sparren in **O1**.
4. Die senkrechte Linie aus **P1** in den Grundriss schneidet die Verlängerung der Firstpfetten-Außenkante in **P2**.
5. Durch diesen Punkt **P2** wird ein rechtwinkliger "**Pfettenendriss**" gezogen (an dieser Stelle beginnt die Pfette zu steigen).
6. Aus **O1** und **U1** können nun Senkel in den Grundriss gezogen und mit dem Pfettenendriss in den Punkten **O2** und **U2** zum Schnitt gebracht werden.
7. Parallele Linien zur Pfettenkante (beziehungsweise Pfettenachse) führen diese Punkte weiter in den Grundriss des Sparrens, wo sie auf der „rechten" Sparrenkante **O3** und **U3** heißen.
8. Auf der Firstgrundlinie im Grundriss liegen die beiden Firstpunkte **F2** und **F3**. Sie können durch Senkelrisse in das Normalprofil und auf die Sparren-Oberkante übertragen werden. Damit sind die Höhen dieser Punkte eindeutig festgelegt und können (zum Beispiel mittels Maßlatte) in das Profil der geneigten Firstpfette übertragen werden.
9. Ebenfalls auf der Firstgrundlinie liegt im Grundriss der „Sparren-Firstpunkt" **FS**.
10. Nun kommt die Übertragung der Punkte in die Ebene der oberen Kantenfläche der steigenden Pfette. Hierzu ist es erforderlich, eine Rechtwinklige zur Trauflinie durch Punkt **O2** zu reißen.
11. Der Punkt **FX** (Schnittpunkt von verlängerter Firstgrundlinie mit Pfettenendriss) bezeichnet im Grundriss zum einen den Punkt auf der Oberfläche der Pfette und gleichzeitig auf der Oberkante des Sparrens (**FS**). Dies wird deutlich, wenn er durch eine Senkrechte in das Profil zu Punkt **FPX** übertragen wird.
11. Die Höhe **s** zwischen **FX** und **FPX** ist die Höhe, die an jeder Stelle der Firstlinie die senkrechte Entfernung zur Oberkante der Firstpfette wiedergibt. Aus dieser Erkenntnis heraus kann die Lage der Firstpfette im Pfettenprofil parallel zur geneigten Firstlinie mit dem senkrechten Maß **s** festgelegt werden. Die Firstpfetten-Unterkante wird durch rechtwinkliges Antragen der Firstpfettenhöhe (=9,0 cm) parallel zur Pfettenoberkante gerissen.

Basiswissen Schiften

Roland Schumacher: Modellprojekt Aufriss

Sparrenkerve bei geneigter Firstpfette

Mit der Ermittlung der Pfettenneigung zu Profil 2 wurde die Voraussetzung für das Anreißen der Sparrenkerve an der geneigten Pfette geschaffen.

Die Ermittlung der Pfettenneigung und damit der Kervenrichtung soll hier noch einmal gezeigt werden, weil dieses Prinzip der Verschneidung „verlängerter" Ebenen oft angewandt werden kann. Gleichzeitig soll der „Blick" dafür geschult werden, welche Ebenen miteinander verschnitten werden können, um zu einem bestimmten Ziel zu kommen.

Wie **Bild 211** in der Draufsicht und dem Profil der geneigten Pfette verdeutlicht, werden sich die waagerechte Ebene durch Oberkante-Schwelle (grüne Ebene) und die obere Kantenfläche der geneigten Pfette (rote Ebene) miteinander verschneiden, wenn Schwellen und Pfette zum spitzwinkligen Teil des Schwellenkranzes hin verlängert werden.

Weil Seitenfläche und obere Kantenfläche der geneigten Firstpfette rechtwinklig zueinander stehen, liegt auch jeder auf der oberen Kantenfläche angerissene Winkelriss waagerecht.

Daraus ergibt sich, dass die Verschneidungslinie waagerecht liegt und gleichzeitig ein Element der „Pfetten"-Ebene und der waagerechten Ebene ist.

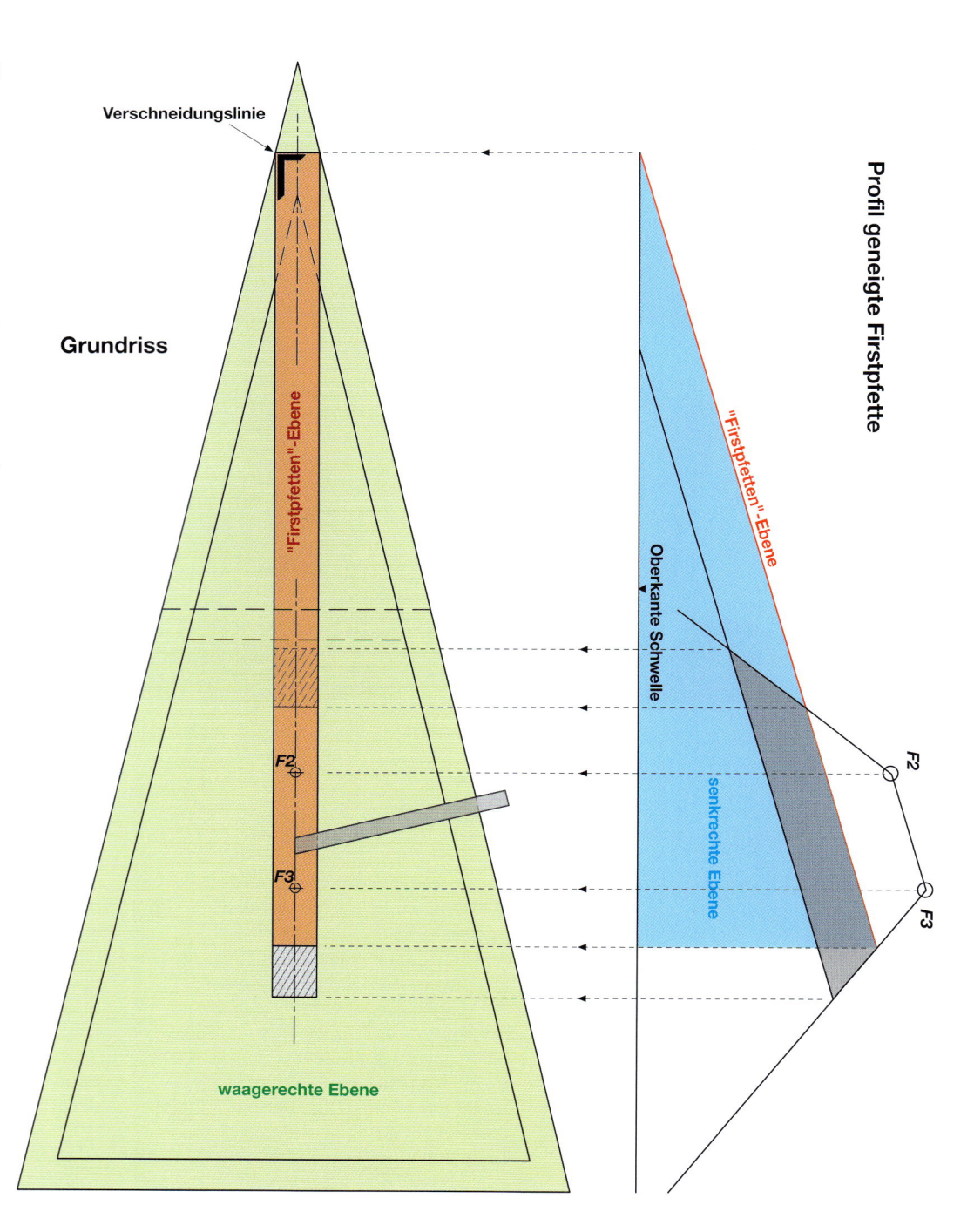

Bild 211: Hier sind die Schwellen und die Firstpfette bis zu ihrer Verbindung verlängert. Die Verschneidungslinie der „Firstpfetten"-Ebene (geneigte obere Kantenfläche der Firstpfette) mit der waagerechten Ebene ist waagerecht.

Roland Schumacher: Modellprojekt Aufriss

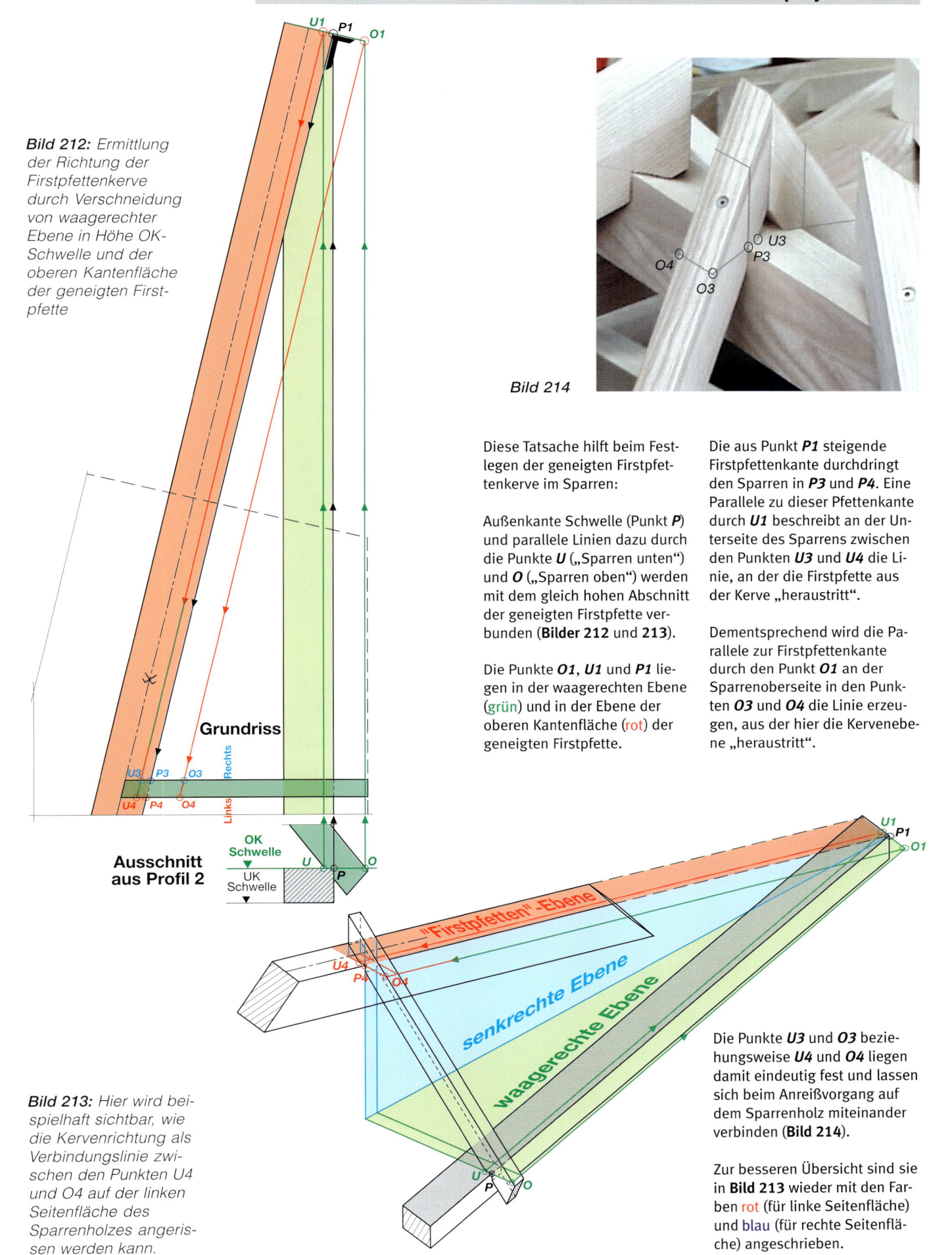

Bild 212: Ermittlung der Richtung der Firstpfettenkerve durch Verschneidung von waagerechter Ebene in Höhe OK-Schwelle und der oberen Kantenfläche der geneigten Firstpfette

Bild 214

Diese Tatsache hilft beim Festlegen der geneigten Firstpfettenkerve im Sparren:

Außenkante Schwelle (Punkt **P**) und parallele Linien dazu durch die Punkte **U** („Sparren unten") und **O** („Sparren oben") werden mit dem gleich hohen Abschnitt der geneigten Firstpfette verbunden (**Bilder 212** und **213**).

Die Punkte **O1**, **U1** und **P1** liegen in der waagerechten Ebene (grün) und in der Ebene der oberen Kantenfläche (rot) der geneigten Firstpfette.

Die aus Punkt **P1** steigende Firstpfettenkante durchdringt den Sparren in **P3** und **P4**. Eine Parallele zu dieser Pfettenkante durch **U1** beschreibt an der Unterseite des Sparrens zwischen den Punkten **U3** und **U4** die Linie, an der die Firstpfette aus der Kerve „heraustritt".

Dementsprechend wird die Parallele zur Firstpfettenkante durch den Punkt **O1** an der Sparrenoberseite in den Punkten **O3** und **O4** die Linie erzeugen, aus der hier die Kervenebene „heraustritt".

Die Punkte **U3** und **O3** beziehungsweise **U4** und **O4** liegen damit eindeutig fest und lassen sich beim Anreißvorgang auf dem Sparrenholz miteinander verbinden (**Bild 214**).

Zur besseren Übersicht sind sie in **Bild 213** wieder mit den Farben rot (für linke Seitenfläche) und blau (für rechte Seitenfläche) angeschrieben.

Bild 213: Hier wird beispielhaft sichtbar, wie die Kervenrichtung als Verbindungslinie zwischen den Punkten U4 und O4 auf der linken Seitenfläche des Sparrenholzes angerissen werden kann.

Basiswissen Schiften

Roland Schumacher: Modellprojekt Aufriss

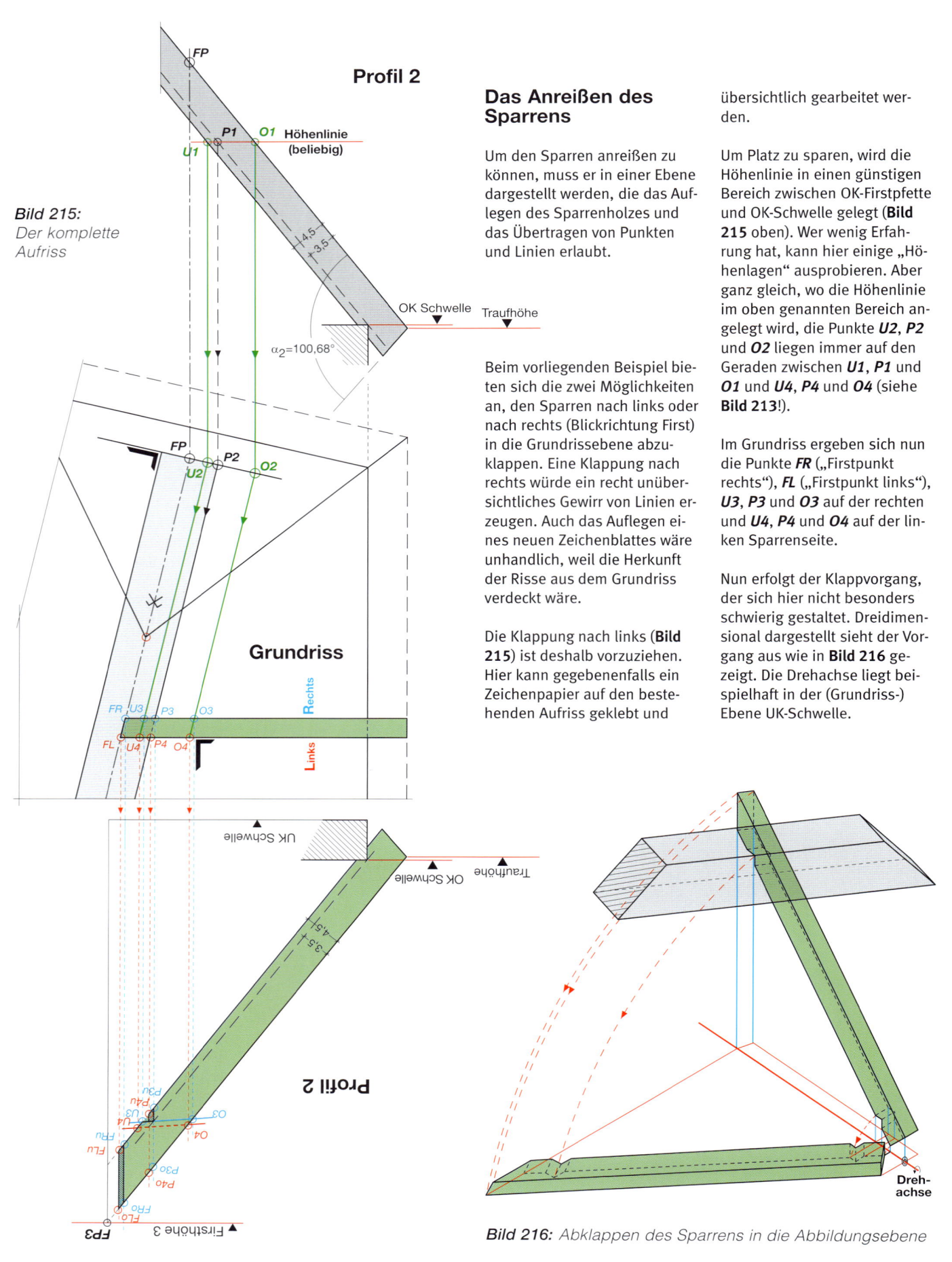

Bild 215:
Der komplette Aufriss

Das Anreißen des Sparrens

Um den Sparren anreißen zu können, muss er in einer Ebene dargestellt werden, die das Auflegen des Sparrenholzes und das Übertragen von Punkten und Linien erlaubt.

Beim vorliegenden Beispiel bieten sich die zwei Möglichkeiten an, den Sparren nach links oder nach rechts (Blickrichtung First) in die Grundrissebene abzuklappen. Eine Klappung nach rechts würde ein recht unübersichtliches Gewirr von Linien erzeugen. Auch das Auflegen eines neuen Zeichenblattes wäre unhandlich, weil die Herkunft der Risse aus dem Grundriss verdeckt wäre.

Die Klappung nach links (**Bild 215**) ist deshalb vorzuziehen. Hier kann gegebenenfalls ein Zeichenpapier auf den bestehenden Aufriss geklebt und übersichtlich gearbeitet werden.

Um Platz zu sparen, wird die Höhenlinie in einen günstigen Bereich zwischen OK-Firstpfette und OK-Schwelle gelegt (**Bild 215** oben). Wer wenig Erfahrung hat, kann hier einige „Höhenlagen" ausprobieren. Aber ganz gleich, wo die Höhenlinie im oben genannten Bereich angelegt wird, die Punkte **U2**, **P2** und **O2** liegen immer auf den Geraden zwischen **U1**, **P1** und **O1** und **U4**, **P4** und **O4** (siehe **Bild 213**!).

Im Grundriss ergeben sich nun die Punkte **FR** („Firstpunkt rechts"), **FL** („Firstpunkt links"), **U3**, **P3** und **O3** auf der rechten und **U4**, **P4** und **O4** auf der linken Sparrenseite.

Nun erfolgt der Klappvorgang, der sich hier nicht besonders schwierig gestaltet. Dreidimensional dargestellt sieht der Vorgang aus wie in **Bild 216** gezeigt. Die Drehachse liegt beispielhaft in der (Grundriss-) Ebene UK-Schwelle.

Bild 216: Abklappen des Sparrens in die Abbildungsebene

Roland Schumacher: Modellprojekt Aufriss

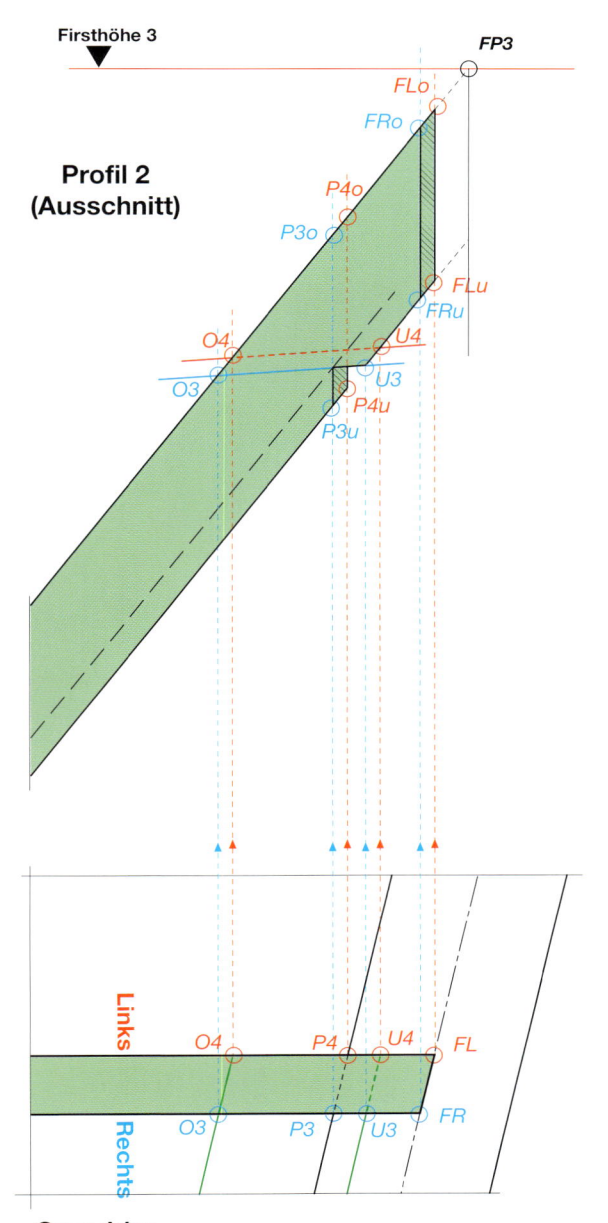

Profil 2 (Ausschnitt)

Grundriss (Ausschnitt)

Bild 217: Detail von der Übertragung der Punkte aus dem Grundriss in das Profil (die Ausklappung)

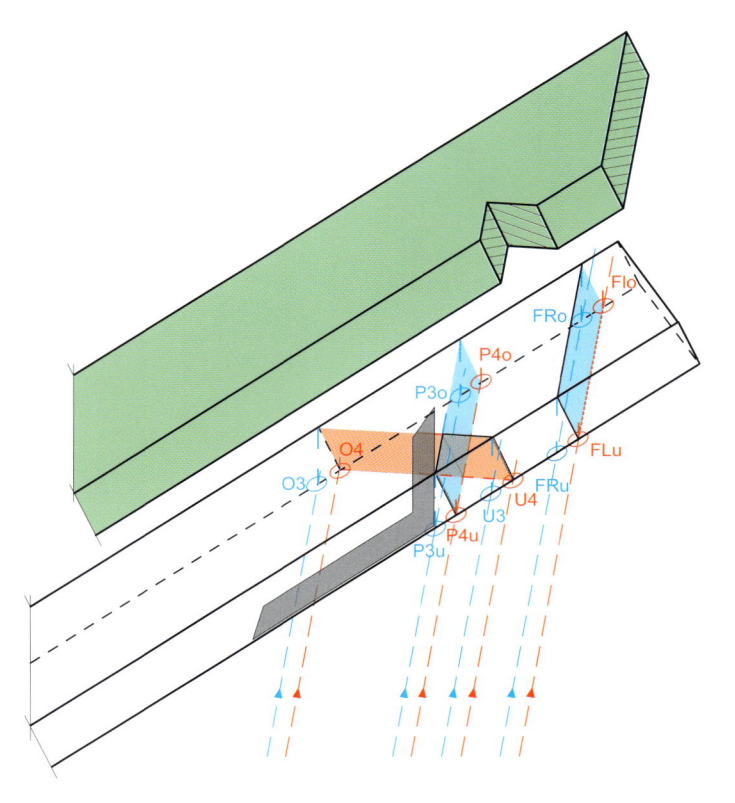

*Bild 218: Das Sparrenholz ist auf den Aufriss aufgelegt, die Punkte werden auf die jeweiligen Seiten des Holzes übertragen. Die verschiedenen Ebenen aus **Bild 213** sind innerhalb des Holzes in ihren Farben angedeutet. Darüber liegt ein fertig ausgearbeiteter Sparren.*

Auf der Reißplatte sieht der Vorgang so aus, dass Hilfslinien rechtwinklig zur Sparren-Außenkante nach unten gezogen werden. Das Anlegen des Sparrenprofils kann auf verschiedene Weisen geschehen, entsprechende Maß-und Winkelinformationen geben beispielsweise **Bild 145** (auf Seite 71) oder **Bild 170** (auf Seite 81). Dies gilt auch für das Reißen des Traufabschnitts.

Da der Sparren in **Bild 215** nach links geklappt wurde, blickt man nun auf seine rechte Seitenfläche (Die Beschriftung wurde mit der Abklappung mitgeführt und steht deshalb „auf dem Kopf". Ein Teil des senkrechten Abschnitts in der Kerve und der Firstabschnitt sind sichtbar und schraffiert.

Bei der Übertragung der für das Anreißen des Sparrens erforderlichen Punkte ist zu überlegen, welche nur auf der Sparren-Unterseite, welche nur auf der Sparrenoberseite und welche auf beiden Seiten benötigt werden.

So werden beispielsweise die Hilfslinien für Punkt **U3** nur bis zur Unterseite, für Punkt **O3** jedoch bis zur Oberseite des Sparrens durchgezogen.

Bei den Senkelrissen werden die Punkte auf der Oberseite (zum Beispiel **P4o**, **P3o**) und auf der Unterseite (zum Beispiel **P4u**, **P3u**) angemerkt und dann miteinander verbunden (man kann auch nur auf einer Seite anmerken und dann die Senkelrisse mit entsprechend eingestelltem Schrägmaß reißen). **Bild 217** zeigt die Situation in einem Detail und **Bild 218** am Sparrenholz, das auf den Aufriss gelegt ist. **Bild 219** schließlich zeigt die fertig ausgearbeitete Kerve, mit der der Sparren auf der geneigten Firstpfette aufliegt.

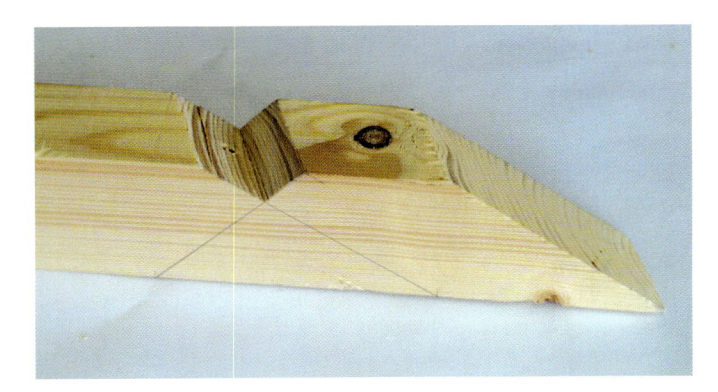

Bild 219: Die fertig ausgearbeitete Kerve

Basiswissen Schiften

Roland Schumacher: Modellprojekt Aufriss

Gratsparren bei geneigter Firstlinie

Die beiden Gratsparren mit der Bezeichnung **F** liegen zwischen Dachflächen gleicher Neigung des Profils 2, der Gratsparren **E** jedoch verbindet Dachflächen mit den Dachneigungen der Profile 1 und 2.

Die Gratsparren **F** weisen eine Breite $b = 3{,}5$ cm und eine Höhe $h = 5{,}5$ cm auf. Es handelt sich um einen „linken" und einen „rechten" Gratsparren (**Bild 220**). Die Aufriss- und Anreißmethoden sind deshalb gleich, es sind lediglich die erforderlichen Risse jeweils an der zutreffenden Seite des Gratsparrenholzes anzubringen.

Der Gratsparren **E** (**Bild 220** links) ist 3,5 cm breit und 7,5 cm hoch und im Grund verschoben. Er weist deshalb ungleiche Abgratungsneigungen, aber gleiche Abgratungshöhen auf.

*Bild 220: Ansicht des Modells mit den beiden Gratsparren **F** zwischen Dachflächen gleicher Neigung (jeweils Profil 2) und dem Gratsparren **E** zwischen ungleich geneigten Dachflächen (Profile 1 und 2)*

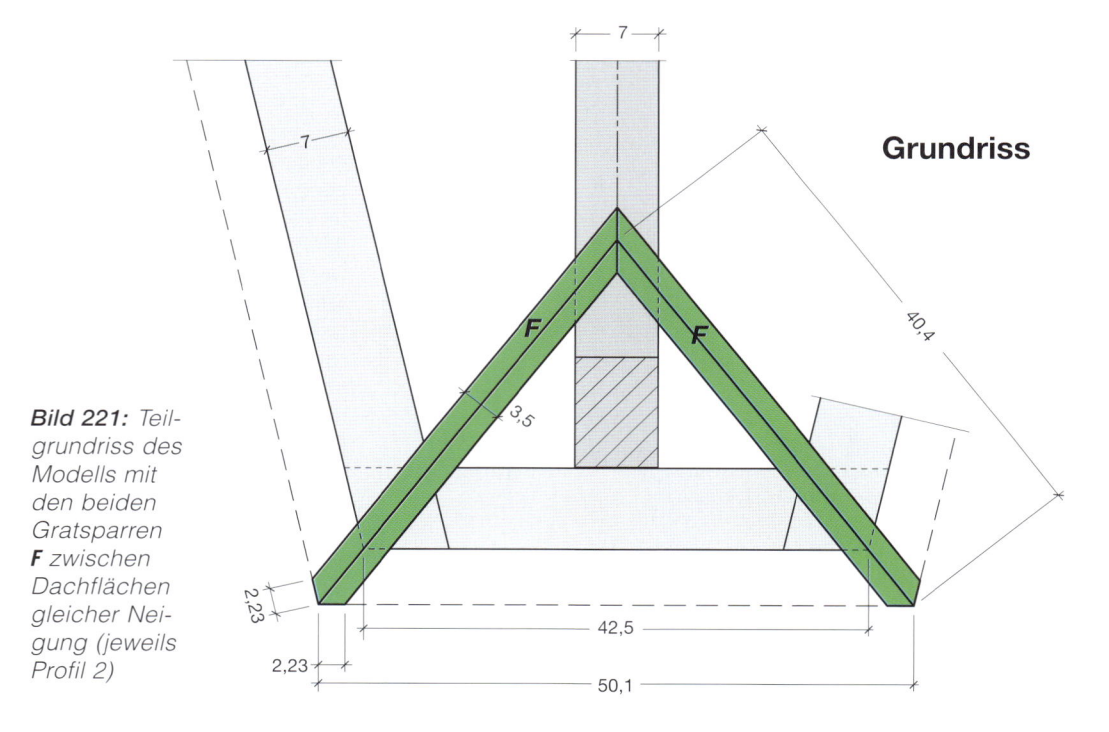

Gratsparren F

Aus der Dachausmittlung hat sich ergeben, dass die beiden Gratsparren **F** mit der Gratgrundlinie in der Winkelhalbierenden zwischen den Traufen liegen (siehe Seite 73 ff.). Der Grund hierfür ist die Tatsache, dass sie zwischen Dachflächen gleicher Neigung (Profil 2) liegen. Deshalb sind die Abgratungen beiderseits gleich und es findet keine Gratgrundverschiebung statt. Den Grundriss der beiden Gratsparren mit Teilen des Schwellenkranzes und der geneigten Firstpfette zeigt **Bild 221**.

*Bild 221: Teilgrundriss des Modells mit den beiden Gratsparren **F** zwischen Dachflächen gleicher Neigung (jeweils Profil 2)*

Grundriss

Die Vorgehensweise

Für die Ermittlung der Firstpfettenkerve im Gratsparren bietet sich die Methode an, die bereits (Seite 100 ff.) für die Kerve im Sparren herangezogen wurde. Es handelte sich um eine Flächenverschneidung, bei der eine waagerechte Fläche (dort in der Ebene Oberkante-Schwelle) mit einer geneigten Fläche (dort „Firstpfetten"-Ebene) verschnitten wurde. Die „Firstpfetten"-Ebene ist bereits festgelegt (**Bild 222** und **Bild 213**).

Als waagerechte Ebene soll hier nun die Ebene durch die Traufe dienen.

Roland Schumacher: Modellprojekt Aufriss

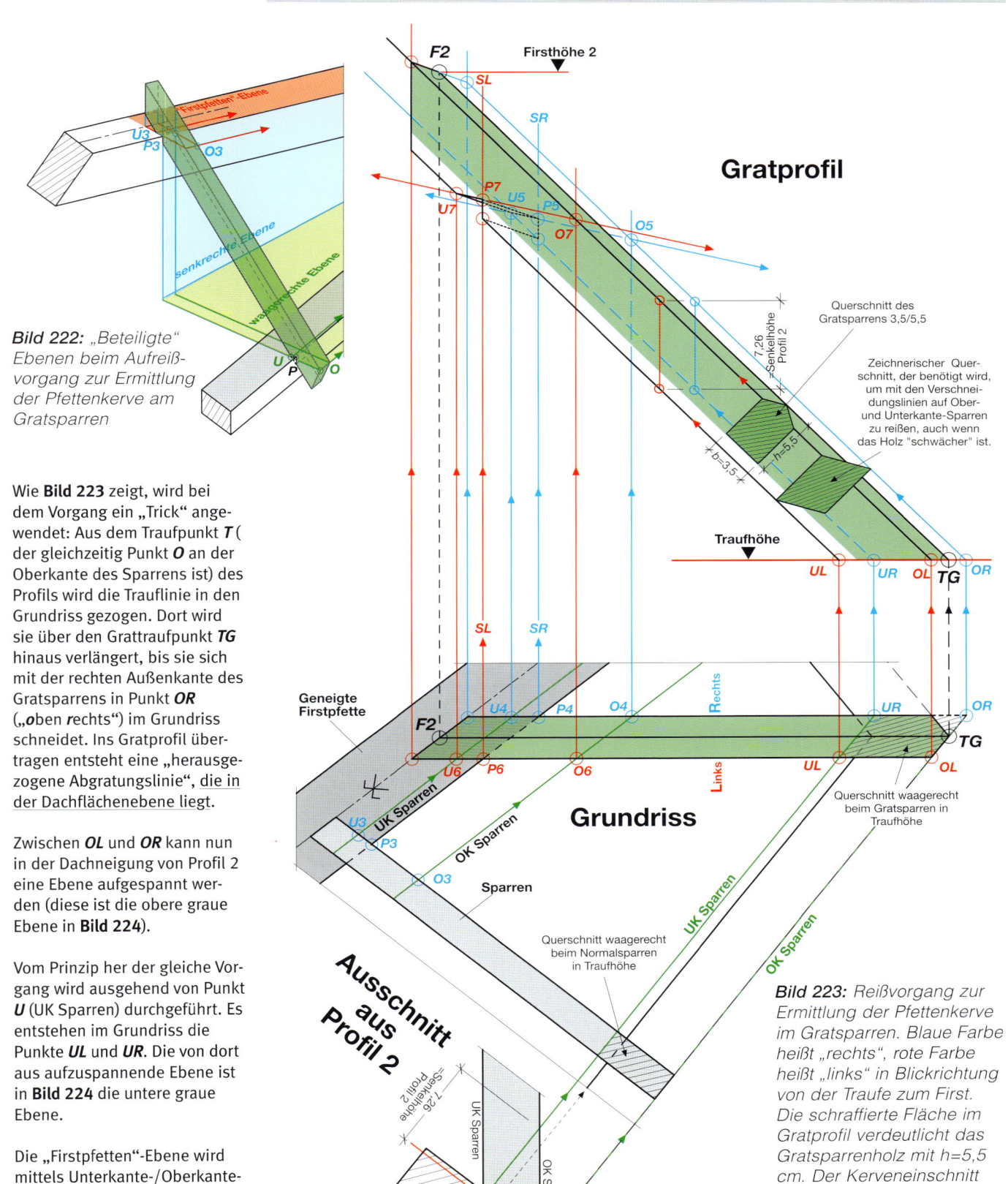

Bild 222: „Beteiligte" Ebenen beim Aufreißvorgang zur Ermittlung der Pfettenkerve am Gratsparren

Wie **Bild 223** zeigt, wird bei dem Vorgang ein „Trick" angewendet: Aus dem Traufpunkt **T** (der gleichzeitig Punkt **O** an der Oberkante des Sparrens ist) des Profils wird die Trauflinie in den Grundriss gezogen. Dort wird sie über den Grattraufpunkt **TG** hinaus verlängert, bis sie sich mit der rechten Außenkante des Gratsparrens in Punkt **OR** („**o**ben **r**echts") im Grundriss schneidet. Ins Gratprofil übertragen entsteht eine „herausgezogene Abgratungslinie", die in der Dachflächenebene liegt.

Zwischen **OL** und **OR** kann nun in der Dachneigung von Profil 2 eine Ebene aufgespannt werden (diese ist die obere graue Ebene in **Bild 224**).

Vom Prinzip her der gleiche Vorgang wird ausgehend von Punkt **U** (UK Sparren) durchgeführt. Es entstehen im Grundriss die Punkte **UL** und **UR**. Die von dort aus aufzuspannende Ebene ist in **Bild 224** die untere graue Ebene.

Die „Firstpfetten"-Ebene wird mittels Unterkante-/Oberkante-Sparren „aufgespannt". Diese wurden in **Bild 212** im Grundriss festgelegt und können notfalls von der Firstgrundlinie her eingemessen werden.

OK-Sparren schneidet den Gratgrund links in **O6**, rechts in **O4**, UK-Sparren schneidet ihn in **U6** und **U4**. Damit sind die erforderlichen Ebenen für die Ermittlung der Kervenrichtung festgelegt. Übertragen in das Gratprofil entstehen die Schnittpunkte **O7** und **O5** („oben") und **U7** und **U5** („unten"). Miteinander verbunden erzeugen sie die Risse (mit Pfeilen auf beiden Seiten) für die Kervenrichtung auf der linken (roter Riss) beziehungsweise rechten (blauer Riss) Gratsparren-Seitenfläche.

Bild 223: Reißvorgang zur Ermittlung der Pfettenkerve im Gratsparren. Blaue Farbe heißt „rechts", rote Farbe heißt „links" in Blickrichtung von der Traufe zum First. Die schraffierte Fläche im Gratprofil verdeutlicht das Gratsparrenholz mit h=5,5 cm. Der Kerveneinschnitt auf der linken Gratsparrenseite wird demnach recht klein ausfallen (siehe auch **Bild 225** und **Bild 227**).

Basiswissen Schiften

Roland Schumacher: Modellprojekt Aufriss

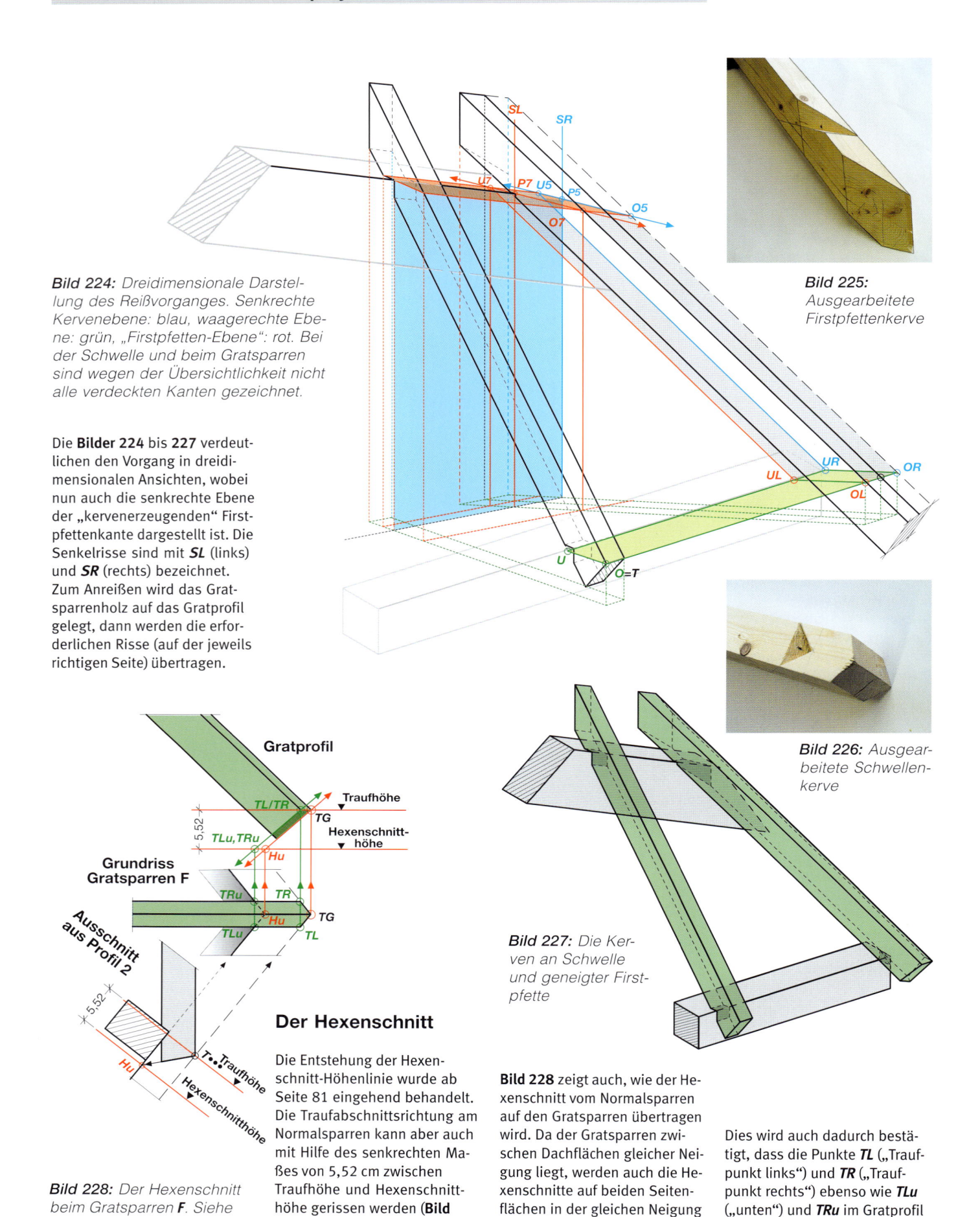

Bild 224: Dreidimensionale Darstellung des Reißvorganges. Senkrechte Kervenebene: blau, waagerechte Ebene: grün, „Firstpfetten-Ebene": rot. Bei der Schwelle und beim Gratsparren sind wegen der Übersichtlichkeit nicht alle verdeckten Kanten gezeichnet.

Die **Bilder 224** bis **227** verdeutlichen den Vorgang in dreidimensionalen Ansichten, wobei nun auch die senkrechte Ebene der „kervenerzeugenden" Firstpfettenkante dargestellt ist. Die Senkelrisse sind mit **SL** (links) und **SR** (rechts) bezeichnet. Zum Anreißen wird das Gratsparrenholz auf das Gratprofil gelegt, dann werden die erforderlichen Risse (auf der jeweils richtigen Seite) übertragen.

Bild 225: Ausgearbeitete Firstpfettenkerve

Bild 226: Ausgearbeitete Schwellenkerve

Bild 227: Die Kerven an Schwelle und geneigter Firstpfette

Der Hexenschnitt

Die Entstehung der Hexenschnitt-Höhenlinie wurde ab Seite 81 eingehend behandelt. Die Traufabschnittsrichtung am Normalsparren kann aber auch mit Hilfe des senkrechten Maßes von 5,52 cm zwischen Traufhöhe und Hexenschnitthöhe gerissen werden (**Bild 228**).

Bild 228 zeigt auch, wie der Hexenschnitt vom Normalsparren auf den Gratsparren übertragen wird. Da der Gratsparren zwischen Dachflächen gleicher Neigung liegt, werden auch die Hexenschnitte auf beiden Seitenflächen in der gleichen Neigung zur Gratlinie verlaufen.

Dies wird auch dadurch bestätigt, dass die Punkte **TL** („Traufpunkt links") und **TR** („Traufpunkt rechts") ebenso wie **TLu** („unten") und **TRu** im Gratprofil übereinander liegen.

Bild 228: Der Hexenschnitt beim Gratsparren **F**. Siehe auch S. 81 ff.

Roland Schumacher: Modellprojekt Aufriss

Bild 229: Der Aufriss für den Gratsparren **E**

Bild 232: Ausgearbeitete Schwellenkerve mit Hexenschnitten

Bilder 230 und 231: Ausgearbeitete Firstpfettenkerve von Profil 1 aus gesehen

Bild 233: Aufreißvorgang für die Hexenschnitte

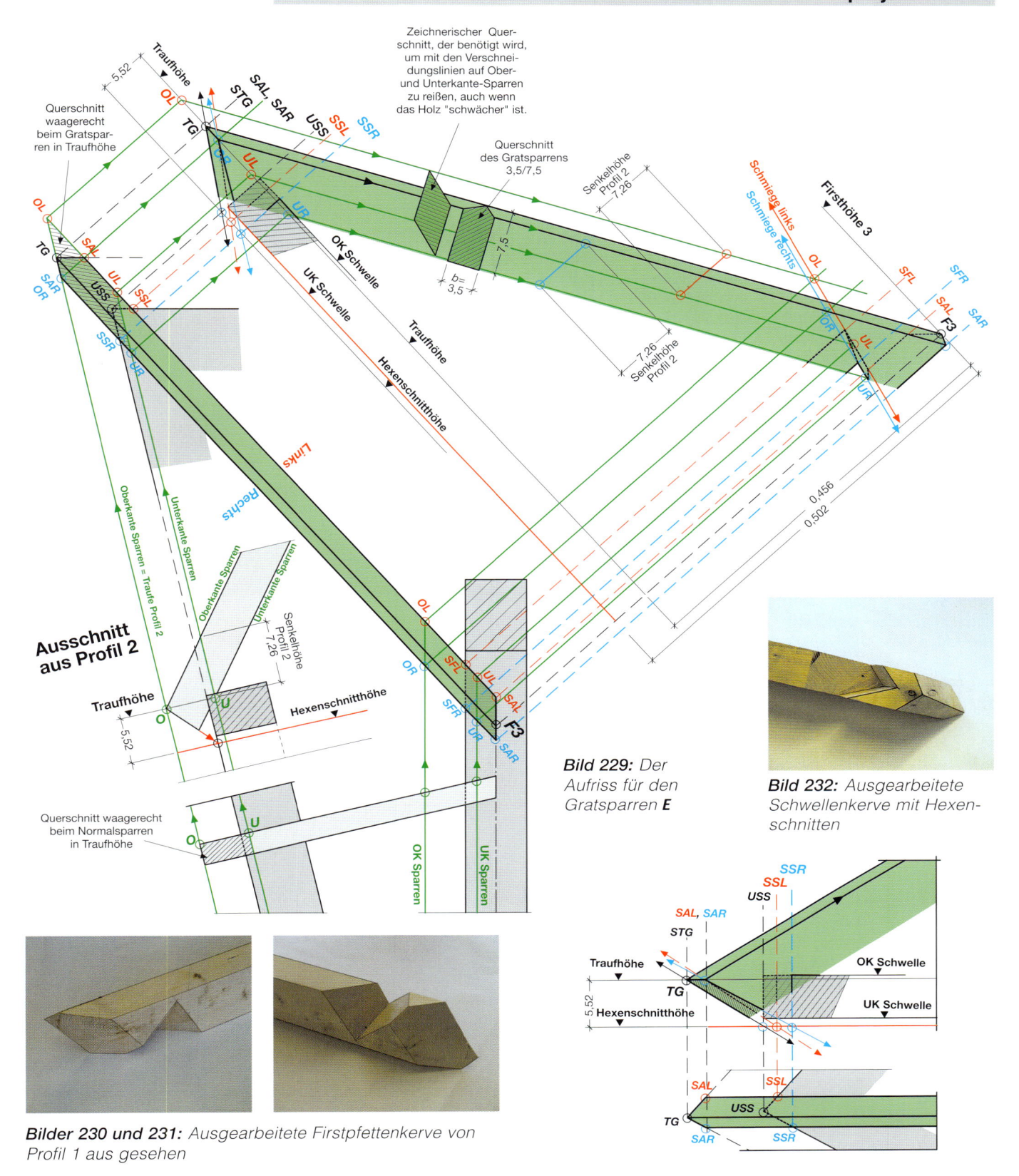

Der Gratsparren *E*

Bild 229 zeigt den Schiftvorgang für den Gratsparren **E**. Es wird nach dem gleichen Prinzip vorgegangen, wie dies bei den Gratsparren **F** der Fall war. Hier wird nun auch deutlich, dass die Übertragung von „Unterkante-Sparren" an der linken beziehungsweise rechten Kantenfläche des Gratsparrens (durch grüne Linien nachvollziehbar dargestellt) auch durch Antragen der Senkelhöhe (=7,26 cm) aus Profil 2 geschehen kann.

Die **Bilder 230** und **231** zeigen die Firstpfettenkerve aus verschiedenen Richtungen.

Die Hexenschnitte fallen aufgrund der verschiedenen Dachneigungen unterschiedlich aus.

Die Entwicklung zeigt **Bild 233**, und in **Bild 232** ist schließlich eine Ansicht des fertig ausgearbeiteten Gratsparrenkopfes dargestellt.

Basiswissen Schiften

Roland Schumacher: Modellprojekt Aufriss

Senkrecht eingebaute Gratklauenschifter und Gratklauenwechsel

Hier sollen ein Gratklauenschifter (Bezeichnung **L**) und ein Gratklauenwechsel (Bezeichnung **M**) im Bereich der beiden Gratsparren mit der Bezeichnung **F** konstruiert werden. Beide sind mit ihren Seitenflächen senkrecht angeordnet und müssen deshalb abgegratet werden.

Die beiden Hölzer weisen die gleiche Breite von *b*=2,5 cm auf. Die Höhen sind unterschiedlich und ergeben sich aus der Senkelhöhe des Normalsparrens in Profil 2. Dies erlaubt, dass die unteren Kantenflächen der Hölzer so abgegratet werden, dass sie in der gleichen Ebene liegen, wie die untere Kantenfläche des Normalsparrens.

Bild 234 zeigt beide Hölzer in einer vogelperspektivischen Ansicht der Dachkonstruktion, **Bild 235** verdeutlicht die Klauen an den Gratsparren in einer dreidimensionalen Ansicht aus dem Dachraum heraus.

Für das Ausarbeiten des Gratklauenschifters **L** ist die Höhe h_s = 5,0 cm ausreichend, für den Gratklauenwechsel **M** genügt die Höhe h_w = 10,5 cm.

Die für das Einpassen der beiden Dachhölzer in die Konstruktion erforderlichen Maße und Winkel zeigt **Bild 236**.

Die Vorgehensweise: Gratklauenschifter L

Der Gratklauenschifter **L** ist gleichzeitig ein Strahlenschifter, weil er im Grundriss nicht rechtwinklig zur Traufgrundlinie verläuft. Durch das Drehen des Holzes bei Beibehaltung der senkrechten Lage schiebt sich die von der Traufe aus nach oben gesehene linke Seitenkante über die Dachfläche hinaus und macht so eine Abgratung erforderlich. Gleichzeitig ändert sich die Neigung des Schifters! Er weist deshalb ein Profil auf, das von Profil 2 geringfügig abweicht!

Beim Reißen des Gratklauenschifters wird vom Grundriss ausgegangen. Das Holz liegt im Grundriss in einem Winkel von 80° zur Traufgrundlinie und beginnt mit seiner rechten oberen Kante im Schnittpunkt von Dachkörper-Mittelachse (Verlängerung der Firstgrundlinie) und Traufgrundlinie.

Bild 234: Ansicht des Modells mit den beiden Gratsparren **F**, der dazwischen aufgespannten Dachfläche mit Profil 2, dem senkrecht stehenden Gratklauenschifter **L** und dem senkrecht stehenden Gratklauenwechsel **M**

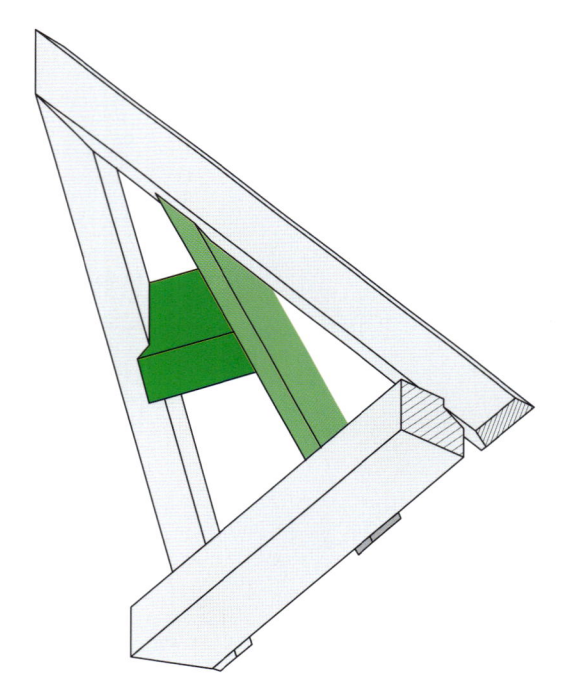

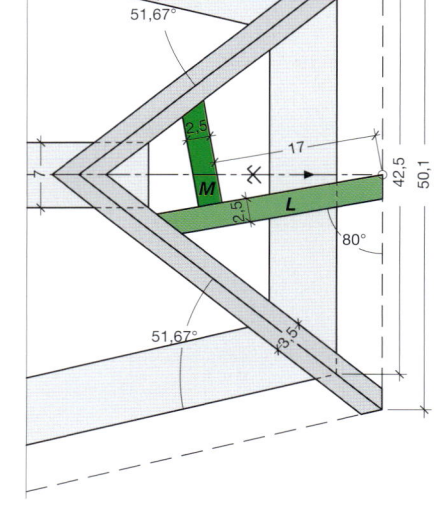

Bild 235: Teilansicht des Modells von unten (aus dem Dachraum heraus). Gratklauenschifter und Gratklauenwechsel sind unten abgegratet und klauen von unten auf die Gratsparren auf.

Bild 236: Bemaßte Lage des Gratklauenschifters **L** und des daran anschließenden Gratklauenwechsels **M**

Basiswissen Schiften

Roland Schumacher: Modellprojekt Aufriss

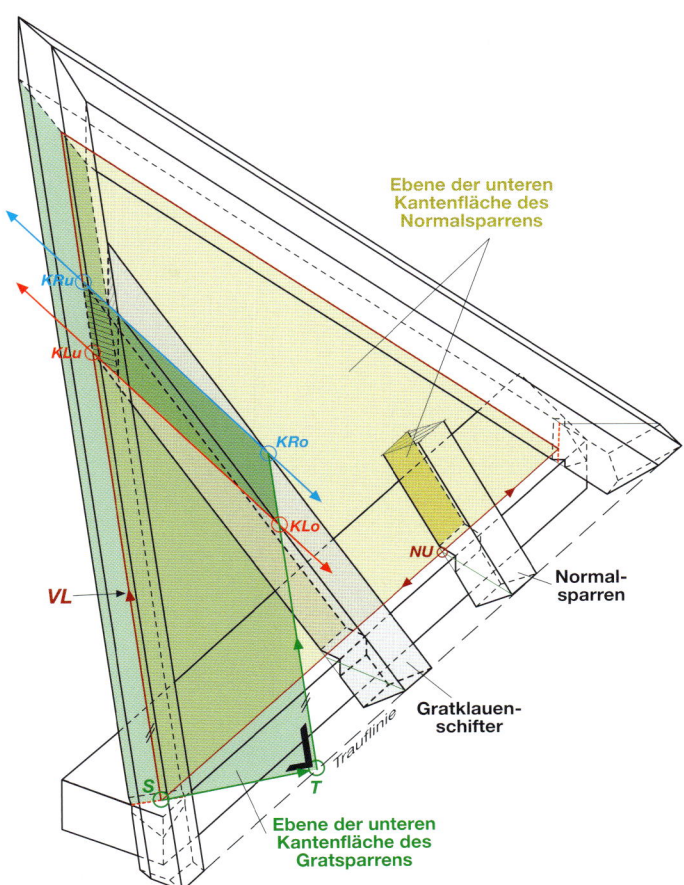

Bild 238: „Aufspannen" der Ebenen der unteren Kantenflächen von Gratsparren und Normalsparren

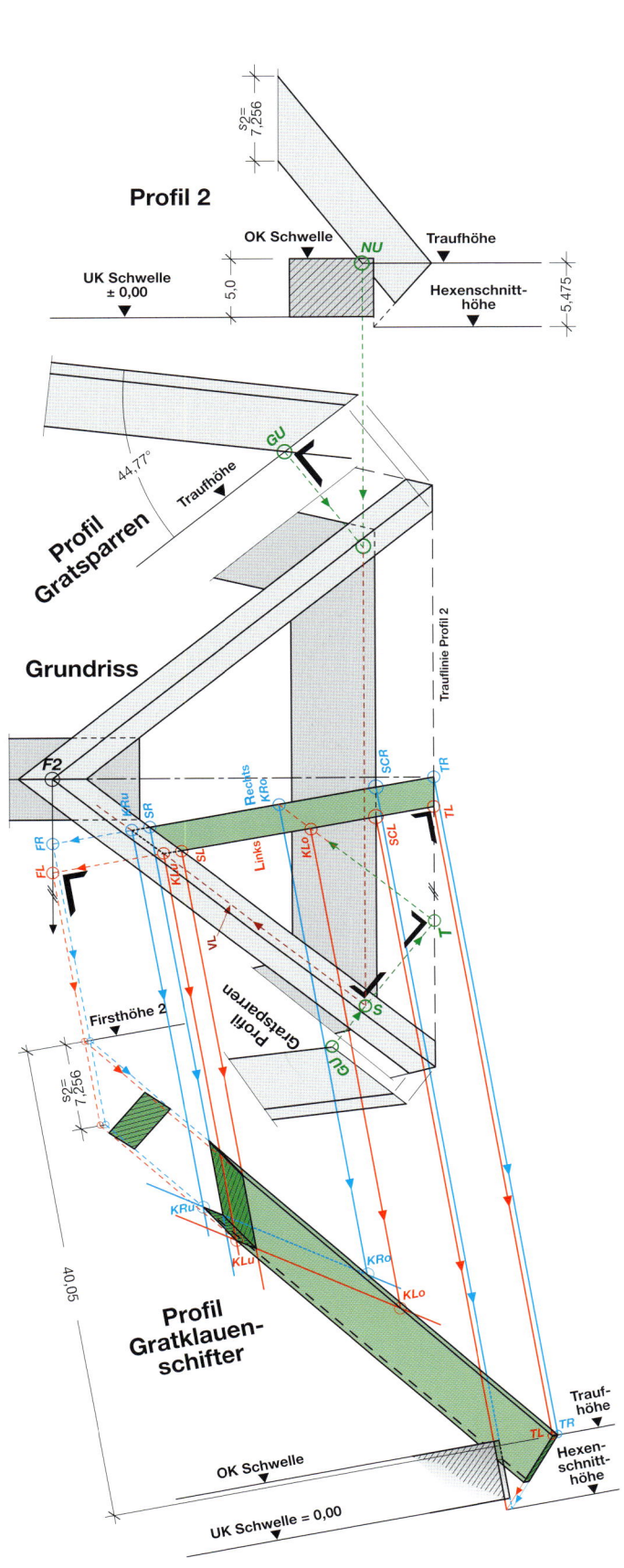

Bild 237: Mögliche Vorgehensweise beim Reißen des Gratklauenschifters L

Der Vorgang zur Konstruktion des Gratklauenschifter-Profils ist in **Bild 237** dargestellt:

1. Um die von Profil 2 abweichende Neigung ermitteln zu können, werden die beiden Außenkanten des Schifters nach oben verlängert und mit einer Linie zum Schnitt gebracht, die rechtwinklig zur Firstgrundlinie durch den Firstpunkt **F2** verläuft. Die beiden entstehenden Punkte liegen auf Firsthöhe 2.
2. An der Traufe werden rechtwinklig zu den Schifter-Außenkanten verlaufende Hilfslinien eingezeichnet. In ausreichend bemessenem Abstand kann nun die Traufhöhe parallel zur Schifter-Außenkante angetragen werden. Es entstehen die beiden Traufpunkte **TL** (links) und **TR** (rechts) des Schifters, durch welche im Profil des Gratklauenschifters die Abschnittsrisse des Hexenschnitts verlaufen.
3. Nun können die beiden Anfallspunkte **FL** (links) und **FR** (rechts) der Schifter-Außenkanten in Firsthöhe 2 mit den zugehörigen Traufpunkten verbunden werden. Damit ist die Abgratungshöhe des Schifter in wahrer Größe dargestellt.
4. Die senkrecht verlaufenden Schmiegenrisse an der Seitenfläche des Gratsparrens werden rechtwinklig von **SL** (links) und **SR** (rechts) aus in das Gratschifter-Profil übertragen.
5. Die Höhe des Gratklauenschifters ergibt sich aus dem Antragen der Senkelhöhe s_2 des Normalsparrens von Profil 2. Rechte und linke Schifter-Unterkante werden parallel zu den Oberkanten gerissen.
6. Für die Ermittlung der Klauenrichtung (**Bild 238**) wird die Ebene der unteren Kantenfläche des Normalsparrens bis auf Traufhöhe „aufgespannt" und die Verschnei-

Basiswissen Schiften

Roland Schumacher: Modellprojekt Aufriss

dungslinie **VL** dieser Ebene mit der unteren Kantenfläche des Gratsparren erzeugt (wenn – wie oben angekündigt – der Gratklauenschifter an seiner unteren Kantenfläche in der Ebene der Unterseite des Normalsparrens abgegratet wird, liegt sein Abschnittsriss auf dieser Verschneidungslinie). Auf dem unteren Abschluss der erzeugten Ebene liegen die Punkte **Nu** an der Unterkante des Normalsparrens und **Gu** an der Unterkante des Gratsparrens, beide in Traufhöhe.

7. Gelingt es, die Ebene der unteren Kantenfläche des Gratsparrens durch den Gratsparrenwechsel hindurch zu erweitern, so legt diese Schnittebene die Richtung der Klaue eindeutig fest.
Dies geschieht nun durch das Reißen einer im Grundriss rechtwinklig zur Verschneidungsgrundlinie **VL** aus dem Schnittpunkt **S** verlaufenden Linie, welche die Traufgrundlinie in **T** schneidet. Wird nun durch **T** eine Parallele zur Verschneidungslinie **VL** gezogen, so überträgt diese die Richtung der Verschneidungslinie auf die obere Kantenfläche des Gratklauenschifters.
Es entstehen am Klauenschifter folgende Punkte: **KLo** an der Oberkante links, **KRo** an der Oberkante rechts, **KLu** an der Unterkante links, **KRu** an der Unterkante rechts, Senkelpunkt **SL** an der Oberkante links, Senkelpunkt **SR** an der Oberkante rechts. Die genannten Punkte werden in das Profil des Gratklauenschifters übertragen und, wo erforderlich, miteinander verbunden: **KLo** mit **KLu**, **KRo** mit **KRu**.

8. Nun kann der Querschnitt des Gratklauenschifters mit Breite b=2,5 cm dargestellt werden. Die Gesamthöhe *h* im fertig abgegrateten Zustand beträgt rund 4,9 cm.

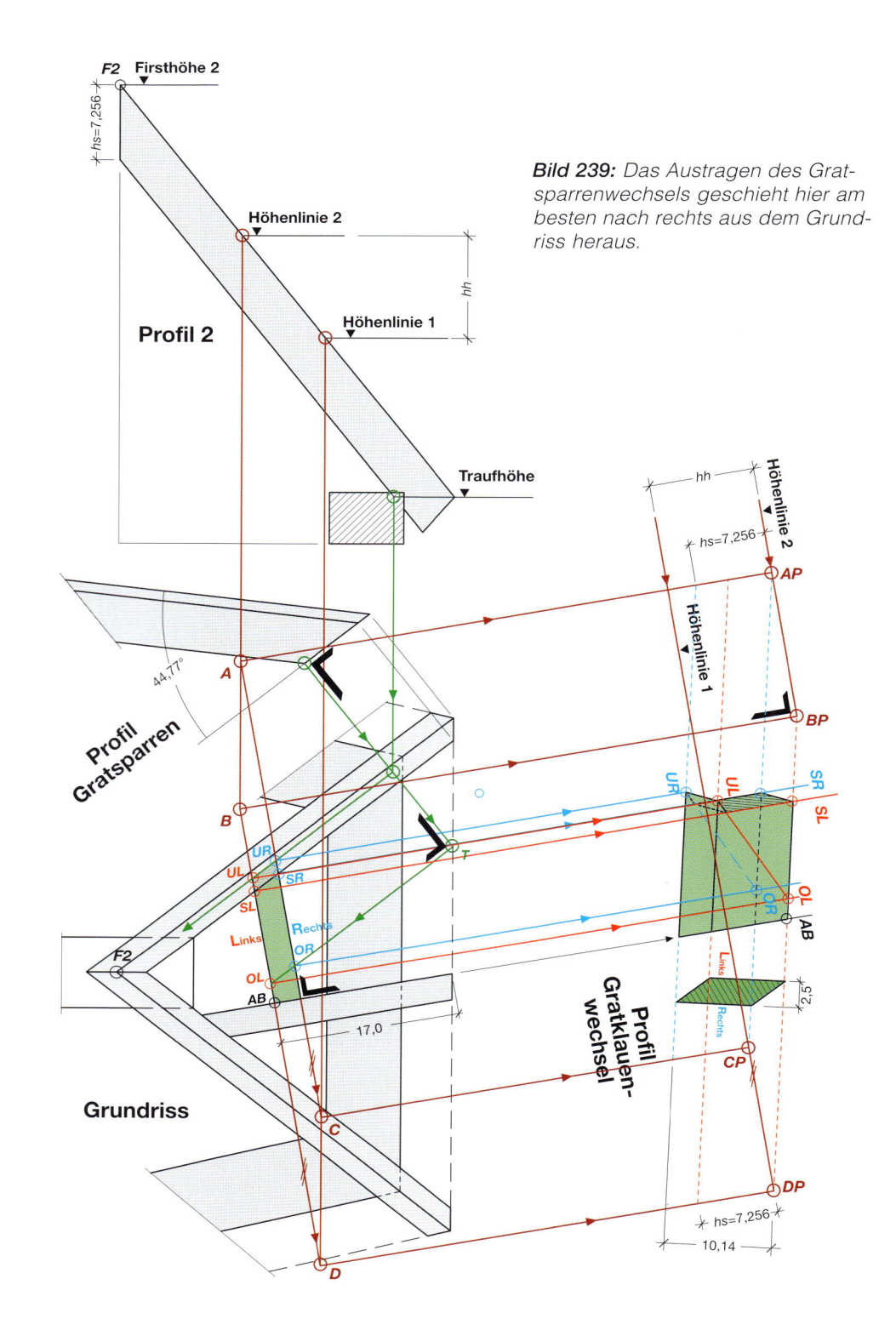

Bild 239: Das Austragen des Gratsparrenwechsels geschieht hier am besten nach rechts aus dem Grundriss heraus.

Gratklauenwechsel M

Der Gratklauenwechsel **M** schließt in einem Abstand (Grundmaß) zu Traufpunkt **TR** von 17,0 cm senkrecht an den Gratklauenschifter **L** an (**Bild 236** und **Bild 239**). Am Modell sieht dies aus wie in **Bild 240** und **Bild 241** gezeigt.

Die Vorgehensweise kann folgendermaßen aussehen (**Bild 239**):

1. Der Gratklauenwechsel wird im Grundriss maßgerecht eingezeichnet und seine Seitenkanten werden nach beiden Seiten verlängert.
2. Im Profil 2 sind zwei Höhenlinien so anzulegen, dass die zwei Senkrechten aus den Schnittpunkten mit der Profil-Neigungslinie (OK Normalsparren) die Verlängerungen der Seitenkanten des Wechsels „günstig" in den Punkten **A**, **B**, **C** und **D** schneiden. Damit ist gemeint, dass nicht andere Risse überlagert wer-

Roland Schumacher: Modellprojekt Aufriss

Ansicht des Gratklauenschifters in Richtung seiner Seitenflächen

Bild 240: Ansicht der Hölzer am Modell in Richtung der senkrechten Seitenflächen des Gratklauenschifters (vergleiche auch **Bild 241**)

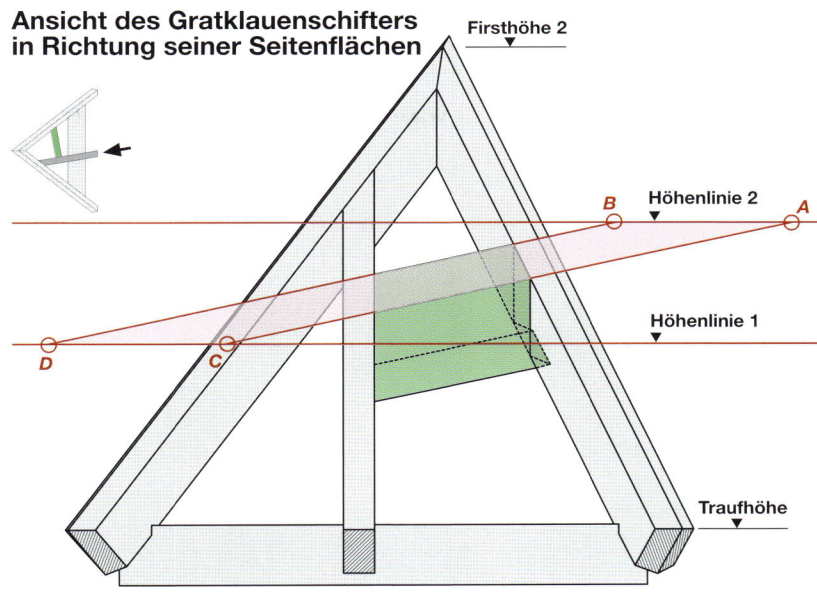

Bild 242: So entsteht die Darstellung der oberen Abgratungsfläche des Gratklauenwechsels.

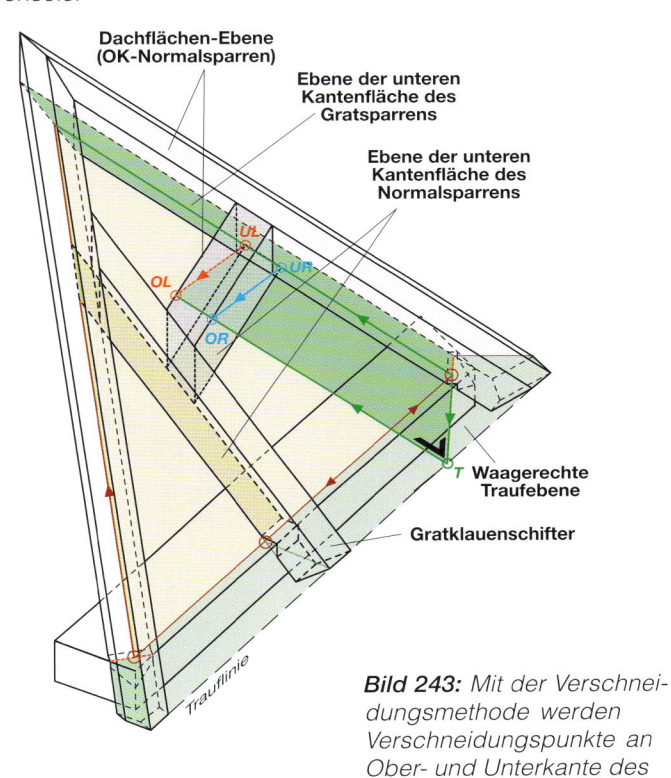

Bild 241: Gratklauenschifter und Gratklauenwechsel im Modell eingebaut und senkrecht von oben betrachtet

Bild 243: Mit der Verschneidungsmethode werden Verschneidungspunkte an Ober- und Unterkante des Wechsels ermittelt.

den und der Aufriss unübersichtlich wird. Für die Lage der Höhenlinien können etwa 30 cm (Höhenlinie 2) und 20 cm (Höhenlinie 1) von UK-Schwelle = ± 0,00 m empfohlen werden.

Anmerkung: die Höhenlinien werden hier deshalb verwendet, weil der Gratklauenschifter im Grundriss nur einen sehr kleinen Neigungswinkel zur Traufgrundlinie aufweist. Bei deutlicher Schrägstellung könnten auch die Firsthöhe und die Traufhöhe als Höhenlinien Verwendung finden (wie es beispielsweise ab Seite 88 dargestellt ist).

3. Außerhalb des Grundrisses wird nun das Profil des Gratwechsels gerissen. Dazu werden zwei parallel zu den Gratwechsel-Außenkanten im Grundriss verlaufende Linien im Abstand hh zwischen den Höhenlinien 1 und 2 gezeichnet.

4. Die rechtwinklig zu den Grundrisskanten des Gratklauenwechsels in sein Profil gerissenen Hilfslinien aus den Punkten **A**, **B**, **C** und **D** schneiden die Höhenlinien in den Punkten im Profil **AP**, **BP**, **CP** und **DP**. Die Verbindungslinie zwischen **AP** und **CP** ist der Ort, auf dem die rechte obere Kante des abgegrateten Wechsels liegt. Auf der Linie zwischen **BP** und **DP** liegt die linke obere Kante. **Bild 242** verdeutlicht den Vorgang in einer Ansicht des Gratklauenschifters in Richtung seiner Seitenflächen.

5. Die Ermittlung der Klauenrichtung erfolgt auf die gleiche Art und Weise, wie dies beim Gratklauenwechsel (**Bild 238**) der Fall war. Mit der Verschneidungsmethode wird die Ebene der unteren Kantenfläche des Gratsparrens mit der Dachflächenebene (OK Sparren) verschnitten. Es entstehen Verschneidungspunkte an den Ober- und Unterkanten des Wechsels, die beim Anreißen des Holzes miteinander verbunden werden müssen.

Basiswissen Schiften

Roland Schumacher: Modellprojekt Aufriss

Rechtwinklig zur Dachfläche (verkantet) eingebaute Gratklauenschifter und Gratklauenwechsel

In diesem Abschnitt werden Gratklauenschifter **N** und Gratklauenwechsel **O** so eingebaut, dass sie – mit jeweils rechteckigem Querschnitt – mit ihren oberen Kantenflächen in der Dachfläche von Profil 2 liegen. Daraus ergibt sich eine nicht senkrechte, sondern verkantete Lage.

Beide Hölzer werden nach den Maßen in **Bild 244** nach einer ihrer Unterkanten eingefügt. Die Maße der Hölzer entsprechen den Maßen der Normalsparren ($b = 2,5$ cm und $h = 4,5$ cm).

Damit ist gewährleistet, dass auch die unteren Kantenflächen der Hölzer in der Ebene der unteren Kantenfläche der Normalsparren liegen (siehe hierzu auch die grundsätzlichen Ausführungen zum Verkanten von Hölzern in den **Bildern 182** und **183**). **Bild 245** zeigt das Teilmodell in einer dreidimensionalen Ansicht von oben außen, in **Bild 246** ist die Konstruktion von unten innen betrachtet und **Bild 247** zeigt die Vorderansicht in Richtung der Dachkörper-Mittelachse.

Durch die Verkantung der Hölzer sind beim Reißen des Grundrisses zunächst nur die beiden Bezugskanten bekannt (dick hervorgehoben in **Bild 244**).

Für den weiteren Schiftvorgang werden das Normalprofil (Profil 2) und das – am besten nach unten ausgeklappte – Gratprofil benötigt.

Bild 248 zeigt die Reißplatte zu Beginn des Schiftvorganges: Grundriss, Profil 2 und ein Teil des ausgeklappten Gratprofils sind fertig, die Bezugskanten für Gratklauenschifter **N** und Gratklauenwechsel **O** sind nach den Vorgaben eingezeichnet und die spätere Lage der Hölzer mit einem Kreuz bezeichnet.

Bild 245: Das Teilmodell in einer Vogelperspektive

Bild 244: Draufsicht mit den Festlegungen von Gratklauenschifter **N** und Gratklauenwechsel **O**

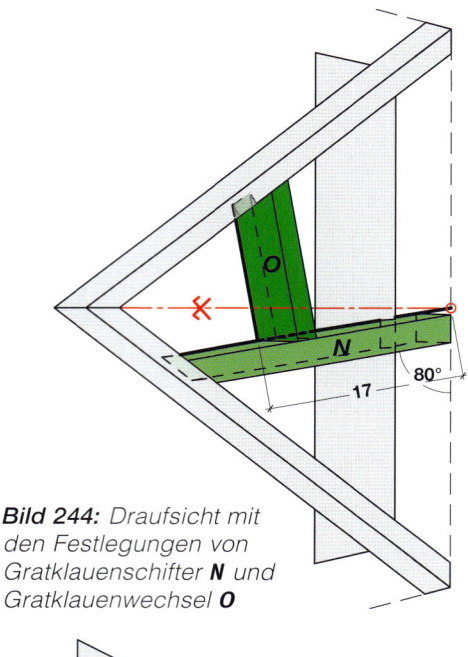

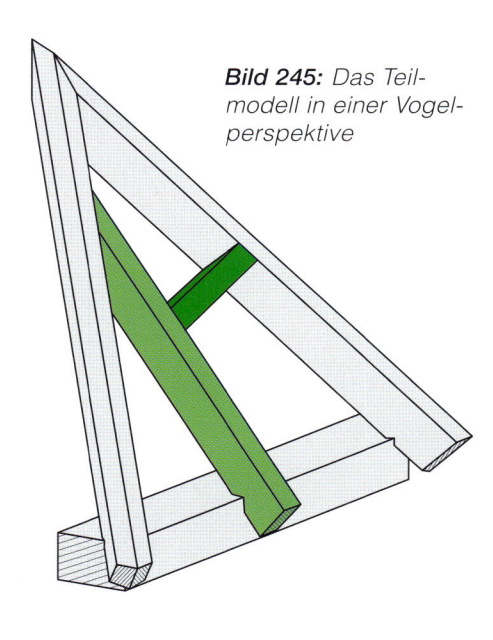

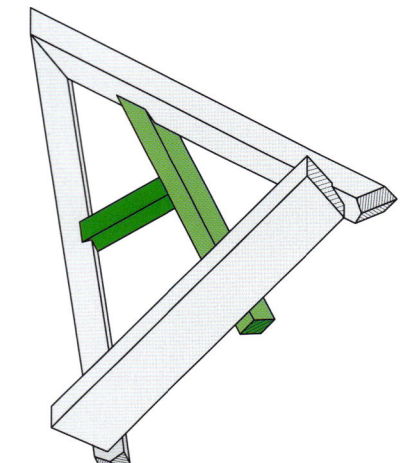

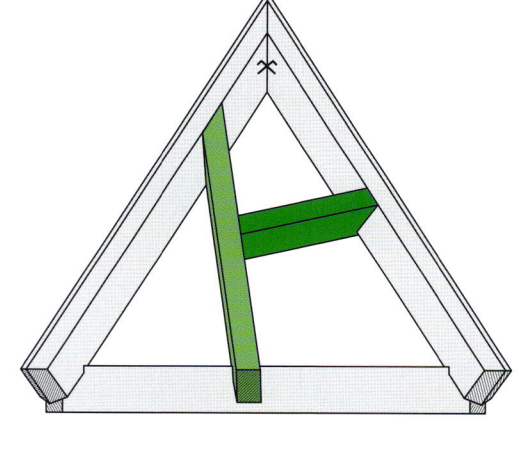

Bild 246: Ansicht von unten aus dem Dachinnenraum heraus

Bild 247: Vorderansicht in Richtung der Mittelachse. Auch hier wird die Verkantung der Hölzer deutlich.

Vorarbeit: Abklappen von Profil 2

Die Verkantung der Hölzer in die Dachfläche und ihr rechtwinkliger Querschnitt bedeuten im vorliegenden Fall, dass sie mit ihren Seitenflächen senkrecht zur Dachfläche stehen. Für das Anreißen der Hölzer ist diese Tatsache vorteilhaft, wenn es gelingt, die Dachfläche in eine waagerechte oder senkrechte Ansichtsebene (Grundriss oder Seitenansicht) zu projizieren, denn in diesen Ansichtsebenen liegen die Maße der eingefügten Hölzer in wahrer Größe vor.

Roland Schumacher: Modellprojekt Aufriss

Bild 249: Abklappen von Profil 2 in die Grundrissebene

Bild 248: Die Reißplatte bei Beginn des Schiftvorganges

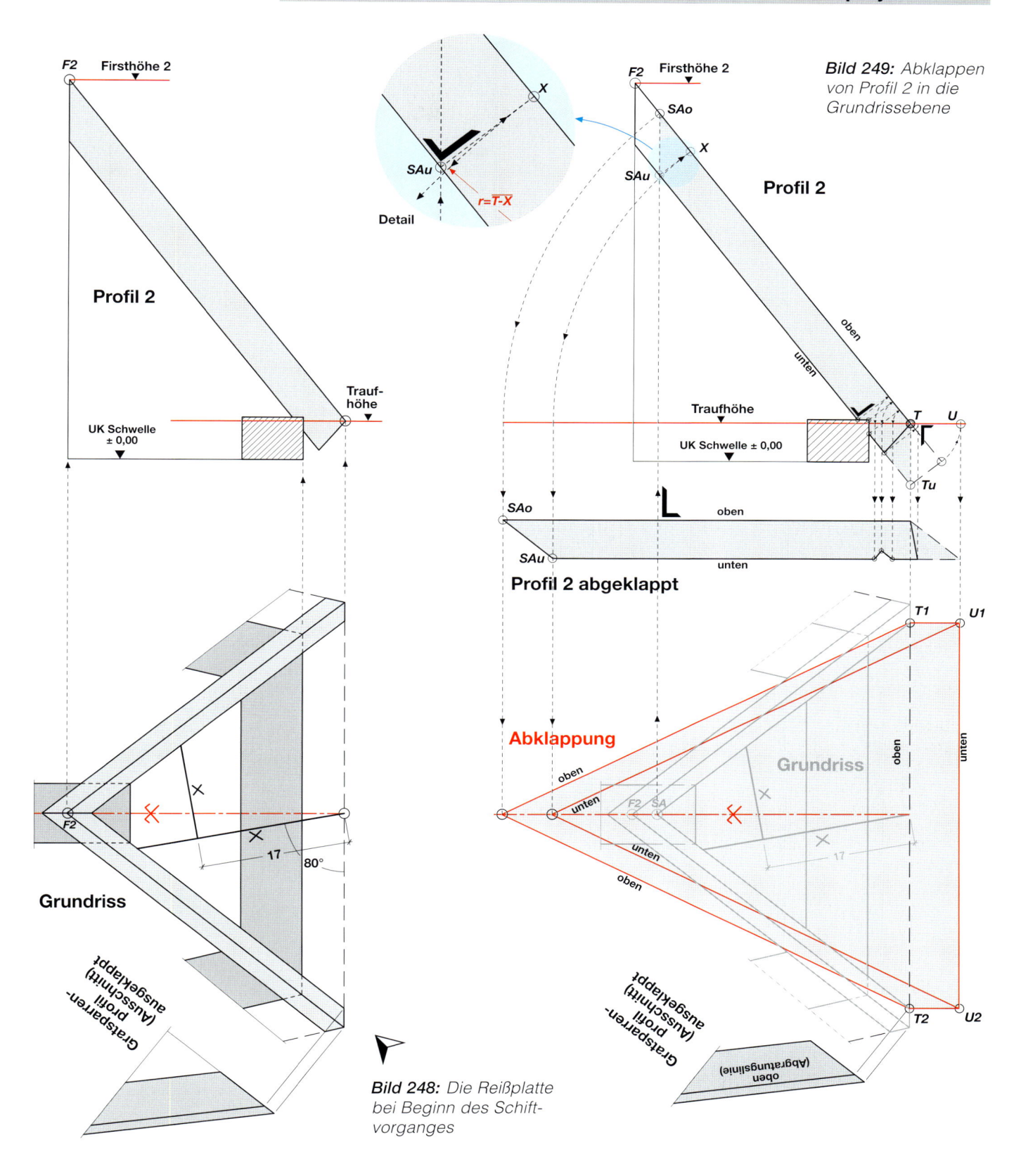

Im aktuellen Beispiel ist die Abklappung der Dachfläche in die Grundrissebene wohl der einfachste Weg. Dabei sind Sparrenoberseite und Sparrenunterseite als „Begrenzungsebenen" von Wichtigkeit, denn sie begrenzen die Schicht, innerhalb derer die Hölzer liegen, nach oben und unten.

Die Abklappung von Profil 2 zeigt **Bild 249**. Drehachse ist die Trauflinie, Drehpunkt im Profil demnach der Traufpunkt **T**. Abgeklappt wird die Fläche, die sich zwischen der Trauflinie und den Abgratungslinien der beiden Gratsparren aufspannt (im Grundriss: Punkte **SA – T1 – T2** (mit **SA** = „Schnittpunkt Abgratungslinien"). Um Bezugspunkte für die Unterkante zu erhalten, werden die Schnittpunkte **SAu** und **Tu** der Senkelrisse aus **SAo** und **T** erzeugt und rechtwinklig auf die Sparren-Oberkante übertragen (siehe Detail in **Bild 249**). Nun erfolgt die Abklappung, die man sich als „Fallenlassen" der Fläche vorstellen kann.

Basiswissen Schiften

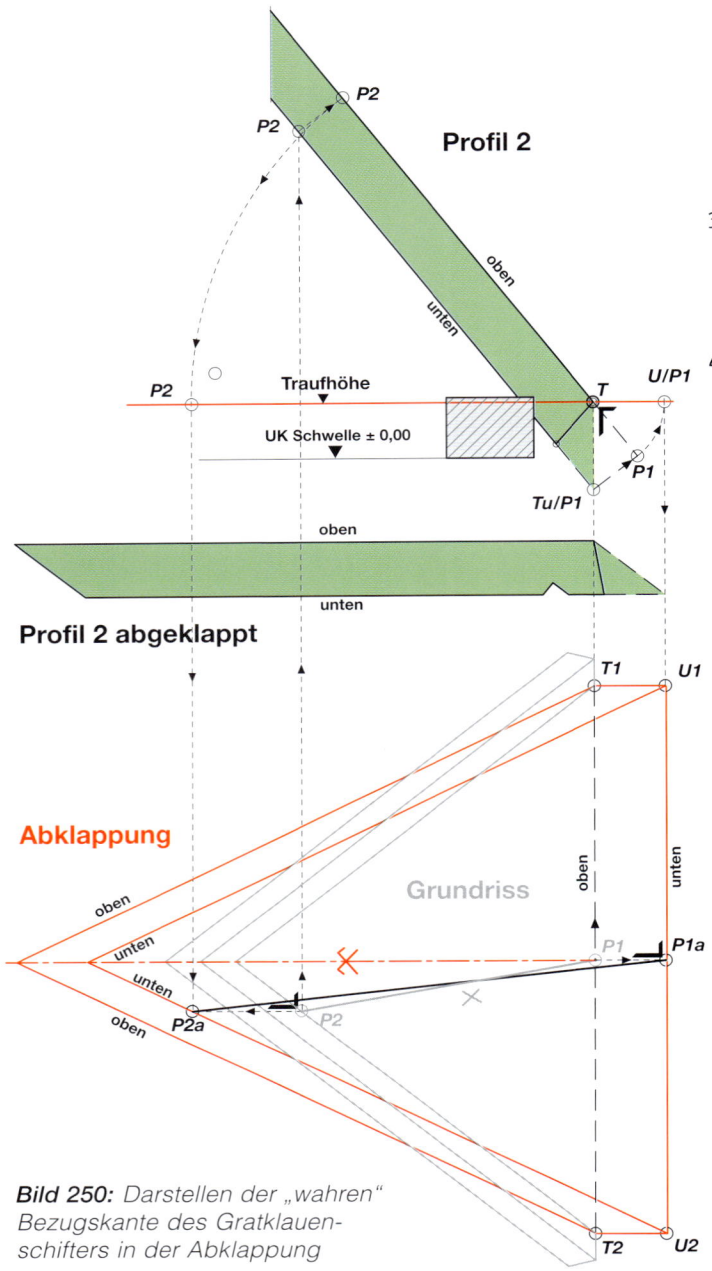

Roland Schumacher: Modellprojekt Aufriss

Bild 250: Darstellen der „wahren" Bezugskante des Gratklauenschifters in der Abklappung

Dabei klappt der unterhalb des Drehpunktes liegende Punkt **Tu** nach oben und wird **U1** beziehungsweise **U2**. Die „Sparrenschicht" liegt nun „auf dem Boden" der Grundrissebene. Damit sind die Vorarbeiten abgeschlossen.

Der verkantete Gratklauenschifter

Wie in **Bild 244** verdeutlicht, wird der Gratklauenschifter **N** mit seiner (von der Traufe aus gesehen) rechten unteren Kante im Grundriss festgelegt. Diese Kante gilt es nun in die Grundrissebene zu drehen, um sie dort in ihrer wahren Länge zu erhalten. Die nun gezeigte Methode geht zurück auf Michael Riggenbachs „Schiften mit System". Den Vorgang zeigt **Bild 250**, wobei der Übersicht halber nur noch die „beteiligten" Risse und Bezeichnungen dargestellt sind:

1. Die Endpunkte **P1** und **P2** der Kante werden aus dem Grundriss in das Profil übertragen (in diesem Falle auf die Unterkante-Normalsparren).
2. Für den Abklappvorgang müssen sie rechtwinklig auf die Oberkante-Sparren übertragen werden.
3. Mit Drehpunkt Traufpunkt **T** sind sie nun mittels Kreisbögen auf die waagerechte Drehachshöhe (=Traufhöhe) zu drehen.
4. Von dort rechtwinklig in die Abklappung zurückprojiziert werden die „wahren" Endpunkte **P1a** und **P2a** festgelegt. Sie befinden sich logischerweise in der Ebene „unten" der Abklappung.
5. Der Gratklauenschifter kann nun mit seiner wahren Breite $b=2{,}5$ cm angetragen werden (**Bild 251**).
6. Das Gratklauenschifterholz kann nun bereits aufgelegt und die Risse für den Traufabschnitt, die Fußpfettenkerve und die senkrechte Backenschmiege am Gratsparren können übertragen werden. In **Bild 251** ist der umgekantete Gratklauenschifter – noch ohne Gratklaue – angerissen und ausgearbeitet dargestellt.
7. Für das Anreißen der Klaue ist es erforderlich, den Ort (die Linie) zu ermitteln, an der die untere Kantenfläche des Normalsparrens (und damit auch die Unterkante des Gratklauenschifters, der ja in der gleichen „Schicht" liegt) zu ermitteln und in die Abklappung zu übertragen.

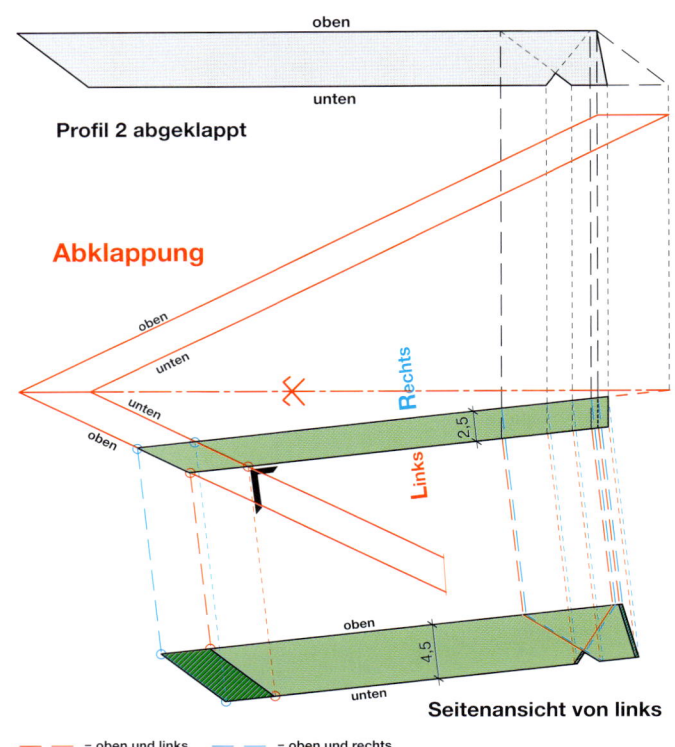

Bild 251: Anreißen der Fußpfettenkerve und der senkrechten Backenschmiege des Gratklauenschifters am Gratsparren

Dies ist in **Bild 252** geschehen. „Hauptbeteiligte" sind die Senkelrisse aus den Schnittpunkten der Traufhöhenlinie und der jeweiligen Unterkante von Sparren beziehungsweise Gratsparren aus den ausgeklappten Profilen (Gratprofile und Profil 2). Sie schneiden sich im Grundriss in den Punkten **S**.

Roland Schumacher: Modellprojekt Aufriss

Bild 253: Dreidimensionale Ansicht des Zustandekommens des Maßes v durch die Abklappung

Bild 254: Dreidimensionale Ansicht des Zustandekommens der Verschneidungslinien OK-Sparren und UK-Sparren

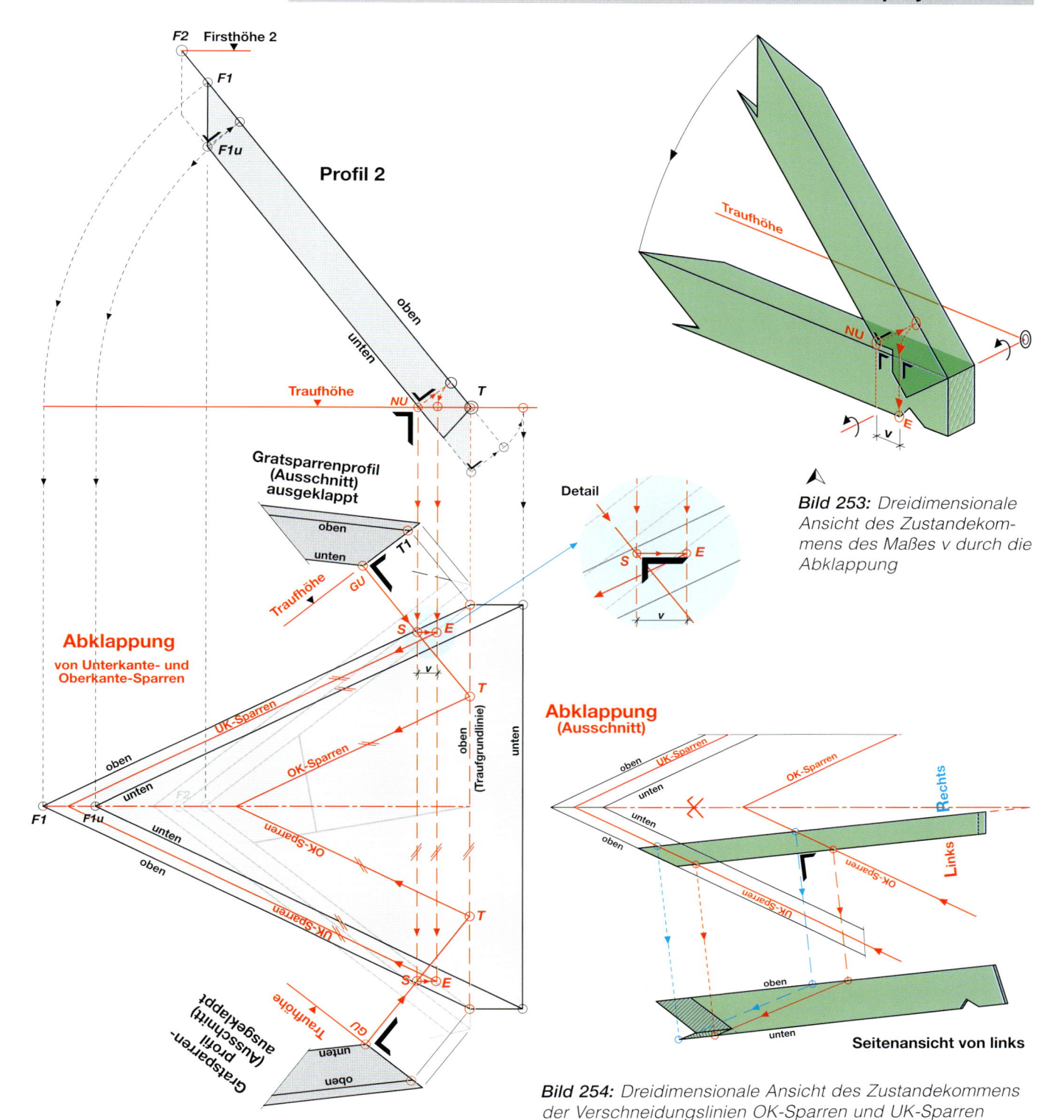

Bild 252: Abklappung der Verschneidungslinien für Oberkante (OK-Sparren) und Unterkante (UK-Sparren). In der Ebene dazwischen (Ebene der unteren Kantenfläche des Gratsparrens) liegt die Klauenschmiege.

Diese „rutschen" nun bei der Ausklappung waagerecht (siehe Profil 2) in Richtung Trauflinie und ergeben den „Eintauchpunkt" *E*, an dem die Unterkante-Sparren in die untere Kantenfläche des Gratsparrens „eintaucht". Zieht man nun in der Ausklappung parallele Risse zu den Gratsparren-Außenkanten, erhält man die gesuchte Verschneidungslinie „**UK-Sparren**".

Die Verschneidungslinie für „**OK-Sparren**" erhält man durch Verlängern der Senkelrisse aus den Punkten **GU** der Gratprofile mit der Traufgrundlinie (Punkte **T**). Die Verschneidungslinien sind wieder Parallelen zu den Gratsparren-Außenkanten.

Bild 253 verdeutlicht den Vorgang in einer dreidimensionalen Ansicht, wobei erkennbar wird, dass die Ebene der unteren Kantenfläche des Gratsparrens durch die „Sparrenschicht" hindurch bis auf die Ebene „oben", der Dachfläche, erweitert wurde.

8. Das Anreißen der Klaue erfolgt nun wie in **Bild 254** gezeigt.

Basiswissen Schiften

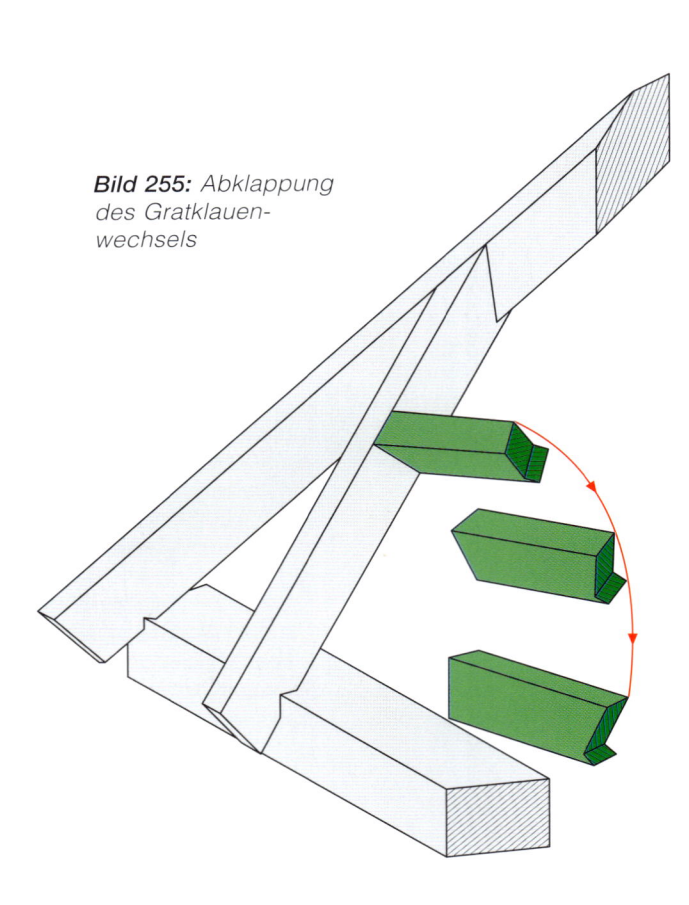

Roland Schumacher: Modellprojekt Aufriss

Bild 255: Abklappung des Gratklauenwechsels

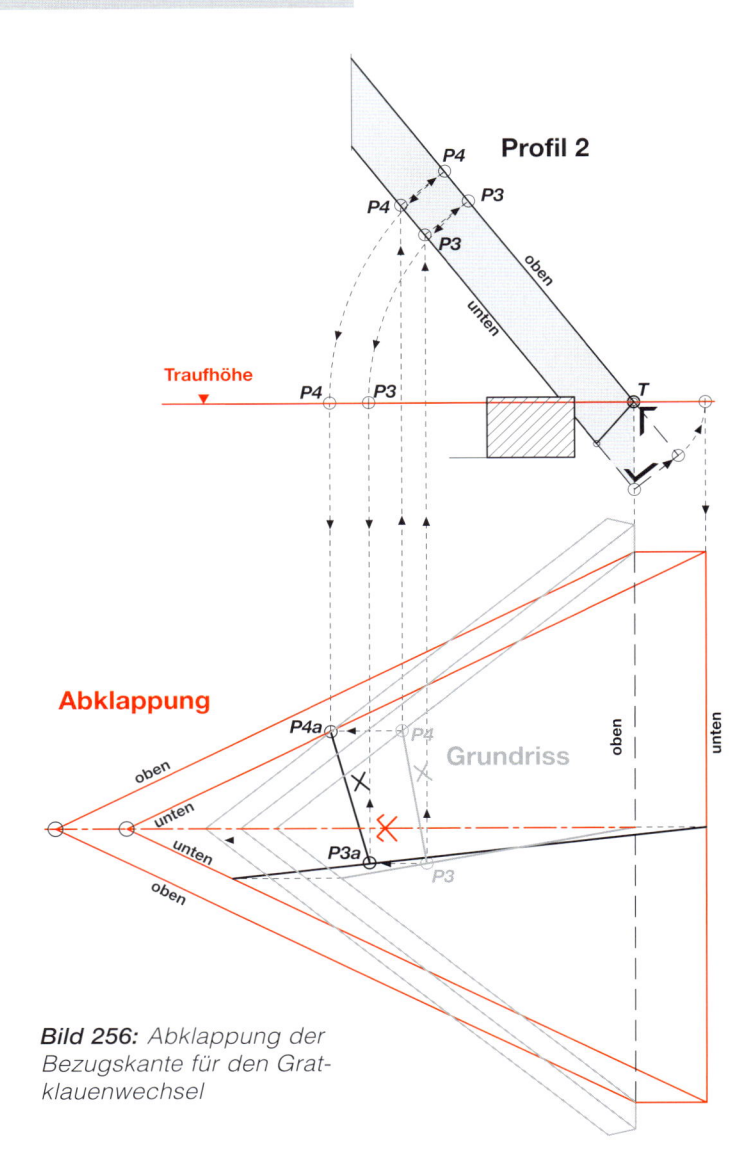

Bild 256: Abklappung der Bezugskante für den Gratklauenwechsel

Der verkantete Gratklauenwechsel

Die Lage des Gratklauenwechsels ist im Grundriss (**Bild 245** und **Bild 248**) festgelegt. Wie beim Gratklauenschifter ist diese Grundlänge nicht die wahre Länge der Bezugskante. Die Kante muss deshalb nach dem in **Bild 250** für den Gratklauenschifter gezeigten Prinzip (nach Michael Riggenbachs „Schiften mit System") in die Grundrissebene abgeklappt werden (**Bild 255**). Die Vorgehensweise zeigt **Bild 256**.

Bild 257 zeigt den umgekantet nach außen gezeichneten Gratklauenwechsel (Blickrichtung von rechts).

Für das Anreißen des Holzes ist dieses „Herauszeichnen" nicht erforderlich. Das Holz kann „hochkant" auf der Ausklappung an der Bezugskante angelegt und angerissen werden.

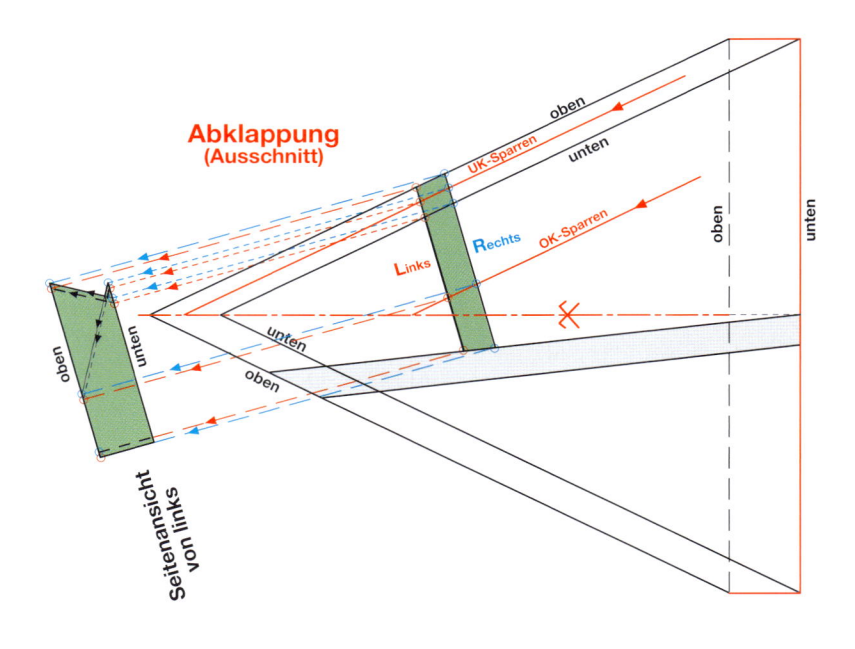

Bild 257: Hier ist der Gratklauenwechsel umgekantet und von seiner linken Seite zu sehen.

Basiswissen Schiften

Anhang

Schiftzirkel: Empfehlungen für Bezeichnungen in zeichnerischen Darstellungen von Schiftungen

Der „Schiftzirkel"

Der „Schiftzirkel" ist eine unabhängige und offene Vereinigung von Fachleuten, die „das Schiften" professionell oder als Hobby betreiben. Initiatoren waren Manfred Euchner und Roland Schumacher. Am Schiftzirkel beteiligen sich zur Zeit (Stand Juli 2002):

Heinz Bächle • 77770 Durbach/Baden • Zimmermeister und Bautechniker/Ausbildungsmeister/Berufsförderungswerk Bühl
Otto Blumenstein • 34286 Spangenberg • Ausbildungsmeister/Berufsförderungswerk Kassel
Manfred Euchner • 72358 Dormettingen • Zimmermeister, Fachbuchautor, Holzhausplaner, Dozent an der Gewerbeakademie Rottweil
Andreas Großhardt • 88690 Uhldingen • Zimmer-/Dachdeckermeister
Volker Hanisch • 53474 Heimersheim • Zimmermeister
Wolfgang Heber • 88436 Eberhardzell-Oberessendorf • Zimmermeister/Meisterschule Biberach-Riss
Franz Krämer • 76596 Forbach/Gausbach • Zimmermeister
Peter Kübler • 76139 Karlsruhe • Zimmermeister/Bruderverlag Karlsruhe
Elmar Mette • 34123 Kassel • Zimmermeister/Dozent Meisterschule Kassel
Albert Müller • 87547 Missen • Oberstudienrat/Berufsschule Immenstadt
Martin Müller • 82362 Weilheim • Ausbildungsmeister/HWK München
Michael Riggenbach • CH–2504 Biel • Dipl.-Zimmermeister, Dozent an der SH-Holz CH-Biel
Mathias Schmid • 77830 Bühlertal • Zimmermeister/cand. Ing.
Ulrich M. Schnitzler • 52393 Hürtgenwald-Vossenack • Zimmermeister/HWK Aachen, Meisterkurse
Roland Schumacher • 88339 Bad Waldsee • Ausbildungsmeister/Zimmerer-Ausbildungszentrum Biberach/Riss
Horst Widy • 76287 Rheinstetten-Forchheim • Zimmermeister und Bautechniker/Leiter Meisterschule Karlsruhe
Hans Wittmann • 91522 Ansbach • Ausbildungsmeister/HWK Nürnberg
Franz-Josef Zieringer • 94051 Hauzenberg • Zimmermeister

Einige der Mitglieder sind bereits bekannt als Mitautoren der BDZ-Ausbildungshilfe „Schiften nach der Flächenmethode", andere als Experten im nationalen und internationalen Wettkampfwesen.

Der Schiftzirkel hat es sich zur Aufgabe gemacht,

- Schiftmethoden zu pflegen und weiter zu entwickeln,
- Begriffe zu vereinheitlichen,
- Wettbewerbs-, Gesellen- und Meisterprüfungsaufgaben zu sammeln und zu archivieren,
- Aufgaben auszuarbeiten und mit Lösungsvorschlägen auch unter Nutzung neuer Medien zu veröffentlichen,
- Zeichnerische Lösungen mit rechnerischen Lösungen zu begleiten,
- praxistaugliche Anwendungen (zum Beispiel mit EDV) zu entwickeln.

Mit den im Anschluss folgenden *Empfehlungen für die Anwendung von Bezeichnungen in zeichnerischen Darstellungen von Schiftungen* legt der Schiftzirkel ein erstes Ergebnis seiner Arbeit vor.

Ein eingehendes Studium der Empfehlungen lässt erkennen, dass es sich keineswegs um ein starres Regelwerk handelt. Die gegebenen Möglichkeiten lassen jederzeit eine individuelle Gestaltung von Schiftaufgaben und -lösungen zu. Ein konsequentes Anwenden der Empfehlungen wird jedoch insbesondere Lernenden die Orientierung in Schiftungen erleichtern.

Kontakt zum Schiftzirkel:

Zimmermeister Roland Schumacher
Zimmerer-Ausbildungszentrum Biberach
Leipzigstr. 13
88400 Biberach/Riss
Tel 07351 21093
E-Mail: r.schumacher@zaz-bc.de

Anhang: „Schiftzirkel", Bezeichnungen

Vorbemerkungen

Die Schreibweise von mathematischen Zeichen und Elementen in mathematischen Ausdrücken beziehungsweise geometrischen Darstellungen ist in DIN 1302 geregelt. Von der Vielzahl von Elementen, die beispielsweise in mathematischen Formeln oder Ausdrücken vorkommen können, werden im Bereich der geometrischen Darstellungen nur verhältnismäßig wenige benötigt. Hierzu gehören die **Variable** (eine veränderliche Größe), der **Index** (eine Kenn- oder Unterscheidungsziffer), die **Überstreichung** (ein waagerechter Strich über einem Element) und das Zeichen für **Parallel** (zwei parallel angeordnete kurze Linien).

Korrekte Schreibweisen:

Die *Variable* ist eine veränderliche Größe wie beispielsweise eine Strecke oder ein Maß. Sie wird mit einem Kleinbuchstaben und in **kursiver** Schrift bezeichnet.   Beispiele: Strecke a, Seite b, Maß x

Der *Index* (Mehrzahl: *Indizes*) ist eine Kenn- oder Unterscheidungsziffer, die tief gestellt geschrieben wird.
Beispiele: Strecke a_1, Punkt P_2

Wenn keine Tiefstellung möglich ist, können die Ordnungszahlen in der gleiche Größe wie die Variable geschrieben werden, jedoch nicht kursiv.   Beispiele: Strecke a1, Punkt **P2**

Der **Überstrich** ist ein waagerechter Strich, im Bereich der darstellenden Geometrie meist über der Bezeichnung von Punkten, und bezeichnet die Strecke zwischen den Punkten.
Beispiel: $\overline{AB}$ = Strecke zwischen den Punkten **A** und **B**

Falls die Schreibweise mit dem Überstrich nicht möglich ist, kann folgende Schreibweise gewählt werden:
„Strecke **A–B**"

Das Zeichen für Parallel besteht aus zwei parallel zueinander angeordneten kurzen Linien, die in gleicher Richtung über zwei parallele Geraden gezeichnet werden.

Beispiel:

Ein Nachteil der korrekten Schreibweisen zeigt sich dann, wenn sie in CAD-Zeichnungen oder in elektronisch erfassten Texten ausgeführt und gegebenenfalls in Druckwerken veröffentlicht werden sollen. Eine korrekte Ausführung ist (noch) sehr zeitraubend und vor allem im drucktechnischen Bereich (Druckvorstufe) Sache des Spezialisten. Mit Rücksicht auf die unbedingt zu fordernde Durchgängigkeit und Einheitlichkeit im Ausbildungswesen sollte jedoch auf die korrekte Schreibweise geachtet werden.

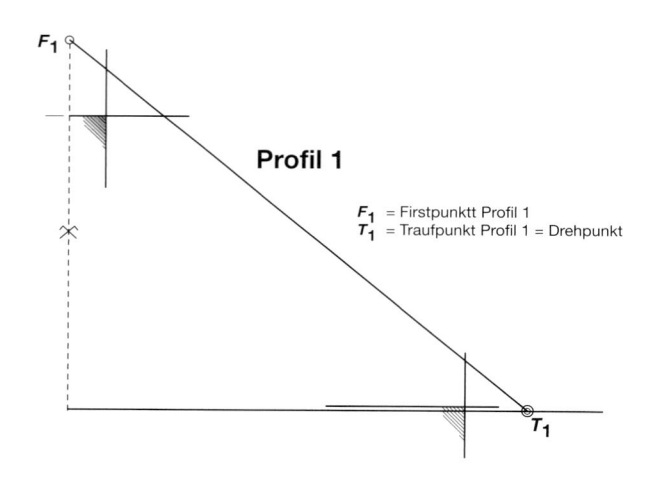

1 Punkte

Punkte werden mit nicht mehr als 2 Großbuchstaben und gegebenenfalls zusätzlich mit arabischen Kennzahlen (Indizes) bezeichnet. Die Bezeichnung soll möglichst auf Art und Lage des Punkts hinweisen.
Beispiel: $P_1, P_2, P_3 .... P_{10}$ oder $X_1, X_2, X_3 ... X_{10}$ u.s.w.

Reserviert sind folgende Bezeichnungen für die Punkte:

T	Traufpunkt und weiter T_1, T_2 ... beispielsweise für Traufpunkt Profil 1, Traufpunkt Profil 2,
TG	beispielsweise für Grattraufpunkt,
TK	beispielsweise für Kehltraufpunkt u.s.w.
F	Firstpunkt und weiter
F_1, F_2	beispielsweise für Firstpunkt Profil 1, Firstpunkt Profil 2, u.s.w.
FG	beispielsweise für Gratfirstpunkt,
FK	beispielsweise für Kehlfirstpunkt u.s.w.
◎	Drehpunkt, Klapppunkt
○	Umrandung für wichtigen Punkt

Profil 1
F_1 = Firstpunktt Profil 1
T_1 = Traufpunkt Profil 1 = Drehpunkt

Um Verwechslungen zu vermeiden, sollen nicht verwendet werden: **UK, OK, H, S, L, R, E, A,**

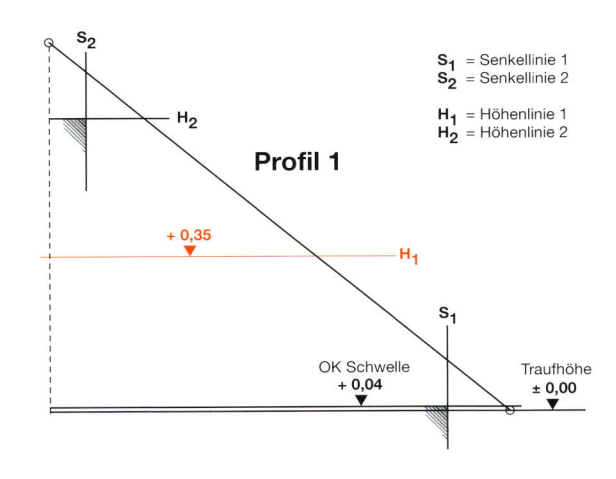

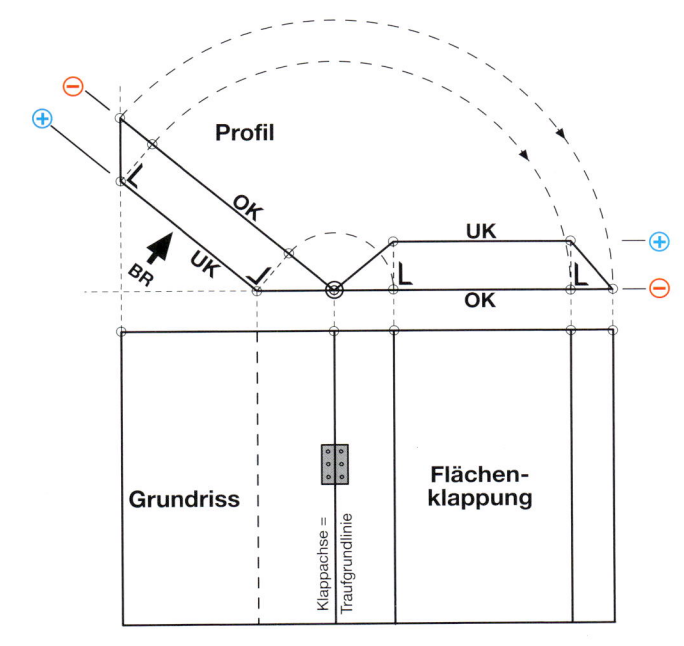

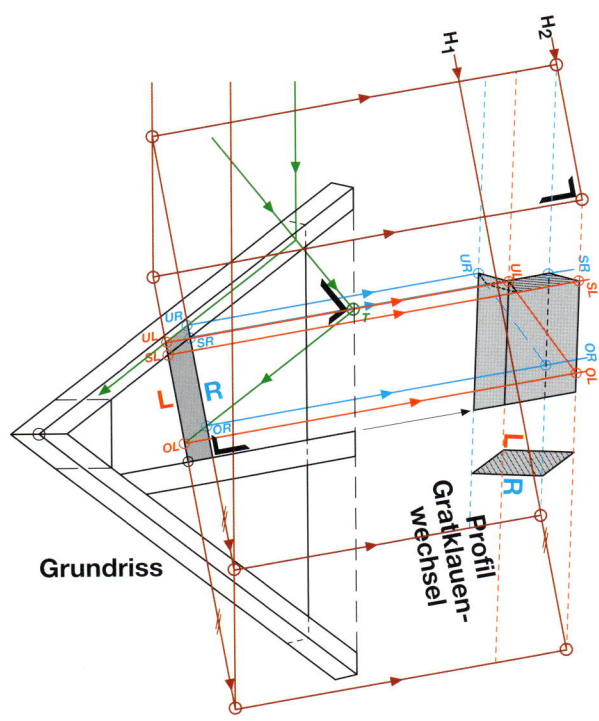

Anhang: „Schiftzirkel", Bezeichnungen

2 Geraden

Geraden werden mit nicht mehr als 3 Großbuchstaben und gegebenenfalls zusätzlich mit arabischen Kennzahlen (Indizes) bezeichnet. Die Bezeichnung soll möglichst auf Art und Lage der Linie hinweisen.

2.1 Höhenlinien: Höhenlinien sind waagerechte Linien
H Höhenlinie (allgemein) und weiter
H_1, H_2 beispielsweise für Höhenlinie 1 ... usw..

2.2 Senkellinien: Senkellinien sind senkrechte Linien
S Senkellinie (allgemein) und weiter
S_1, S_2 beispielsweise für Senkellinie 1 ... u.s.w.

2.3 Drehachse, Klappachse:

2.4 Höhenlage: ± 0,00

2.5 Verschneidungslinie: Verschneidungslinien sind Kanten, die durch das Verschneiden zweier Flächen oder Ebenen entstehen.

2.6 Spurlinie, Spurgerade, Spur: Eine Spurlinie ist die Verlängerung einer vorhandenen Linie als Hilfslinie zur Erzeugung von Schnittpunkten.

3 Kanten, Ebenen- und Flächenzuweisungen

Kanten werden mit nicht mehr als 3 Großbuchstaben und gegebenenfalls zusätzlich mit arabischen Kennzahlen (Indizes) bezeichnet. Die Bezeichnung soll möglichst auf Art und Lage der Kante hinweisen.

OK Oberkante und weiter
OK_1, OK_2 beispielsweise für Oberkante 1, u.s.w.
OKS beispielsweise für Oberkante Schwelle,
OKP_1 beispielsweise für Oberkante Pfette 1 u.s.w.

UK Unterkante und weiter
UK_1, UK_2 beispielsweise für Unterkante 1, u.s.w.
UKS beispielsweise für Unterkante Schwelle,
UKP_1 beispielsweise für Unterkante Pfette 1 u.s.w.

R Rechte Kante (Blickrichtung im Grundriss von der Traufe zum First)

L Linke Kante (Blickrichtung im Grundriss von der Traufe zum First)

⊕ **(+)-Ebene** („Plus-Ebene"), **(+)-Fläche** („Plus-Fläche"). Ebene beziehungsweise Fläche, die auf der Seite der Flächenschicht liegt, die dem Betrachter **zu**gewandt ist.

⊖ **(–)-Ebene** („Minus-Ebene"), **(–)-Fläche** („Minus-Fläche"). Ebene beziehungsweise Fläche, die auf der Seite der Flächenschicht liegt, die dem Betrachter **ab**gewandt ist.

BR ↗ Blickrichtung

Basiswissen Schiften

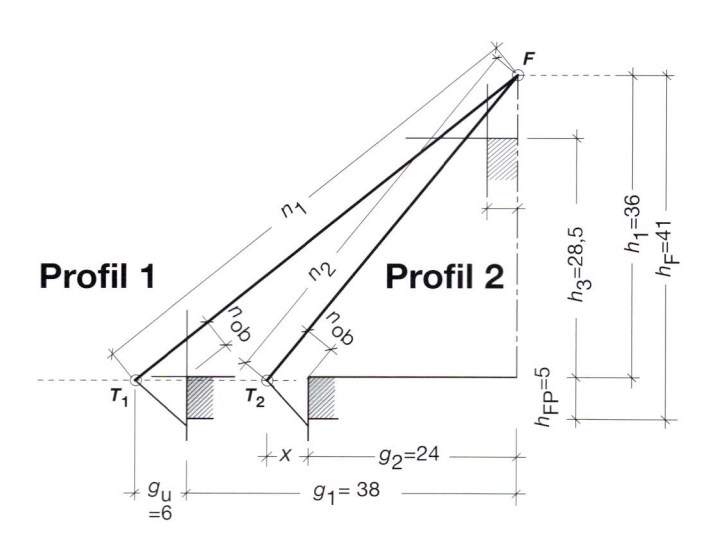

Anhang: „Schiftzirkel", Bezeichnungen

4 Strecken (Maße)

Strecken sind in der Länge durch ein jeweils bestimmtes Maß begrenzte Linien. Sie werden mit nicht mehr als 3 Kleinbuchstaben und gegebenenfalls zusätzlich mit tiefgestellten arabischen Kennzahlen (Indizes) bezeichnet. Die Bezeichnung soll möglichst auf Art und Lage der Strecken (Maße) hinweisen. Wenn keine Tiefstellung der Indizes möglich ist, kann die Kennzahl in gleicher Größe wie die Kleinbuchstaben geschrieben werden.

4.1 Grundmaße: Grundmaße sind Maße waagerechter Strecken und waagerechter Verstichmaße
g Grundmaß (allgemein) und weiter
g_1, g_2, g_3 für Grundmaß 1, Grundmaß 2 u.s.w.
*g*1, *g*2, *g*3   für Grundmaß 1, Grundmaß 2 u.s.w.,

4.2 Höhenmaße: Höhenmaße sind Maße senkrechter Strecken
h Höhenmaß (allgemein) und weiter
h_1, h_2, h_3 für Höhenmaß 1, Höhenmaß 2 u.s.w.

4.3 Neigungsmaße: Neigungsmaße sind Maße geneigter Strecken und geneigter Verstichmaße
n Neigungsmaß (allgemein) und weiter
n_1, n_2, n_3 für Neigungsmaß 1, Neigungsmaß 2 u.s.w.

5 Winkel

Winkel werden mit nicht mehr als einem griechischen Kleinbuchstaben und gegebenenfalls zusätzlich mit arabischen Kennzahlen (Indizes) bezeichnet.

5.1 Neigungswinkel: Neigungswinkel sind in einer senkrechten Ebene gemessene Winkel zwischen einer waagerechten Ebene und einer geneigten Ebene.
α Neigungswinkel (allgemein) und weiter
$\alpha_1, \alpha_2, \alpha_3$ beispielsweise für Neigungswinkel Profil 1, Neigungswinkel Profil 2 u.s.w..

5.2 Grundwinkel: Grundwinkel sind in einer waagerechten Ebene gemessene Winkel zwischen Verschneidungslinien, die durch senkrechte oder geneigte Ebenen in der waagerechten Ebene hervorgerufen werden.
β Grundwinkel (allgemein) und weiter
$\beta_1, \beta_2, \beta_3$ beispielsweise für Grundwinkel 1, u.s.w..

5.3 Sonstige Winkel: Sonstige Winkel sind alle nicht waagerecht beziehungsweise nicht senkrecht gemessenen Winkel wie Ebenenwinkel, Maschinenwinkel oder Ähnliches. Sie werden allgemein mit den verbleibenden griechischen Kleinbuchstaben, vorzugsweise jedoch mit γ (gamma) δ (delta) ε (epsilon) λ (lambda) und τ (tau) und gegebenenfalls zuzüglich mit arabischen Kennzahlen (Indizes) bezeichnet.

Basiswissen Schiften

Anhang: „Schiftzirkel", Bezeichnungen

E_1 = Ebene 1 (Oberkante Firstpfette)
E_2 = Ebene 2 (senkrechte Ebene Außenkante Firstpfette)
E_3 = Ebene 3 (waagerechte Ebene Oberkante Schwelle)
A_1 = Fläche 1 (Obere Kantenfläche Schwelle)

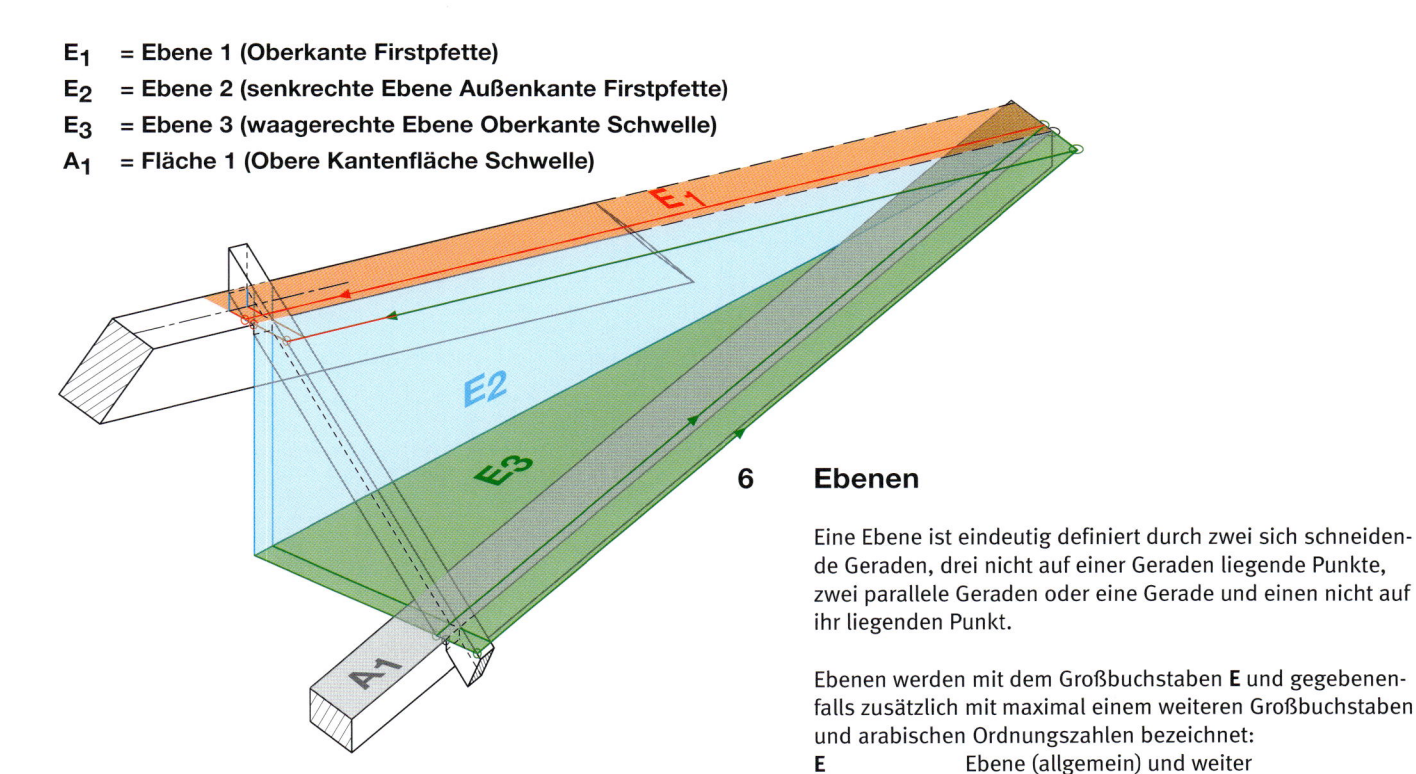

6 Ebenen

Eine Ebene ist eindeutig definiert durch zwei sich schneidende Geraden, drei nicht auf einer Geraden liegende Punkte, zwei parallele Geraden oder eine Gerade und einen nicht auf ihr liegenden Punkt.

Ebenen werden mit dem Großbuchstaben **E** und gegebenenfalls zusätzlich mit maximal einem weiteren Großbuchstaben und arabischen Ordnungszahlen bezeichnet:

E Ebene (allgemein) und weiter
E_1, E_2, E_3 beispielsweise für Ebene 1, Ebene 2 u.s.w

7 Flächen

Eine Fläche ist der eindeutig begrenzte Teil einer Ebene. Flächen können beispielsweise Dachflächen, Seitenflächen, Schnittflächen oder Abschnittsflächen von Hölzern sein.

Flächen werden mit dem Großbuchstaben **A** (von lateinisch area=Fläche) und gegebenenfalls zusätzlich mit maximal einem weiteren Großbuchstaben und arabischen Kennzahlen (Indizes) bezeichnet:

A Fläche (allgemein) und weiter
A_1, A_2, A_3 beispielsweise für Fläche 1, u.s.w oder
AE_1, AE_2 beispielsweise für Fläche 1 in Ebene **E**, Fläche 2 in Ebene **E** u.s.w.

8 Stricharten
Stricharten sind angelehnt an DIN 1356:

				zum Beispiel (in mm)
8.1	**Begrenzung von Flächen:**	———	Volllinie (breit)	0,7 oder 0,5
8.2	**Begrenzung von Schnittflächen:**	———	Volllinie (breit)	0,7 oder 0,5
8.3	**Linien nach Punkt 2.1 bis 2.6:**	———	Volllinie (mittelbreit)	0,5 oder 0,35
8.3	**Verdeckte Kanten:**	– – – –	Strichlinie (mittelbreit)	0,5 oder 0,35
8.4	**Hilfslinien:**	- - - - -	Strichlinie (schmal) (wegen besserer Übersichtlichkeit nicht mit schmaler Volllinie, wie dies DIN 1356 vorschreibt)	0,25 oder 0,18
8.5	**Achsen:**	—·—·—	Strichpunktlinie (breit)	0,7 oder 0,5
8.6	**Zusatzlinie (z.B. Spurlinie)**	·········	Punktierte Linie (mittelbreit)	0,5 oder 0,35

Basiswissen Schiften

Anhang: „Schiftzirkel", Bezeichnungen

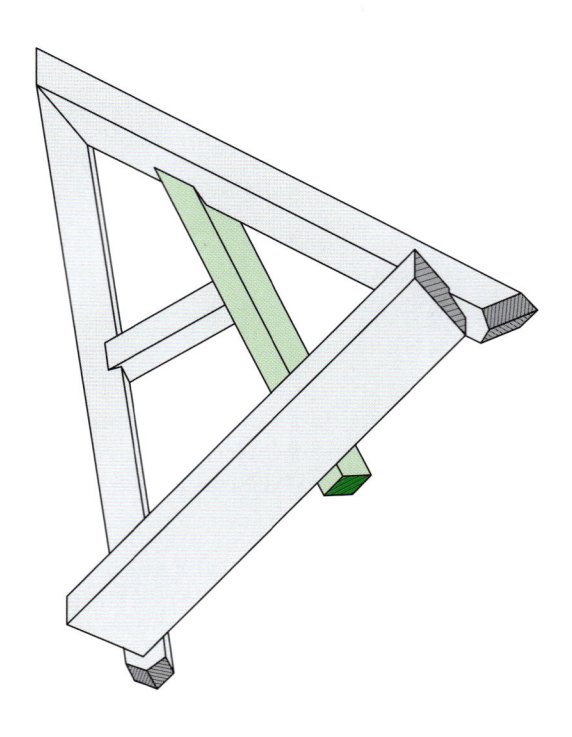

9 Strichbreiten

Strichbreiten in mm für die maßstäbliche Darstellung auf Blattgrößen DIN A4 und DIN A3:

breit:	0,7	oder	0,50
mittelbreit:	0,5	oder	0,35
schmal:	0,25	oder	0,18

10 Schraffuren

Schraffuren sind angelehnt an DIN 1356:

Längsholz: Holzstruktur freihand, Strichbreite schmal

Hirnholz: Holzstruktur freihand, Strichbreite schmal

Zusätzlich können verwendet werden:

Längsholz: Schraffur, hellgrau

Längsholz: Zeichen für Faserverlauf Strichbreite mittelbreit

Hirnholz: Schraffur, dunkelgrau

Hirnholz: Holzstruktur, Parallellinien (CAD), Strichbreite schmal

11 Sonstiges

Firstlot (Firstsenkel):

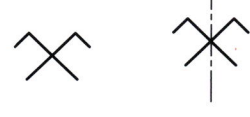

Winkelzeichen (90°):

12 Farben

Hervorgehobenes (zur Zeit bearbeitetes) Schiftholz:

Hirnholz (dunkelgrün):

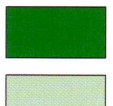

Längsholz (hellgrün):

Ebenen können in verschiedenen Farben transparent (durchscheinend) gezeichnet werden. Im Zweifelsfall sind sie mit einer Farblegende zu erklären.

Basiswissen Schiften

Die Autoren und ihre Beiträge

Roland Schumacher

1954 geboren in Bad Waldsee. Nach Zimmererlehre, Gesellen- und Bundeswehrzeit legte er 1980 in Biberach die Zimmermeisterprüfung ab. Nach seiner Tätigkeit als angestellter Zimmermeister wurde er 1984 Ausbildungsmeister am Zimmerer-Ausbildungszentrum Biberach/Riß. Roland Schumacher ist Experte für moderne Schifttechniken. Als Trainer der Teilnehmer an den nationalen und internationalen Berufswettbewerben der Zimmerer gibt er seine Erfahrungen engagiert weiter.

Schiftmethoden im Vergleich – am Beispiel eines Gratklauenschifters ist in 3 Teilen erschienen in „Der Zimmermann", Ausgaben 7/2000 bis 9/2000
Klauenbug über Eck – Eine „Flächenschiftung" mit Anleitung zum Modellbau ist erschienen in „Der Zimmermann", Ausgabe 5/2000
Mandala-Dach – Eine „ausgefallene" Dachkonstruktion über achteckigem Grundriss ist erschienen in „Der Zimmermann", Ausgabe 6/2000
Modellprojekt Aufriss ist in 12 Teilen erschienen in „Der Zimmermann", Ausgaben 1/2001 bis 12/2001

Albert Müller

1952 geboren in Nüdlingen/Unterfranken. Nach dem Volksschulabschluss Ausbildung zum Zimmerer im elterlichen Betrieb. Weiterbildung über Hochbautechnikum, Berufsaufbau- und Berufsoberschule zum Studium „Höheres Lehramt für berufliche Schulen" an der TU München. Staatsexamen 1981. Seit 1983 als Studien- beziehungsweise Oberstudienrat an der Berufsschule Immenstadt, Fachbereich Zimmerer, tätig. Mitglied und Prüfer im Gesellenprüfungsausschuss für das Zimmerhandwerk der Handwerkskammer Schwaben.

Basiswissen
ist in 5 Teilen erschienen in „Der Zimmermann", Ausgaben 1/2002 bis 5/2002:
Teil 1: Einführung in die Flächenschiftung   1/2002
Teil 2: Von räumlichen Überlegungen zum Aufriss   2/2002
Teil 3: Der Anreißvorgang   3/2002
Teil 4: Beispiele   4/2002
Teil 5: Beispiele   5/2002

Michael Riggenbach

1960 geboren in Basel und aufgewachsen in der Region Basel. Nach dem Besuch der Steinerschule Basel folgten die Lehre als Zimmermann, Arbeiten in verschiedenen Betrieben, Weiterbildung zum Polier und Meister, Lehrerausbildung (berufsbegleitend), 4 Jahre Berufsschullehrer (nebenberuflich). Seit 1991 ist er Dozent an der SH-Holz an seinem Wohnort Biel. Michael Riggenbach ist verheiratet und hat zwei Kinder. Weitere Tätigkeiten: Mitarbeit im swiss i.b.w. team (Berufswettbewerbe der Zimmerer), Mitarbeit in Stiftungsrat und Stiftung Edith Maryon, Mitarbeit im Verwaltungsrat OLOID AG.

Grundsätze zum „flächigen Schiften" Teil 1
ist erschienen In „Der Zimmermann", Ausgabe 9/1996
Grundsätze zum „flächigen Schiften" Teil 2
ist erschienen In „Der Zimmermann", Ausgabe 10/1996

Peter Kübler

1951 geboren in Oberndorf/N. Besuch des Progymnasiums in Oberndorf/N bis zur Erlangung der Mittleren Reife. Von 1971 bis 1981 aktiver Soldat der Bundeswehr, zuletzt als Heeresbergführer. Nach der anschließenden Zimmererlehre und Gesellenzeit in verschiedenen Holzbaubetrieben. Zimmermeisterprüfung und Ausbildung zum Restaurator im Zimmerhandwerk. Arbeit als angestellter Zimmermeister in deutschen, österreichischen und südtiroler Zimmerei- und Holzbaubetrieben. Seit 1992 Redakteur der Fachzeitschrift „Der Zimmermann" im Bruderverlag. Autor mehrerer EDV-Programme für Zimmerleute.

Herausgeberische Bearbeitung der Beiträge, insbesondere Bearbeitung der Zeichnungen und Erstellung der dreidimensionalen Darstellungen

Stichwortverzeichnis

A

Abbildungsebene
 18, 19, 44, 45, 50, 51, 52, 53, 54, 64, 66, 67, 102
Abgraten 84
Abgratungshöhe 109, 76
Abgratungslinie 24, 27, 28, 30, 42, 86, 105, 113
Abklappung
 19, 53, 54, 61, 76, 77, 103, 113, 114, 115, 116
Abschnittsebene 24, 26, 31, 79, 81, 83, 91
Abschnittsfläche 31, 49, 121
Achsrichtung 57
Anfallspunkt 57, 109
Anreißebene 56
Anreißen des Kehlsparrenholzes 78
Anreißen des Sparrens 102
Anreißgrundlage 17, 18
Anreißlinien
 20, 22, 23, 25, 26, 28, 30, 31,
 32, 33, 37, 38, 47, 49, 52
Anreißvorgang 5, 18, 25, 52, 61, 67, 81, 101
Anreißwinkel 17
Aufspannen 91
Auskehlung 78
Ausklappen 8, 9, 23, 25, 28, 50, 53
Ausklappung
 19, 22, 25, 31, 36, 50, 51, 60, 61,
 85, 86, 87, 103, 115, 116
Austragung 7, 9, 10, 13, 14, 30, 32, 35

B

Backenschmiege 26, 28, 30, 32, 33, 43, 114
Begriffe 3, 118
Bezeichnungen 3, 118
Bezugskante 112
Blickrichtung
 9, 20, 22, 23, 29, 35, 36, 102, 105, 116, 119

C

CAD-Zeichnung 118

D

Dachausmittlung 71
Dachfläche
 5, 7, 8, 11, 12, 14, 17, 18, 19, 23, 69, 84,
 85, 93, 94, 108, 112, 113, 115
Dachflächenschicht 18
Dachverschneidungsgrundlinie 71
Dachverschneidungslinie 72, 73
Darstellenden Geometrie 3
Drehachse 19, 50, 53, 54, 58, 59, 102, 113, 119
Drehpunkt
 8, 9, 14, 22, 25, 31, 34, 36, 113, 114, 118
Drehrichtung 19
Drehung 19, 25, 37

E

Ebene 121
Ebenenverschneidung 21, 33
Ebenenwinkel 120
Einklappvorgang 58

F

Firstgrundlinie 109
Firstlot 122
Firstpfette
 5, 69, 73, 74, 76, 77, 78, 84, 89, 94,
 97, 98, 99, 100, 101, 102, 103, 104,
 105, 106, 107
Firstpunkt 118
Firstsenkel 77, 85, 94, 122
Fixpunkt 27, 32
Fläche 121
Flächenklappung
 17, 19, 22, 23, 24, 25, 26, 27, 28,
 29, 30, 31, 32, 33, 34, 35, 36, 37
Flächenschicht
 17, 18, 19, 20, 21, 22, 23, 25, 26,
 27, 28, 36, 37, 119
Flächenschiften 3, 5, 17, 23, 55

G

geneigte Firstpfette 97
Gratanfallpunkt 74
Gratfirstpunkt 118
Gratgrundlinie 48, 104
Gratgrundverschiebung 30, 32, 74, 75, 104
Gratklauenschifter
 5, 33, 34, 42, 108, 109, 110, 111, 112, 114, 116
Gratklauenwechsel 5, 34, 108, 110, 111, 112, 116
Gratlinie 9, 23, 24, 30, 32, 33, 42, 43, 53, 106
Gratsparren
 5, 20, 23, 24, 27, 28, 30, 31, 32, 33, 41,
 42, 43, 44, 45, 46, 48, 49, 50, 51, 52, 53,
 54, 74, 75, 76, 81, 84, 104, 105, 106, 107,
 108, 109, 110, 111, 113, 114, 115
Gratstrebe 5, 35, 36, 37, 38
Grattraufpunkt 118
Gratwechsel 17, 30, 31, 32, 69, 111
Grundmaß 120
Grundrissebene 18, 19, 53, 102, 113, 114, 116
Grundwinkel 120

H

Hauptdachprofil 42
Hausgrund 70
Hausgrundriss 70
Hexenschnitt
 5, 71, 76, 81, 82, 83, 86, 87, 88,
 91, 92, 96, 106, 107, 109

Hirnholz 122
Höhengrundlinie 71
Höhenlage 119
Höhenlinie
    5, 41, 46, 47, 50, 71, 81, 82, 99, 102, 106, 110, 111, 119
Höhenmaß 120
Höherlegung 77
Holzdimensionen 5, 13, 41, 55, 69, 73
Holzliste 69

I

Index 118

K

Kantenfläche
    45, 52, 54, 57, 58, 65, 77, 78, 79, 84, 85, 93, 94, 97, 99, 100, 101, 107, 108, 109, 110, 111, 112, 114, 115
Kehlfirstpunkt 118
Kehlgrundlinie 71, 76, 77
Kehllinie 76, 77, 78
Kehlsparren 75, 76
Kehltraufpunkt 78, 118
Kerbe 28, 86, 89, 90
Kerve
    26, 28, 61, 64, 65, 66, 77, 78, 84, 85, 90, 93, 94, 95, 100, 101, 103, 104, 105, 106
Klappachse
    7, 8, 9, 12, 18, 22, 27, 28, 31, 36, 37, 58, 85, 119
Klapppunkt 118
Klapprichtung 35
Klappung 18, 19, 20, 22, 31, 102
Klappvorgang 22, 23, 53, 58, 102
Klaue
    5, 11, 17, 30, 32, 33, 34, 35, 36, 37, 38, 39, 41, 42, 43, 44, 45, 46, 47, 48, 49, 50, 51, 52, 53, 54, 55, 56, 57, 58, 59, 60, 61, 62, 89, 108, 109, 110, 111, 114, 115
Kontrollmaß 43
Kopfband 36, 37, 38, 39

L

Längsholz 122

M

Mandala 5, 63, 64, 65, 66, 67
Maschinenwinkel 26, 27, 28, 36, 38, 120
Maßlatte 8, 42, 58, 59, 60, 99
Materialschicht 7
mathematischen Zeichen 118
Merkregel 23
Merksätze 23, 27, 29, 30, 31, 35

N

Nebendachprofil 42
Neigungsmaß 120
Neigungswinkel 120
Normalprofil
    30, 41, 74, 85, 87, 88, 90, 91, 92, 93, 94, 95, 96, 99, 112
Normalsparren 41, 93, 110

O

Obholz 71
Obholzlinie 74, 99

P

Pfettenabschnitt 87
Pfettenachse 74
Pfettenkranz 35, 73
Pfettenneigung 5, 97, 100
Positionen 69
Projektion 20, 21, 25, 26, 29, 45
Projektionsebene 20, 29

R

rechtwinkliges Obholz 71
Reißboden 3, 18, 22, 67
Reißplatte 56, 67, 103
Reißvorgang 106
Rutschkerbe 77
Rutschklaue 77

S

Sattel 22, 26, 28, 29, 31, 33
Schiften mit System 3, 20, 48, 50, 114, 116
Schifter
    5, 7, 9, 17, 20, 21, 30, 31, 32, 42, 43, 45, 49, 53, 69, 72, 73, 75, 109
Schiftmethode
    3, 5, 41, 42, 43, 44, 45, 46, 47, 48, 49, 50, 51, 52, 53, 54, 70, 117
Schiftungen 3
Schiftzirkel 3, 117
Schleifkerve 77
Schmiege 88
Schnittebene
    22, 23, 27, 28, 32, 37, 53, 79, 82, 83, 110
Schraffur 122
Schräger Giebelsparren 75, 84
Schrägmaß 103
Schrägsparren 11, 17, 25, 26, 27, 28, 29, 84
Schreibweise 118
Schwellenkranz 100
Seitenfläche 108
Senkelhöhe des Normalsparrens 108

Senkellänge 42, 5, 41, 42, 46, 50
Senkellinie 119
Senkelrisse 106
Sparrenabschnittswinkel 71
Sparrenkerbe 88, 90
Sparrenschicht
    24, 25, 27, 28, 29, 30, 31, 32, 33, 114, 115
Sprungrichtung 32
Spurlinie 7, 13, 119, 121
steigende Schwelle 88, 89, 94
steigende Traufe 88, 89
Stirnbrett 83
Strahlenschifter
    17, 26, 27, 28, 29, 30, 31, 32, 69, 108
Strebe 18, 25
Strichart 121
Strichbreite 122
Symbole 3, 7, 20

T

Tiefstellung 118
Traufabschnitt
    5, 22, 23, 30, 31, 32, 64, 76, 78, 81,
    82, 83, 86, 87, 88, 91, 92, 95, 96, 103,
    106, 114
Traufgrundlinie
    22, 23, 24, 48, 70, 71, 72, 76, 77, 85,
    90, 92, 93, 94, 95, 96, 97, 108,
    110, 111, 115
Trauflinie 96
Traufsenkel 77, 85
Traufstirnbrett 81

U

Überstreichung 118
Umkantung 14, 29, 34, 39, 87

V

Variable 118
Vereinheitlichung 3
Verfallgrat 74, 75, 79
Verkanten 84
verkantet
    5, 25, 26, 27, 28, 30, 31, 32, 57,
    84, 85, 86, 87, 112, 114, 116
Verkantung der Hölzer 112
Verschneidung
    5, 7, 20, 22, 24, 25, 28, 30, 33, 36, 38,
    39, 41, 42, 45, 46, 48, 50, 51, 53, 81, 83,
    100, 101, 110, 111, 115, 119, 120

W

waagerechter Verstichmaße 120
Wahl der Drehachse 19
wahre Fläche 12
Wechsel 17, 26, 27, 28, 69
Winkel 52
Winkelzeichen 122

Z

Zapfen 27, 35, 37, 38, 39

Probeheft und Demo-Version kostenlos!

Der Inhalt des vorliegenden Buches wurde in Teilbeiträgen in der Fachzeitschrift **"Der Zimmermann"** veröffentlicht. Durch die regelmäßige Lektüre dieses Fachblattes für die handwerkliche Praxis im Holzbau halten Sie Ihr Fachwissen stets auf dem aktuellsten Stand.

"Der Zimmermann" erscheint 12x jährlich und bietet neben ausführlichen Fachbeiträgen mit Anleitungen zur handwerklichen Ausführung auch Marktumschauen und Produktinformationen. Dank namhafter Sponsoren können Sie beim Aufgabenwettbewerb "Wir fragen - ihr antwortet" nicht nur wertvolle Preise gewinnen, sondern auch Ihr Fachwissen trainieren.

Bestellen Sie noch heute ein kostenloses Probeheft oder nutzen Sie unser günstiges **Kennenlern-Angebot: 3 Hefte zum Sonderpreis von € 9,20.**

Sie sparen 47 %. (Preisstand Juli 2002)

Bestell- und Info-Hotline: Telefon 07 21 - 9 13 88 52

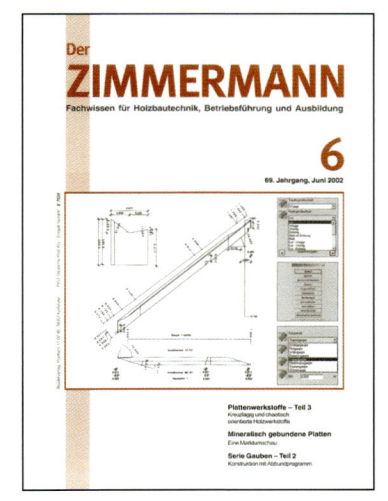

Jahresabonnement im Inland:
€ 50,40 inkl. MwSt. u. Versand
im Ausland: € 61,20 inkl. Versand
Einzelheft € 6,50

Der „Rechen-Assistent"

- löst zuverlässig immer wiederkehrende Rechenaufgaben des Zimmermanns
- stellt im Handbuch für Ausbildungszwecke sämtliche Rechengänge dar
- trainiert mit ausführlichen Anleitungen das Übertragen errechneter Abbundmaße auf das Holz
- arbeitet mit übersichtlichen Berechnungsmodulen und leicht zu handhabender Textverarbeitung

Berechnungsmodule

Dachberechnungen
Die wichtigsten Berechnungen am Pfettendach mit Abbundmaßen

Bauphysik
Ermittlung der Schwind- und Quellmaße der verschiedenen Holzarten und Holzwerkstoffe

Hilfsberechnungen
Dreieck-, Flächen-, Rauminhalts-, Bogen-, und Kurvenberechnung

Der „Rechen-Assistent" wird auf CD mit Handbuch im DIN A5-Ordner ausgeliefert. Voraussetzungen für die Installation des Programms: 32-Bit-Betriebssystem (Windows 95, Windows 98 oder Windows NT/Service-Pack 3), CD-ROM-Laufwerk, 4 MB Hauptspeicher.

€ 107,-
inkl. MwSt.
zzgl. Versand

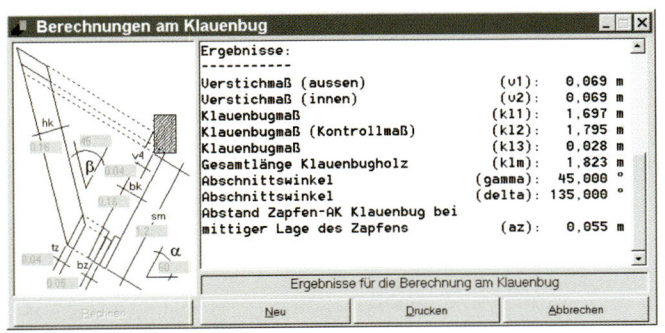

Selbsterklärende Systemskizzen

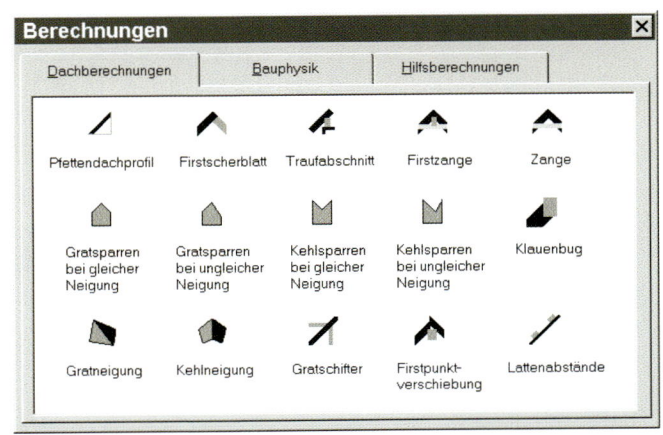

Die Berechnungsmodule des Ordners „Dachberechnungen"

Kostenlose Demo-Version und weitere Informationen unter Telefon 0721 - 9 13 88 30

FACHLITERATUR FÜR ZIMMERER

Schiftungen, Austragungen, Dachausmittlungen

Von Robert Seeger
Reprint von 1931,
103 Seiten mit 260 Abb.
Großformat 35 x 50 cm
Einzelblätter in leinenbezogener Kassette
€ 69,50

In diesem Reprint von 1931 zeigt sich, dass vieles, was heute unter "Flächenschiften" als neu propagiert wird, von Seeger bereits ganz selbstverständlich in den dreißiger Jahren angewandt wurde.

Auf 25 großformatigen Tafeln werden die Grundlagen der Dachausmittlung und der Schiftungsarten sowie auf 75 Tafeln hochkomplexe Schiftungen erläutert.

Seeger vermittelt eine "Schiftkunst", die unverkennbar aus dem Handwerk erwachsen ist und sich deshalb auch heute noch erstaunlich praxisbezogen darstellt. Die Mappe eignet sich deshalb

- als Anleitung für Problemlösungen in der Praxis
- als Fundstelle für Ideen zur Aufgabenstellung in der Ausbildung
- als Sammlung von Denkanstößen und Lösungsansätzen für Auszubildende und Meisterschüler zu praktisch jedem "Schiftproblem"
- als schönes und wertvolles Geschenk zu jeder Gelegenheit für jeden "richtigen" Zimmerer (und Zimmerin)

Dachausmittlung und Schiftung

F. Kress, E. Maushake
12. Auflage 1981.
92 Seiten mit über 300 Abbildungen.
Format 21 x 30 cm.
Gebunden.
€ 31,–
ISBN 3-87104-048-7

Zahlreiche Zeichnungen und Abbildungen schulen das räumliche Vorstellungsvermögen des Zimmermanns. Gleichzeitig wird praxisnah ein durch viele Beispiele belegtes hervorragendes technisches Wissen über die entscheidenden Problemfälle der Dachausmittlung und Schiftung vermittelt.

Dachausmittlungen und Vergatterungen

H. Fix, G. Sicheneder, J. Jäger
4. Auflage 1994.
120 Seiten mit zahlreichen Zeichnungen.
Format DIN A4.
Gebunden.
€ 31,–
ISBN 3-87104-076-2

Anschauliche Beispiele und Zeichnungen verdeutlichen die grundlegenden geometrischen Regeln, die angewandt werden müssen, um den dreidimensionalen Dachkörper in die zweidimensionale Grundriss-Ebene zu projizieren. Alle Arten der Dachausmittlung, auch die Mithilfe der Vergatterung, werden ausführlich dargestellt.

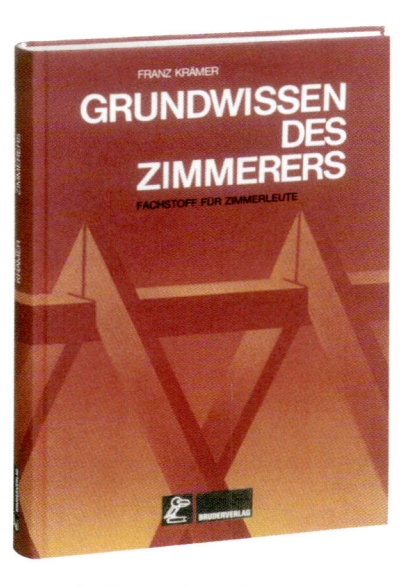

Grundwissen des Zimmerers

F. Krämer
8. Auflage 1998.
539 Seiten mit zahlreichen Abbildungen und Zeichnungen.
Format 17,5 x 24 cm.
Gebunden.
€ 41,–
ISBN 3-87104-093-2

Perspektivische Darstellungen vermitteln sicher die elementaren Kenntnisse über Holz und Werkzeuge, Grundlagen von Dach-, Decken- und Wandkonstruktionen sowie Holztreppen und Geländer. Die Anreißtechnik und die Schiftung sind geometrisch so dargestellt, wie sie der Auszubildende bei praktischen Arbeitsproben auszuführen aufgefordert wird. Damit knüpft hier der Fachstoff für Zimmerleute unmittelbar an die praktische Tätigkeit des Auszubildenden an, wahrt also Berufsnähe und begleitet darüber hinaus fördernd die Weiterbildung.

Eine Erweiterung des Werkes vermittelt durch Zeichnungen, Formeln und Rechnungen die Grundkenntnisse des rechnerischen Abbundes.

Unter der Rubrik „Aufgabe und Lösung einer Meisterprüfungsaufgabe" wird gezeigt und beschrieben, wie Bezeichnungskürzel einzusetzen und Formeln für die rechnerische Ermittlung von Abbundmaßnahmen in der richtigen Reihenfolge zu benutzen sind.

Aus dem Inhalt:

- Physikalische Eigenschaften von Holz
- Einheiten und Begriffe
- Werkzeuge und Maschinen
- Dach und Dachgaube
- Fachwerkwand
- Balkenlage
- Blockwand
- Außenverkleidungen
- Schindeldeckung
- Dreiecksbinder
- Holztreppen und -geländer
- Anreißtechnik/Schiftung

Schiften ist kein Hexenwerk

H. Mitrenga
3. Auflage 1990.
30 Seiten.
Format 29,7 x 42 cm.
Spiralbindung.
Gebrauchsfertig mit eingeklebten Modellen.
€ 38,–
ISBN 3-87104-071-1

Das Buch bietet einen leicht verständlichen Einstieg in die Kunst des Schiftens: Die zweidimensionalen Abbildungen werden durch 24 aufklappbare Papiermodelle ergänzt. Auf diese Weise kann der Schritt zur räumlichen Darstellung konkret und anschaulich am Modell nachvollzogen werden.

BRUDERVERLAG
Ein Unternehmen der Gruppe Rudolf Müller

Bruderverlag
Albert Bruder GmbH & Co. KG
Bismarckstr. 21 • 76133 Karlsruhe